LES PASSIONS DE L'ÂME

BIBLIOTHÈQUE DES TEXTES PHILOSOPHIQUES

Fondateur H. GOUHIER   Directeur J.-F. COURTINE

DESCARTES

LES PASSIONS DE L'ÂME

Introduction et notes
par
Geneviève RODIS-LEWIS

Avant-propos, révision et supplément bibliographique
par
Denis Kambouchner

PARIS
LIBRAIRIE PHILOSOPHIQUE J. VRIN
6, Place de la Sorbonne, V e

2010

© *Librairie Philosophique J. VRIN,* 1994,

2010 pour la présente édition

Imprimé en France

ISSN 0249-7972

ISBN 978-2-7116-0186-8

www.vrin.fr

AVANT-PROPOS

Voici republiée dans une nouvelle présentation l'édition classique des *Passions de l'âme*. Par ce mot de « classique », il faut entendre : scientifiquement irréprochable et accessible à tous ; insurpassée par l'ampleur de l'information comme par la netteté de la présentation ; emblématique d'un moment des études cartésiennes, et ayant ouvert des pistes en grand nombre pour les recherches ultérieures.

Dans une récente étude, partie d'un hommage à l'éditrice[1], Jean-Marie Beyssade a parfaitement résumé le contexte intellectuel dans lequel cette édition s'est imposée. Au moment de sa parution (1955), les études françaises sur Descartes sont dominées par un petit nombre de grands livres présentant des images et des méthodologies rivales : après celui de Jean Laporte, maître trop tôt disparu (*Le Rationalisme de Descartes*, 1945, 2ᵉ édition 1950), on évoquera bien entendu

---

1. « Les "Descartes" de Geneviève Rodis-Lewis et la pensée du développement », *Revue Philosophique de la France et de l'Étranger*, 2007-3 (*Geneviève Rodis-Lewis interprète de Descartes*), p. 289-306. Voir également G. Belgioioso, « Les études cartésiennes en France et en Italie », *Revue Philosophique de la France et de l'Étranger*, 2007-3, p. 277-288 (notamment p. 282-286).

ceux de Ferdinand Alquié (*La Découverte métaphysique de l'homme chez Descartes*, 1950) et de Martial Gueroult (*Descartes selon l'ordre de raisons*, 1953), dont l'antagonisme marquera la rencontre de Royaumont (1957), en présence et avec l'arbitrage d'Henri Gouhier dont *La Pensée métaphysique de Descartes* devait paraître quelques années plus tard (1962).

C'est donc en marge d'un ample débat sur la nature de l'«ordre des raisons» et sur la manière d'aborder les *Méditations métaphysiques* que Geneviève Rodis-Lewis – elle-même auteur d'une édition de ce texte – s'est attachée, au cours des mêmes années, à cultiver et peu à peu imposer deux autres grands objets d'étude : d'une part, l'union de l'âme et du corps et le fonctionnement du «composé» humain, avec les divers tableaux qu'en donneront les auteurs dits «cartésiens»; d'autre part et corrélativement, la morale de Descartes considérée dans son «développement» et dans ses rapports avec les autres parties de la philosophie comme avec les doctrines antiques et modernes.

L'édition des *Passions de l'âme*, préparée dès l'immédiat après-guerre par une chercheuse à peine trentenaire, constitue avec les deux thèses présentées en 1950 – *L'individualité selon Descartes* et le *Problème de l'inconscient dans le cartésianisme* – un des actes principaux de l'entreprise ainsi caractérisée.

En 1955, les *Passions de l'âme* ne sont pas une œuvre ignorée. Alain leur avait consacré, dans son *Étude sur Descartes* de 1927, des pages remarquablement inspirées[1].

---

1. Paris, Crès, 1927; réédité dans *Idées* (Paris, Hartmann, 1932; rééd. Paris, Flammarion-Champs, 1993).

Pierre Mesnard, fondateur à Tours du Centre d'Études Supérieures de la Renaissance, en avait traité en détail dans son *Essai sur la morale de Descartes* (1936), avant d'en livrer en 1937 une édition substantiellement introduite. Il y désignait dans le Traité « la clef de voûte de l'édifice cartésien », une manière de « testament spirituel » en même temps que « le spécimen le plus achevé et le plus attrayant de la philosophie cartésienne qu'il nous soit donné de compulser »[1], et avec cela « un livre encore vivant », dont la matière était restée « au centre de nos connaissances dans le domaine de la vie affective »[2].

Non pas donc œuvre ignorée – hors de France, on peut aussi faire état d'une tradition allemande d'intérêt pour les théories des affects à l'âge classique, d'où proviendront notamment de belles pages d'Ernst Cassirer ou d'Erich Auerbach –, mais à coup sûr trop peu étudiée, notamment en comparaison du *Discours* et des *Méditations*; trop souvent traitée comme un supplément de poids aux principaux développements de la pensée cartésienne – comme si Descartes, en « jetant les fondements » de sa philosophie, n'avait pas songé par avance à ses dernières parties, et comme si le « petit Traité des passions », composé en 1645-1646 puis revu et augmenté en 1649, n'avait pas renoué à trente ans de distance avec des objets du tout premier Descartes, celui de l'*Abrégé de Musique* (1618) et des notes de jeunesse connues sous le nom de *Cogitationes privatæ*.

Pour ouvrir la voie, au sein des études en langue française, à une étude approfondie du *Traité des Passions*, le subtil

---

1. René Descartes, *Les Passions de l'âme*, texte présenté, revu et annoté par P. Mesnard, Boivin, 1937 ; 2ᵉ éd. Hatier-Boivin, 1955, p. V et VII.

2. *Ibid.*, p. XXVIII.

humanisme de P. Mesnard [1] a joué un rôle qu'il convient de ne pas négliger. Mais si, en marge de la « grande querelle » de Royaumont sur la métaphysique de Descartes, une « petite querelle » l'a opposé à Geneviève Rodis-Lewis à propos de la classification cartésienne des passions [2], c'est que, sur le même texte, G. Rodis-Lewis apportait elle-même une lumière largement renouvelée.

D'une édition à l'autre, la différence d'esprit est sensible dès les introductions : celle de Mesnard, en beau style d'avant-guerre, note certes la part décisive des questions d'Élisabeth, la manière dont les prédécesseurs de Descartes – Juste Lipse, Du Vair, Balzac, ou bien sûr Montaigne et Charron – sont « dans la coulisse » mais privés de « voix au chapitre », ou enfin les intuitions d'une physiologie capable de reconnaître « la relation étroite entre la vie affective et l'action du grand sympathique » (p. XX). Elle n'est pourtant exempte ni de reconstructions ni d'emphase (ainsi quant à la connaissance de « l'Union de l'âme et du corps » comme faisant « réapparaître l'Homme entre l'Ange et la Bête », p. XI) ; et le même jugement rapide qui désigne dans la préface épistolaire du Traité (omise en conséquence) « une longue diatribe dont l'éditeur infligeait le supplice au lecteur » (p. XVII) y conduit à annoter certaines parties du Traité de manière assez cavalière : ainsi de l'article 47, consacré aux « *combats qu'on a coutume d'imaginer entre*

---

1. La bibliographie de P. Mesnard comprend des ouvrages sur Érasme, Bodin, la philosophie politique du XVIe siècle, mais aussi Diderot et Kierkegaard.

2. Voir *Descartes*, Cahiers de Royaumont, Paris, Minuit, 1957, p. 212-213 et 228-235 ; *infra*, p. 27-28 et 58 ; et J.-M. Beyssade, « Les "Descartes" de Geneviève Rodis-Lewis et la pensée du développement », art. cit., p. 293.

la partie inférieure et la supérieure de l'âme», et taxé par l'éditeur de «*charge contre des moulins à vent*».

En 1955 au contraire, G. Rodis-Lewis va droit et sobrement au fait : à la singularité du Traité, non point «*exposé systématique de la science de l'homme, au physique et au moral*», mais ouvrage à l'objet «*très spécial*», qui «*s'appuie sur un résumé de la biologie cartésienne, s'oriente vers une médecine concrète des affections psycho-physiologiques et s'épanouit dans une apologie de la générosité*». À sa genèse complexe, retracée textes à l'appui, non sans discussion sur ce que la version définitive de 1649 a pu ajouter au «premier crayon» de 1645-1646[1]. Aux linéaments de la psycho-physio-logie des passions et à ses prolongements pratiques. Enfin et surtout, avant notice sur l'établissement du texte, aux éléments que Descartes a pu emprunter à ses prédécesseurs (les auteurs de l'École, ceux des auteurs de traités des passions de l'époque, Coeffeteau, Senault, Cureau de la Chambre, mais aussi, en remontant dans le temps, François de Sales, Du Vair, et le Vivès du *De Anima et vita*, 1538), et au rayonnement du Traité chez des auteurs aussi divers que Mme de La Fayette, Racine, Le Brun, Malebranche, le P. Ameline et Spinoza. Ceci avant de livrer – préface comprise – un texte entièrement vérifié d'après la première édition et sereinement annoté dans toutes ses parties, avec en appendice quelques extraits de Du Vair et de Cureau, un lexique des «particularités de langue», et une bibliographie quasi exhaustive pour l'époque, largement ouverte sur les études de langue allemande ou espagnole.

1. G. Rodis-Lewis reprendra la question quelque trente ans plus tard : *cf.* «Le dernier fruit de la métaphysique cartésienne : la générosité», *Les Études Philosophiques*, 1987-1, p. 43-54; repris dans *Le Développement de la philosophie de Descartes*, Paris, Vrin, 1997, p. 191-202.

On n'entreprendra pas ici de dresser ni de parcourir la liste des indications précieuses que l'édition Rodis-Lewis a apportées. Sa méthode, qui est aussi une morale, aura consisté dans une ouverture maximale du champ informatif, alliant au plus haut degré d'économie ou de concision le refus décidé de tout commentaire indiscret. Geneviève Rodis-Lewis livre parfois des conjectures : jamais elle ne s'adonne à la pure assertion. Elle sait qu'en histoire de la philosophie, l'essentiel de la certitude tient à la lettre des textes et aux rapprochements que cette lettre dicte. Ce n'est pas là pur positivisme, et moins encore renoncement aux mises en perspective : à preuve la page magistrale qui conclut sur la problématique cartésienne de l'union de l'âme et du corps (*infra*, p. 51-52).

En conséquence et selon une disposition tout à fait explicite (cf. *infra*, p. 63), l'utilité de son annotation se mesure d'abord au très grand nombre de renvois et de citations tirées des autres textes de Descartes (notamment les lettres) ou de ses prédécesseurs (ceux que dénombre l'Introduction, mais aussi Platon, Aristote, Thomas d'Aquin, ou encore Juste Lipse, Corneille, Bartholin…). Lorsqu'un point de fait semble obscur, il ne lui semble pas indispensable d'en décider. Ainsi pour la rédaction des deux lettres – et notamment de la fort longue première lettre – auxquelles Descartes répond dans la Préface du Traité. Le biographe de Descartes, Baillet, les attribuait sans vraisemblance à Clerselier, déjà traducteur en français des *Objections et Réponses* aux *Méditations*. L'éditeur Charles Adam, apparemment suivi par P. Mesnard, songeait à l'abbé Picot, traducteur des *Principes de la philosophie* et déjà destinataire de leur Lettre-Préface. G. Rodis-Lewis apporte un rapprochement textuel à l'appui de cette dernière hypothèse (voir *infra*, p. 76, n. 1), mais se refuse à trancher, et surtout s'abstient de tout jugement hâtif sur cet échange certes curieux, dont on incline aujourd'hui à penser qu'il a été entièrement conçu sinon rédigé par Descartes en personne[1], tant le correspondant anonyme du philosophe y témoigne d'une parfaite connaissance de l'œuvre entière et multiplie sous des dehors rhétoriquement outrés les vues les plus aiguës, par exemple sur le rapport entre physique et mathématique (voir *infra*, p. 82 *sq.*). Au total, en mettant en avant, plutôt que de le censurer, un texte de forme déconcertante, mais qui appelle sans doute une lecture tout aussi attentive que la Lettre-Préface des *Principes* ou la Sixième partie du *Discours*, l'édition Rodis-Lewis montrait un exemple que les éditeurs plus récents n'ont pas toujours suivi.

Au contraire, là où se présentent des indices consistants, G. Rodis-Lewis engage toute une enquête : ainsi pour la référence de l'article 127 du Traité au *De Anima* de l'humaniste espagnol Joan Lluis Vives, à propos des causes physiologiques de l'«action extérieure du ris» (le rire) – référence aussi exceptionnelle, et donc à approfondir, que celle de la Cinquième partie du *Discours de la Méthode* au «médecin d'Angleterre», William Harvey, à propos de la circulation du sang. Toujours soucieuse de discerner l'originalité de Descartes, G. Rodis-Lewis croit indispensable, pour cela même, d'exposer tous les éléments susceptibles d'atténuer «*l'affirmation d'indépendance totale de Descartes à l'égard de ses prédécesseurs*» (voir ci-après, p. 49). C'est en particulier par cet esprit d'enquête et par cette recherche d'une vue équilibrée que son œuvre apparaît en position inaugurale sinon

---

1. Voir H. Caton, «Les Écrits anonymes de Descartes», *Les Études philosophiques*, 1976-4, p. 405-414 ; et M. Fattori, «La préface aux *Passions de l'âme* : remarques sur Descartes et Bacon», *Bulletin Cartésien* XXV, *Archives de Philosophie*, 61, 1998-1, p. 1-13.

directement séminale à l'égard de nombre de recherches ultérieures. On peut songer, pour la lignée française des traités des passions, à la vaste étude d'Anthony Levi, *French Moralists* (1964), mais aussi, sur d'autres thèmes cartésiens, aux travaux d'Ettore Lojacono en Italie, de Roger Ariew aux États-Unis, ou en France même de Jean-Robert Armogathe.

Au cours du grand demi-siècle écoulé depuis le premier tirage de cette édition, et singulièrement depuis une trentaine d'années, les études sur le *Traité des Passions*, sur la psycho-physiologie et sur la morale de Descartes ont connu, plus encore à l'étranger qu'en France, un développement quasi exponentiel dont témoigne l'ample supplément bibliographique constitué en vue de la présente réédition. Ce développement s'entend certes à l'intérieur d'un phénomène plus général touchant les études cartésiennes, l'histoire de la philosophie moderne et peut-être l'histoire de la philosophie tout court : il signifie pourtant que bien des pistes ouvertes par Geneviève Rodis-Lewis ont été dûment explorées, et que sa leçon a pleinement porté. Non seulement la haute densité analytique des *Passions de l'âme*, l'audace de leur construction, la surabondante richesse de leur propos, leur relation organique avec les autres parties de la philosophie cartésienne, la centralité même du problème de l'union de l'âme et du corps n'ont absolument plus à être démontrées, mais l'ampleur et la profondeur du réseau intertextuel dans lequel s'inscrit ici chaque élément du propos cartésien ont gagné le même degré d'évidence.

Ce développement vaut-il dépassement ? En aucun cas. D'une part, si les problèmes de l'union de l'âme et du corps ont été beaucoup étudiés, beaucoup reste à faire sur le plan proprement historique, dans l'examen des rapports de Descartes avec le néo-stoïcisme, avec les doctrines scolaires sur les passions et les vertus, ou même avec les œuvres de Montaigne et de Charron, aussi bien du reste que sur la réception du traité carté-sien et sur ses rapports avec les transformations ultérieures de la théorie des passions, y compris chez les auteurs de langue anglaise. Et d'autre part, la masse des données dégagées depuis cinquante ans en matière d'histoire de la morale ou de la médecine pourra bien faire songer à de nouvelles synthèses : sur le plan strict où Geneviève Rodis-Lewis avait situé son travail d'éditrice, il restera difficile de faire mieux, c'est-à-dire de rivaliser avec elle dans une exactitude de la présentation et dans une sobriété de l'indication qui rendent ce travail proprement indémodable.

Ce n'est donc pas seulement comme un ouvrage ayant fait date, longtemps pratiqué dans le passé et toujours utile à connaître que ce livre est ici réédité, mais plutôt comme un instrument toujours précieux et pleinement actuel. À ce double titre, en dehors de la mise à jour des références bibliogra-phiques, il était inconcevable d'y ajouter ou d'en retrancher quoi que ce soit. Sur un seul point, en dehors de ces références, le bel et savant objet offert par Geneviève Rodis-Lewis aux lecteurs des années cinquante a paru devoir être retouché : il s'agit de l'orthographe du texte de Descartes et de sa ponctua-tion. Comme elle l'indiquait à la fin de son introduction, Geneviève Rodis-Lewis avait souhaité donner – à la différence d'Adam et Tannery – un texte rigoureusement conforme sous ces deux rapports à l'édition originale de 1649, imprimée en Hollande par les Elzevier. Ce parti était en son genre indis-cutable. Depuis 1955, les conditions d'accès aux textes du XVIIe siècle ont pourtant beaucoup changé. D'un côté, la sophistication et la multiplication des ressources numériques ont rendu la lettre et la physionomie originale de ces textes bien plus aisément accessibles qu'elles ne l'étaient encore il y a peu; d'un autre côté, le lecteur moderne, s'il n'est pas un spécialiste, sera plutôt rebuté qu'intéressé par des irrégularités d'orthographe et des singularités de ponctuation (usage des deux points, du point virgule, des majuscules, virgule avant les subordonnées, etc.) qui contribuent à éloigner de lui une langue qu'on devrait veiller à ne pas lui rendre plus étrangère qu'elle ne l'est déjà.

Pour ces raisons, nous avons considéré que partout où cela pouvait se faire sans nulle incidence sur le sens, la ponctuation comme l'orthographe du texte de 1649 pouvaient être modernisées[1]. Ce n'est là rien retirer ni au texte de Descartes, ni à l'appareil à la fois remarquable et discret que Geneviève Rodis-Lewis a construit autour de lui pour l'«éclairer»; c'est au contraire garantir à l'un comme à l'autre la chance de lecteurs toujours nouveaux.

Denis KAMBOUCHNER

1. Selon l'usage des éditions récentes, on a également indiqué en marge la pagination Adam et Tannery (tome XI).

INTRODUCTION

Dernier ouvrage publié par Descartes, le Traité des *Passions de l'âme* est le fruit de toute sa philosophie. Pour compléter le vaste ensemble des *Principes*, il aurait fallu encore deux parties «l'une touchant la nature des animaux et des plantes, l'autre touchant celle de l'homme »[1]. Faute de temps pour achever les expériences nécessaires, quand Descartes publia l'ouvrage en 1644, il ne donna de la physiologie que l'explication des sensations, dont la subjectivité rend compte des apparences qualitatives. Mais en 1647, dans la Lettre-préface au traducteur, il marque bien qu'un «corps de philosophie tout entier», après une physiologie détaillée, devrait encore «traiter exactement de la Médecine, de la Morale et des Mécaniques »[2]. Car dans le texte fameux où il compare toute la philosophie à un «arbre dont les racines sont la Métaphysique, le tronc est la Physique, et les branches qui sortent de ce tronc sont toutes les autres sciences, qui se réduisent à trois principales, à savoir la Médecine, la Mécanique et la Morale », Descartes ajoute : «Or, comme ce n'est pas des racines, ni du

1. *Principes*, IV, art. 188.
2. *Œuvres complètes*, Ch. Adam et P. Tannery (éd.), Paris, Vrin, 1996, t. IX, p. 17 (dorénavant cité AT, suivi du tome et du chapitre).

tronc des arbres qu'on cueille des fruits, mais seulement des extrémités de leurs branches, ainsi la principale utilité de la philosophie dépend de celle de ses parties qu'on ne peut apprendre que les dernières » [1].

Il venait précisément de rédiger la première ébauche des *Passions de l'âme*; et ce traité, qui s'appuie sur un résumé de la biologie cartésienne, s'oriente vers une médecine concrète des affections psycho-physiologiques et s'épanouit en une apologie de la générosité, qui conduit à « suivre parfaitement la vertu » (art. 153), pour conclure en louant la joie que procure la sagesse. Ce n'est pourtant pas l'exposé systématique de la science de l'homme, au physique et au moral, que Descartes, interrompu par la mort, n'a pas eu le temps d'achever [2]. L'objet des *Passions*, situé au point de convergence de ces préoccupations scientifiques et pratiques, reste très spécial, et c'est l'insistance de la princesse Élisabeth qui a poussé Descartes à l'écrire.

Sans doute le philosophe n'a-t-il pas attendu les questions de sa correspondante pour s'intéresser à ce problème : il commence son premier ouvrage en définissant comme le but de la musique d'émouvoir en nous, pour notre plaisir, des affections diverses [3]. Et dans ses notes personnelles, il inscrit quelques remarques sur les passions [4]. Mais par trois fois, il

---

1. *Ibid.*, 14 et 15.
2. Le *Traité de l'Homme* et la *Description du corps humain*, restés inachevés, éclairent souvent le résumé de la physiologie donné par le *Traité des Passions*.
3. *Compendium Musicæ* : *Finis, ut delectet, variosque in nobis moveat affectus* (début, AT X, 89).
4. *Cogitationes privatæ*, AT X, 215 (*cf.* art. 100, note) et 217 : *Sunt quædam partes in omnium ingeniis, quæ vel lenter tactæ, fortes affectus*

recule devant leur dénombrement après en avoir cité quelques-unes, langueur, tristesse, crainte, orgueil, joie…, il avoue qu'une énumération complète impliquerait une connaissance plus poussée des mouvements de l'âme, qui dépasse les limites de cet *Abrégé*[1]. Cette recherche approfondie, la multiplicité des travaux de Descartes l'aurait peut-être détourné de l'entreprendre[2], si la Palatine n'avait ici, comme à propos de toute la morale cartésienne, suscité par ses questions les précisions du philosophe.

Dès sa première lettre, Élisabeth, qui a parfaitement compris le dualisme cartésien, s'attache au problème de l'interaction des deux substances si bien distinguées. Disciple plus soumise que son premier professeur en cartésianisme, Regius, qui accentuait la séparation de l'âme et du corps au point de

---

excitant… (« il existe en chaque esprit certaines parties qui, si légèrement qu'on les touche excitent des affections violentes… »; pour la suite du texte, *cf.* les notes des art. 13, 65, 126).

1. *Compendium Musicæ*, AT X, 95, 111 et 140. *Cf.* l'article de L. Prenant, « Esthétique et sagesse cartésienne », *Revue d'histoire de la philosophie*, 1942, p. 10.

2. Pourtant le *Traité de l'Homme* esquisse un tableau des « diverses humeurs ou inclinations naturelles qui sont en nous » et « des passions auxquelles elles disposent » en fonction du mouvements des esprits animaux, suivant les « quatre différences » dans le degré d'abandance, de grosseur, d'agitation et d'égalité respective de ces esprits. Ainsi naissent, par surplus : 1) bonté, libéralité, amour; 2) confiance, hardiesse, constance; 3) promptitude, diligence, désir; 4) tranquillité d'esprit; et par défaut : 1) malignité; 2) timidité, inconstance; 3) tardivité; 4) inquiétude leur combinaison détermine ensuite l'humeur joyeuse (promptitude et tranquillité), triste (tardivité et inquiétude) ou colérique (promptitude et inquiétude). Ce n'est ici qu'un point de vue partiel que Descartes se proposait d'éclaircir après examen « des impressions qui se font, dans la substance du cerveau » (AT XI, 166-167). Les questions d'Élisabeth l'ont conduit à remanier complètement cette première ébauche.

faire de l'homme un « être par accident »[1], la Princesse alliait
à une grande rigueur de raisonnement une vive sensibilité.
Passionnée pour la spéculation pure, et capable de résoudre
des problèmes mathématiques assez complexes, elle support-
tait cependant avec peine les incidences sur sa pensée d'une
santé fragile et d'un cœur prompt à se tourmenter pour les
malheurs de sa famille : elle n'a jamais su pratiquer le détache-
ment « qu'après que la passion avait joué son rôle. Il y a, dit-
elle, quelque chose de surprenant dans les malheurs, quoique
prévus, dont je ne suis maîtresse qu'après un certain temps,
auquel mon corps se désordonne si fort, qu'il me faut plusieurs
mois pour le remettre, qui ne se passent guère sans quelque
nouveau sujet de trouble »[2]. Aussi demande-t-elle au philosophe comment il se fait qu'une âme purement raisonnable
« peut perdre tout cela par quelques vapeurs, et que, pouvant
subsister dans le corps et n'ayant rien de commun avec lui, elle
en soit tellement régie », et quelle est « la manière de ses
actions et passions dans le corps »[3].

Descartes, dès sa première lettre à la Princesse, avait posé
comme une notion primitive l'union de l'âme et du corps, « de

1. AT III, 460-461. C'est Regius qui a envoyé Élisabeth à Descartes, « pour
en recevoir la satisfaction requise », *ibid.*, 660-661.

2. 22 juin 1645, AT IV, 234. Élisabeth avait deux ans quand son père,
l'électeur Palatin en révolte contre le nouvel Empereur, perdit le royaume de
Bohême à la Montagne-Blanche (1620). Elle vivait en exil avec sa mère et ses
nombreux frères et sœurs, dans des conditions matérielles peu faciles, bientôt
aggravées par de multiples soucis familiaux : abjuration de son frère Edouard
(novembre 1645), scandale provoqué par la sanglante vengeance de son frère
Philippe contre le séducteur d'une de ses sœurs (juin 1646), conditions déce-
vantes pour sa maison du traité de Westphalie (1648), mort sur l'échafaud de
son oncle, Charles Ier d'Angleterre (février 1649).

3. 20 juin 1643, AT III, 685.

laquelle dépend celle de la force qu'a l'âme de mouvoir le corps, et le corps d'agir sur l'âme, en causant ses sentiments et ses passions »[1]. Il lui conseille de s'en tenir, sur ce point, à l'expérience vécue; et les lettres suivantes s'orientent vers des questions purement scientifiques, malgré la discrète allusion d'Élisabeth à la «nouvelle morale» impliquée par l'édifice complet des *Principes*, qui venaient de lui être dédiés[2].

C'est seulement en 1645 que Descartes, guidé à son insu par les préoccupations de sa correspondante, entreprend pour elle l'étude des passions. Pour remédier à la mauvaise santé d'Élisabeth, il lui adresse d'abord des conseils pratiques : une cure d'eaux minérales doit, pour être efficace, s'accompagner d'une détente mentale écartant tout sujet de déplaisir et toute réflexion ardue, pour contempler «la verdeur d'un bois, les couleurs d'une fleur, le vol d'un oiseau, et telles choses qui ne requièrent aucune attention »[3]. Il retrouve ainsi la tradition des maîtres antiques guidant leurs disciples vers une sagesse vécue, et tout naturellement il se réfère à Sénèque pour établir les principes d'une morale. Mais le défaut de méthode des Anciens ne satisfait pas la Princesse, qui ramène Descartes sur le terrain concret de la subordination de l'âme au corps : «puisqu'il y a des maladies qui ôtent tout à fait le pouvoir de raisonner… d'autres… qui rendent l'homme le plus modéré, sujet à se laisser emporter de ses passions… »[4].

---

1. 21 mai 1643, AT III, 665.
2. 1er août 1644, AT IV, 131. Les *Principes* (IV, art. 190) comportent quelques indications sommaires sur les sens intérieurs, «c'est-à-dire les appétits naturels et les passions ».
3. Mai ou juin 1645, AT IV, 220.
4. 16 août 1645, *ibid.*, 269.

Descartes est donc conduit à analyser l'altération des humeurs qui fait « qu'on se trouve extraordinairement enclin à la tristesse, à la colère, ou à quelque autre passion »[1] et à en distinguer les sentiments « qui appartiennent à l'esprit seul »[2]. Mais devant ces indications encore sommaires, Élisabeth précise : « Je vous voudrais encore voir définir les passions, pour les bien connaître »[3] ; d'où enfin la décision du philosophe : « Il faut que j'examine plus particulièrement ces passions, afin de les pouvoir définir »[4]. « Mais ayant trouvé de la difficulté à les dénombrer », il remet « à une autre fois cet examen des passions »[5].

L'insistance de la Princesse, qui lui demande de prendre « la peine de décrire comment cette agitation particulière des esprits sert à former toutes les passions que nous expérimentons »[6], incite alors Descartes à une étude d'ensemble qui dépassera le cadre de leur correspondance.

Le lettre du 3 novembre 1645 évoque ce travail : « J'ai pensé ces jours au nombre et à l'ordre de toutes ces passions afin de pouvoir plus particulièrement examiner leur nature ; mais je n'ai pas encore assez digéré mes opinions, touchant ce sujet, pour les oser écrire à V.A., et je ne manquerai de m'en acquitter de plus tôt qu'il me sera possible »[7]. Il le fit

---

1. 1er septembre 1645, *ibid.*, 283.

2. *Ibid.*, 284.

3. 13 septembre 1645, *ibid.*, 289. *Cf.* 30 septembre, *ibid.*, 303.

4. 6 octobre 1645, *ibid.*, 309-310.

5. *Ibid.*, 313.

6. 28 octobre 1645, *ibid.*, 322. Elle ajoute : « je n'oserais vous en prier, si je ne savais que vous ne laissez point d'œuvre imparfaite ». C'est donc bien à sa requête que nous devons le *Traité des Passions*.

7. AT IV, 332.

probablement lors d'un voyage à La Haye au début de mars 1646 : le 25 avril, Élisabeth lui écrit ses remarques sur le *Traité des passions*[1].

Ce n'est encore, selon Descartes, qu'un «premier crayon»[2] : il parle cependant de son récent travail à Chanut dont la morale est la principale étude : «Je m'arrête aussi quelquefois à penser aux questions particulières de la morale. Ainsi j'ai tracé cet hiver un petit Traité de la Nature des Passions de l'Ame, sans avoir néanmoins le dessein de le mettre au jour, et je serais maintenant d'humeur à écrire encore autre chose, si le dégoût que j'ai de voir combien il y a peu de personnes au monde qui daignent lire mes écrits ne me faisait être négligent»[3].

Mais cette lassitude de se heurter à de perpétuelles polémiques au lieu de rencontrer compréhension de ses principes détourne surtout Descartes des doctes : espérant alors avoir l'audience des gens du monde[4], il est heureux d'intéresser, par l'intermédiaire du Résident français à Stockholm, la reine Christine à ses recherches, et plus particulièrement sur les points touchant la morale. La longue lettre sur l'amour développe certaines analyses amorcées dans le *Traité des Passions*[5]. Et pour mieux préciser sa réponse sur le Souverain Bien, Descartes joint à sa lettre celles qu'il avait écrites à

---

1. *Ibid.*, 404. Notez l'appellation *Traité des Passions* qui a prévalu dans l'usage courant (*cf.* Descartes à Freinshemius, juin 1649, AT 363), alors que le titre de l'ouvrage imprimé est : *Les Passions de l'âme*.

2. Mai 1646, *ibid.*, 407.

3. 15 juin 1646.

4. De 1647 date également l'importante Lettre-préface au traducteur des *Principes*, qui marque la place de la morale dans le système.

5. À Chanut, 1er février 1647, AT IV, 600-617.

Élisabeth « touchant la même matière »[1], ainsi que le « petit traité des Passions, qui n'en est pas la moindre partie ; car ce sont principalement elles qu'il faut tâcher de connaître pour obtenir le souverain bien que j'ai décrit »[2].

Il a sans doute revu à cette occasion l'ouvrage qu'il a, dit-il, « eu assez de peine à faire transcrire sur un brouillon fort confus que j'en avais gardé »[3]. Mais ce n'est pas encore le texte qui sera publié.

Christine lut le *Traité* « à la chasse, comme elle avait coutume d'en user à l'égard de beaucoup d'autres »[4] ; Chanut en racontant cette circonstance à Descartes lui faisait espérer qu'il serait revu par la Reine : elle ne s'empressa guère pourtant de remercier le philosophe[5], mais la lettre d'envoi de Chanut amorçait déjà l'invitation en Suède[6], bientôt plus pressante.

Quand Descartes s'embarqua pour Stockholm en septembre 1649, le *Traité des Passions* était en cours d'impression. En l'envoyant à la Reine, et sans doute à cause des lettres qui y étaient jointes, le philosophe avait recommandé « que ces écrits ne tombent point, s'il est possible, en d'autres mains »[7]. Mais l'existence en était désormais connue, et lors du voyage en France de 1648, les amis de Descartes le pressèrent de publier l'ouvrage. Les lettres qui servent de préface au *Traité*

---

1. À Christine, 20 novembre 1647, AT V, 86. La Reine, après une conférence entendue sur ce sujet, avait fait demander l'opinion de Descartes au sujet du Souverain Bien.

2. À Chanut, 20 novembre 1647, AT V, 87.

3. À Élisabeth, 20 novembre 1647, *ibid.*, 91.

4. Baillet, *Vie…*, II, 357. Cf. *Descartes à Chanut*, mai 1648, AT V, 182.

5. 12 décembre 1648, AT V, 251-252.

6. *Ibid.*, 254.

7. 20 novembre 1647, AT V, 88.

témoignent de cette insistance. Sont-elles, comme le dit Baillet[1], du beau-frère même de Chanut, Clerselier? La lettre que Descartes lui adresse en avril 1649 semble plutôt impliquer qu'il a déjà eu connaissance du *Traité*, et les divergences avec les épîtres de l'éditeur les font attribuer par Ch. Adam au traducteur des *Principes*, l'abbé Picot[2]. «Importuné» par cet ami, Descartes demanda d'abord à Christine l'autorisation de publier le traité qu'il lui avait offert, hésitant à le lui dédier à cause de sa faible importance[3]. L'ouvrage n'avait pas été destiné au public sous sa première forme, très concise. Aussi Descartes a-t-il dû «revoir cet écrit des Passions et … y ajouter» ce qu'il a jugé «être nécessaire pour le rendre plus intelligible»[4].

A-t-il pris sur ce point l'avis de Clerselier? «Pour le traité des Passions, lui écrit-il, je n'espère pas qu'il soit imprimé qu'après que je serai en Suède; car j'ai été négligent à le revoir et y ajouter les choses que vous avez jugé y manquer, lesquelles l'augmenteront d'un tiers; car il contiendra trois parties, dont la première sera des passions en général, et par occasion de la nature de l'âme et, la seconde des six passions primitives, et la troisième de toutes les autres»[5]. Mais la lettre d'envoi à l'ami chargé de l'édition déclare au contraire: «J'avoue que j'ai été plus longtemps à revoir le petit traité que

1. *Vie…*, II, 394.
2. *Cf.* AT XI, 294-297.
3. À *Freinshemius* (bibliothécaire de la reine), juin 1649, AT V, 363-364. Il se propose de lui «offrir quelque jour un ouvrage plus important». Il n'oubliait sans doute pas que le *Traité* avait d'abord été écrit «pour une autre», AT V, 88.
4. Lettre-préface, 4 décembre 1648, *infra*, p. 92.
5. 23 avril 1649, AT V, 353-354. *Cf.* Lettre-préface, 4 décembre 1648, *infra*, p. 95.

je vous envoie, que je n'avais été ci-devant à le composer, et que néanmoins je n'y ai ajouté que peu de choses, et n'ai rien changé au discours… »[1].

Comme nous ne possédons plus que le texte imprimé[2], il est difficile de déterminer l'importance exacte de ces remaniements. L'accroissement d'environ un tiers n'implique pas nécessairement que le contenu de la troisième partie y ait été ajouté en totalité : les développements sur la générosité, et les conclusions générales du *Traité* n'étaient-ils pas au moins ébauchés dans cette « partie morale » qui satisfaisait si fort Élisabeth[3] ? Mais les observations de détail de la Princesse concernaient essentiellement la seconde partie actuelle[4].

***

La composition même du *Traité* garde peut-être quelque trace de ce remaniement.

La première partie précise exactement le domaine de son objet : fait essentiellement mixte, la passion – toujours doublée

---

1. Lettre-préface, 14 août 1649, *infra* p. 95-96.

2. Sur la présentation de l'édition originale, cf. *infra*, p. 61-63 ; depuis Stockholm, Descartes s'occupa d'en faire distribuer les exemplaires en Hollande (*cf.* AT V, 449-451) et en France (*ibid.*, 453-454 et 469). Chanut acheva cette distribution, après sa mort (*ibid.*, 472). L'inventaire des papiers laissés par le philosophe mentionne, sous la lettre K, « la minute de la seconde partie du Traité des Passions » et N, « De la nature des passions de l'âme. Une minute fort raturée de la main dudit Descartes » (AT X, 10, et XI, 298).

3. 25 avril 1646, AT IV, 404.

4. Ch. Adam avait d'abord rapporté une remarque d'Élisabeth à l'art. 170 (AT IV, 414, note), mais la langueur est déjà évoquée dans les articles 119 à 121 (AT XI, 298). La seconde partie, sous sa forme définitive, amorce plusieurs renvois à la troisième, précisément à propos de la générosité (art. 83, 145).

d'une action extérieure – se place au point de jonction de l'âme et du corps. Ceci n'atténue pas la distinction de ces substances, qui reste au point de départ : avant de parvenir à la définition des passions (art. 27-29), il faudra étudier successivement les fonctions propres au corps (art. 7-16) et celles qui relèvent de l'âme (art. 17-26). Mais cette dualité n'a pas pour nécessaire conséquence – comme l'ont cru les disciples de Descartes – un parallélisme sans liaison effective entre les deux séries indépendantes. Le philosophe symbolise l'unité de leur interaction en la localisant dans la glande pinéale (art. 30-34). L'analyse concrète de la peur, avec ses causes extérieures, ses répercussions psychiques, ses concomitants physiologiques et ses variétés selon les tempéraments, montre sur un exemple le développement des passions (art. 35-39). Ayant ainsi constaté leur influence sur la volonté (art. 40), Descartes amorce l'aspect proprement moral du *Traité* : quel est le pouvoir de l'âme à leur égard ? L'examen de son action sur le corps et de ses principales fonctions (art. 41-44) permet d'établir sa maîtrise indirecte et progressive sur les passions (art. 45-50).

D'une composition rigoureuse, cette partie ne semble pas avoir été retouchée par l'auteur. Tout le début développe les premières indications envoyées à Élisabeth pour préparer la définition des passions [1].

Leur dénombrement est commandé par la finalité, selon que les objets « nous importent » [2] ou « nous peuvent nuire ou

---

1. 6 octobre 1645, AT IV, 309-313.

2. C'est pourquoi l'admiration est première, qui nous touche avant que nous ne connaissions aucunement si cet objet nous est convenable » (art. 53). Sur ce point, Descartes est pleinement original.

profiter » (art. 52)[1]. La considération du bien ou du mal à notre égard, s'accompagne, comme chez les stoïciens, de celle des temps[2], et se nuance encore suivant la référence du bien ou mal, à nous-mêmes ou à autrui (art. 62-66). Cette énumération empirique pourrait se prolonger (art. 68), mais elle s'ordonne *a posteriori* sous les six passions primitives (art. 69) « dont toutes les autres sont des espèces » (art. 149).

Descartes entreprend alors leur analyse détaillée, essentiellement psychologique (art. 70-95), avant de revenir aux phénomènes physiologiques qui caractérisent les cinq dernières, puisque l'admiration n'est accompagnée d'aucun changement dans le cœur ni le sang (art. 71). Classant désormais le désir après les deux couples amour-haine, joie-tristesse, Descartes examine successivement en chacune de ces passions les réactions physiologiques observables (art. 96-101), les phénomènes circulatoires (art. 102-106), leurs causes (art. 107-111), les signes extérieurs de ces passions (art. 112-136) et enfin leur usage par rapport au corps (art. 137-138).

Mais après cette étude scientifique, et comme à la fin de la première partie, le *Traité* s'oriente à nouveau vers la morale : par une technique positive fondée sur les résultats qui précèdent, l'âme utilisera les passions pour son bien, réglant en particulier les désirs : et Descartes achève la seconde partie par

---

1. Ici, contrairement à la 1re éd., nous nous séparons de P. Mesnard : *cf.* sa thèse *infra*, p. 58 et notre discussion, *Descartes*, Cahiers de Royaumont, II, p. 212-213, 229, 233.

2. Cf. *infra*, p. 42-45 et Cicéron, *Tusculanes*, III, XI, 24-25 et IV, VI, 11-14 : cette double considération distingue quatre passions fondamentales : plaisir, désir, tristesse, crainte ; mais Descartes subordonne celle-ci au désir qui n'a pas de contraire (art. 57-58 et 87).

quelques variations sur ce thème classique, où il rencontre les conclusions répandues par le néo-stoïcisme.

La troisième partie, succédant à ce développement éthique, fait bien figure d'addition : elle reprend seulement, selon l'ordre de leur énumération première, les articles 53 à 68, pour analyser avec plus de détails ces passions dérivées des six fondamentales antérieurement étudiées [1]. À côté des passions où l'âme est dominée par les troubles corporels, s'épanouissent celles qui laissent toute sa part à notre liberté, et en particulier la générosité. Loin de condamner toute passion comme une maladie de l'âme, ce qui ne saurait provoquer qu'une division stérile, un intellectualisme impuissant ou des refoulements dangereux, Descartes utilise au profit du progrès moral la richesse concrète de la vie affective : l'étude objective des passions s'oriente ainsi finalement vers la conquête de la sagesse (art. 211-212).

***

Cependant, le *Traité* vise à être d'abord un ouvrage scientifique étudiant les passions non «en orateur, ni même en philosophe moral, mais seulement en physicien» [2]. Avant d'en commencer l'étude, il renvoie Élisabeth aux notes encore inédites sur l'*Homme* qu'il lui avait fait lire [3].

---

1. À l'article 54 correspondent les art. 149-161 ; à l'art. 55, les art. 162-164 ; à l'art. 58, les art. 165-168 ; à l'art. 59, les art. 170-176 ; à l'art. 60, l'art. 177 ; à l'art. 62, les art. 178-189 ; à l'art. 63, les art. 190-191 ; à l'art. 64, les art. 192-193 ; à l'art. 65, les art. 195-203 ; à l'art. 66, les art. 204-206 ; à l'art. 67, les art. 208-210.

2. Fin de la lettre d'envoi, *infra*, p. 95.

3. 6 octobre 1645, AT IV, 310. *Cf.* 31 janvier 1648, AT V, 112.

Sauf les indications du *Discours de la Méthode* sur la circulation du sang, et les éléments de physiologie des sensations contenus dans la *Dioptrique* et la fin des *Principes*, le *Traité des Passions* contient le premier exposé d'ensemble de la mécanique des vivants. C'est la métaphysique cartésienne qui ruine dès le début le préjugé vitaliste (art. 5 et 6) : l'âme, saisie dans le *cogito* comme pensée pure, n'est pas ce souffle subtil nécessaire pour animer « toute cette machine composée d'os et de chair, telle qu'elle paraît en un cadavre » [1]. Indépendamment de toute union à l'esprit, le corps a en lui-même « le principe *corporel* des mouvements » (art. 6). Condition d'une physiologie autonome, ce mécanisme assure corrélativement à l'âme l'incorruptibilité lors de la mort [2] : la destinée surnaturelle de l'homme n'est donc pas compromise par son appartenance au règne animal, et la continuité de l'échelle zoologique n'entraîne en rien l'attribution d'une âme immortelle aux mouches ou aux éponges [3].

Telle est la signification profonde de la théorie des animaux-machines. Ignorant à son époque toute réaction proprement chimique, Descartes abuse sans doute d'un mécanisme imaginé sur le modèle des automates construits par les artisans. Comme dans sa physique, les « tourbillons » y jouent un grand rôle. Le corps, décrit plus amplement dans le traité de *L'Homme*, est un vaste système circulatoire, où la finesse des « tuyaux », et surtout la densité ou la raréfaction du fluide sont les seuls éléments de différenciation : le suc des aliments « se subtilise » dans le foie, et se change en sang « tout ainsi que le

---

1. *Seconde Méditation*, AT IX, 20.

2. *Abrégé* des *Méditations*, AT IX, 10.

3. Cf. *Discours*, 5ᵉ partie, AT VI, 59 ; à Newcastle, 23 novembre 1646, AT IV, 576 ; À Morus, 5 février 1649, AT V, 277.

suc des raisins noirs, qui est blanc, se convertit en vin clairet, lorsqu'on le laisse cuver sur la râpe »[1]. Sous l'influence de la chaleur du cœur, le sang s'y dilate et, tandis que la majeure partie, rafraîchie par son passage dans les poumons, poursuit son incessante circulation, les parcelles les plus subtiles, en vertu de leur légèreté, montent droit au cerveau par les carotides : « Et ainsi, sans autre préparation, ni changement, sinon qu'elles sont séparées des plus grossières, et qu'elles retiennent encore l'extrême vitesse que la chaleur du cœur leur a donnée, elles cessent d'avoir la forme du sang, et se nomment les esprits animaux »[2].

Descartes reprend cette appellation traditionnelle depuis l'Antiquité et qui, de Galien, avait passé aux médecins du XVIᵉ siècle. Dans une lettre de 1643, il cite même la division, selon les trois états successifs, en esprits naturels ou chyle, esprits que les médecins appellent vitaux et qui forment le sang en circulation, enfin esprit animaux[3]. Mais, malgré ces vocables classiques, Descartes exclut tout vitalisme invoquant des principes « spirituels » mal analysés : « Car ce que je nomme ici des esprits, ne sont que des corps » (art. 10).

Et c'est en vertu d'un mécanisme très précis que ces esprits, emplissant des minuscules tuyaux qui entourent le filet nerveux, vont gonfler les muscles. Les nerfs tendus fonctionnent comme des « cordons de tirage »[4]; un système de valvules

---

1. *L'Homme*, AT XI, 123.

2. *Ibid.*, 130. *Cf.* à Newcastle, avril 1645, AT IV, 191; *Discours*, 5ᵉ partie, AT VI, 54; et *Passions*, art. 7, 10, 96.

3. À Vorstius, 19 juin 1643, AT III, 686-689. Ces derniers sont l'équivalent de la matière subtile en physique, cf. *Principes*, II, 33-34, et III, 51-52.

4. H. Dreyfus-Le Foyer, « Les conceptions médicales de Descartes », *Revue de métaphysique…*, 1937, p. 246.

qui orientent la circulation, et la corrélation des muscles antagonistes suffisent à expliquer tous les mouvements. Par horreur
du verbalisme scolastique, Descartes repousse la « faculté
pulsifique » du cœur et ne tient aucun compte de l'irritabilité
nerveuse ou des « vertus » des glandes. Mais, si rudimentaire
et insuffisant que soit ce mécanisme, il pose les bases d'une
physiologie scientifique, et, par exemple, décrit exactement
l'arc reflexe.

Pour l'étude des passions, les recherches physiologiques
de Descartes lui permettent de ne pas se borner comme ses
prédécesseurs à quelques généralités sur la partie sensitive de
l'âme et le mouvement confus des « esprits ». Il note avec préci-
sion l'accroissement ou l'arrêt de l'appétit, suivi de modifications dans la circulation des sucs alimentaires, du sang et des
esprits animaux, ce qui se traduit extérieurement par l'accélé-
ration ou le ralentissement du pouls, la vaso-dilatation ou la
vaso-constriction, cause de rougeur ou de pâleur ; les réactions
nerveuses : tremblements, rire, larmes, découlent aussi auto-
matiquement du choc initial : « Pour les mouvements de nos
passions, bien qu'ils soient accompagnés en nous de pensée, à
cause que nous avons la faculté de penser, il est néanmoins très
évident qu'ils ne dépendent pas d'elle, parce qu'ils se font
souvent malgré nous, et que, par conséquent, ils peuvent être
dans les bêtes, et même plus violents qu'ils ne sont dans les
hommes, sans qu'on puisse, pour cela, conclure qu'elles aient
des pensées »[1].

---

1. À Newcastle, 23 novembre 1646, AT IV, 573-574. Cf. *Passions* art. 138.
Le *Traité de l'Homme* décrit dans la « machine des mouvements tout semblables
à ceux qui témoignent en nous » des diverses passions (AT XI, 166-167).

« Les mouvements naturels qui témoignent les passions » n'ont donc rien d'un langage[1]. Mais chez l'homme « les actions des yeux et du visage ne semblent pas tant être naturelles que volontaires » (art. 113). Ces modifications intentionnelles révèlent la présence de la pensée qui accompagne tous ces mouvements. Sentiments ou émotions *de l'âme* (art. 27), les passions sont de l'ordre du psycho-physiologique : il n'y a pas de simple concomitance des deux éléments, mais étroite union qui caractérise l'homme. Descartes repousse tout « angélisme » : si un pur esprit se trouvait dans un corps d'homme, disait-il à Regius, au lieu d'éprouver des sentiments comme nous, il percevrait seulement les mouvements causés par les objets extérieurs – mais en cela il se distinguerait d'un homme véritable[2].

Ce domaine *sui generis* du sentiment ne se laisse donc réduire ni à la complexité des pensées confuses, ni au produit des troubles corporels. Cependant l'analyse séparée de chacun des éléments a pu être interprétée, tantôt comme un intellectualisme, tantôt comme une anticipation des thèses de James et Lange sur l'émotion.

N'est-ce pas par l'aperception de la fuite « excitée dans le corps par la seule disposition des organes » que « la peur est mise dans l'âme »[3] ? Mais si les troubles corporels donnent aux sentiments leur coloration émotive originale, ils sont causés par des objets déjà significatifs pour l'âme : les esprits ne font que fortifier « l'impression que la *première pensée* de l'objet aimable y a faite » (art. 102); de même le reflexe de fuite peut

1. *Discours*, 5ᵉ partie, AT VI, 58.
2. À Regius, février 1642, AT III, 493 (latin). Cf. *Méditation* VI, AT IX, 64.
3. Art. 38. *Cf.* art. 102, 104 etc.

être antérieur à l'appréhension consciente que nous en prenons, mais réciproquement « le sentiment de la peur l'incite à vouloir fuir » (art. 40) et l'âme en reste maîtresse : si la peur incite les jambes à fuir, la volonté les peut arrêter » (art. 46).

L'analyse du phénomène passionnel met donc en évidence l'action réciproque des deux substances qui composent l'homme ; aussi Descartes renvoyait-il au *Traité* près de paraître un correspondant curieux des modalités de l'union[1]. Les deux éléments constituent ainsi « un seul tout »[2] doué d'une très forte unité au point que le corps animé « est un, et en quelque façon indivisible, à raison de la disposition de ses organes »[3], puisqu'une amputation n'en détruit pas l'identité individuelle : « Nous croyons que ce corps est tout entier, pendant qu'il a en soi toutes les dispositions requises pour conserver cette union »[4]. L'adaptation des parties au tout dans cette relative unité a pour conséquence une finalité interne qui caractérise précisément le domaine de l'union.

Ainsi les sentiments, qui embrassent les sensations élémentaires comme les réactions affectives plus complexes, ont-ils une signification pragmatique et vitale : les passions « disposent l'âme à vouloir les choses que la nature dicte nous être utiles »[5], selon la fonction de « cette nature », qui

---

1. Morus à Descartes, 5 mars 1649, AT V, 313, et réponse à Morus, 15 avril, *ibid.*, 347 : Descartes le renvoie *in tractatu de affectibus* qu'il venait de lui annoncer (*ibid.*, 344).

2. *Méditation* VI, AT IX, 64.

3. Art. 30. Descartes continue en rappelant l'indivisibilité de l'âme qui reste le principe de sa distinction avec le corps, « de sa nature… toujours divisible », *Méditation* VI, AT IX, 68. *Cf.* Abrégé, *ibid.*, 10.

4. Au P. Mesland, 9 février 1645, AT IV, 166.

5. Art. 52, *cf.* art. 74, 89, 90, 94, 137 etc. Sur l'utilité et la subjectivité des sentiments, *cf.* 6ᵉ *Méditation*, AT IX, 66.

« m'apprend bien à fuir les choses qui causent en moi le sentiment de la douleur, et à me porter vers celles qui me communiquent quelque sentiments de plaisir » [1].

La convenance biologique des aliments explique ainsi la genèse des passions (art. 107 à 111). La perfection du mécanisme corporel et le jeu des associations créent une série de réactions de défense (art. 36, 39, 40) : d'où l'importance de la crainte, la haine, la tristesse, car « il importe davantage de repousser les choses qui nuisent et peuvent détruire, que d'acquérir celles qui ajoutent quelque perfection sans laquelle on peut subsister » (art. 137).

Cependant cette finalité reste imparfaite (art. 138), et si les passions « sont toutes bonnes de leur nature » (art. 211), elles restent une richesse potentielle qu'il s'agit de bien employer.

La science des passions conduit donc à une technique pour « les dresser, et ... les conduire » (art. 50). En 1637, Descartes écrivait : « L'esprit dépend si fort du tempérament, et de la disposition des organes du corps, que s'il est possible de trouver quelque moyen, qui rende communément les hommes plus sages et plus habiles qu'ils n'ont été jusques ici, je crois que c'est dans la Médecine qu'on doit le chercher » [2]. Mais en 1646 le philosophe avoue que beaucoup de ses recherches sur la médecine n'ont pas abouti et qu'il a trouvé ailleurs les fondements de sa morale [3].

---

1. *Méditation* VI, *ibid.*, 65. Il s'agit de la nature au sens strict, qui comprend « seulement des choses que Dieu m'a données comme étant composé de l'esprit et du corps ».

2. *Discours*, 6e partie, AT IV, 62.

3. À Chanut, 15 juin 1646, AT IV, 442. Descartes vient précisément d'achever « le petit traité de la nature des Passions de l'Âme » qu'il met au nombre des « questions particulières de la Morale », *ibid.*, 443.

Car si la tristesse a souvent pour origine une santé déficiente (art. 94; *cf.* art. 51), la réciproque est vraie[1]; et si le mal de poumon dont mourut sa mère était « causé par quelques déplaisirs », Descartes dit avoir surmonté le tempérament fragile qu'il tenait d'elle, par son « inclination ... à regarder les choses qui se présentaient du biais qui me les pouvait rendre le plus agréables »[2].

Ainsi l'union de l'âme et du corps, dont la *passion* est un effet, se traduit corrélativement par l'*action* de l'âme sur le corps. Toute activité spirituelle étant rapportée à la volonté (art. 17 et 41), celle-ci joue un rôle capital dans la maîtrise des passions (art. 46, 47, 50 etc.). Le généreux cartésien « connaît qu'il n'y a rien qui véritablement lui appartienne que cette libre disposition de ses volontés » (art. 153).

Mais l'appel du héros n'exclut pas la méditation du sage : dresser l'âme contre le corps romprait l'harmonie du composé sans apporter de conciliation efficace : « Nos passions ne peuvent pas aussi directement être excitées ni ôtées par l'action de notre volonté » (art. 45). Il faut ruser avec elles, user d'*industrie*[3] en fortifiant par le jeu des représentations un nouveau mécanisme associatif. Il n'y a point là trace d'intellectualisme, mais technique prudente qui fait sa part à toutes les ressources humaines. Réflexion et décision s'unissent dans une âme forte en « des jugements fermes et déterminés touchant la connaissance du bien et du mal, suivant lesquels elle a résolu de conduire les actions de sa vie » (art. 48). La

---

1. À Élisabeth, 18 mai 1645, AT IV, 201 : « La cause la plus ordinaire de la fièvre lente est la tristesse ».

2. À Élisabeth, mai ou juin 1645, *ibid.*, 221.

3. Art. 50. *Cf.* art. 41, 44, 45, 46, 201, etc.

connaissance de la vérité est la condition de leur efficacité[1] :
l'expérience et la raison sont nécessaires pour distinguer le
bien du mal (art. 138), et la vertu consiste à suivre la raison[2].

Cependant « il n'est pas nécessaire … que notre raison ne
se trompe point »[3], car l'urgence de l'action exige souvent que
nous nous contentions d'une « certitude morale »[4]. Sans doute
le passage de la morale provisoire à la morale définitive
remplace l'obligation de prendre une décision « même…
encore que nous ne remarquions point davantage de probabilité aux unes qu'aux autres »[5], par les préceptes de « se servir,
le mieux … possible, de son esprit » et « d'exécuter tout ce
que la raison lui conseillera »[6]. Mais ce « mieux possible »
n'éclaire pas toujours avec évidence les actions à préférer. On
doit alors se satisfaire « de ce qu'on sait les avoir autant
examinées qu'on en a moralement de pouvoir »[7].

Ainsi écarte-t-on l'irrésolution « qui vient d'un trop grand
désir de bien faire » et des limites de notre entendement
(art. 170). Des « deux choses … requises pour être toujours
disposé à bien juger », la connaissance de la vérité reste donc
insuffisante sans la fermeté de résolution qui naît de l'habitude[8]. Descartes retrouve ainsi la définition traditionnelle de la

---

1. Art. 49, 144. Dans cette mesure le vice procède de l'ignorance,
cf. art. 154, 160.

2. À Élisabeth, 1er septembre 1645, AT IV, 284. *Cf.* art. 148.

3. À Élisabeth, 4 août 1645, AT IV, 266.

4. *Principes*, IV, art. 205-206.

5. *Discours*, 3e partie, AT VI, 25.

6. À Élisabeth, 4 août 1645, AT IV, 265.

7. À Christine, 20 novembre 1647, AT V, 83-84.

8. À Élisabeth, 15 septembre 1645, AT IV, 291. *Cf.* art. 170, 153. C'est
seulement dans la mesure où le jugement implique déjà cette détermination de

vertu[1]. Et « la clef de toutes les autres » (art. 161), la générosité même, peut être acquise, grâce à une éducation appropriée qui accroît par l'habitude « l'empire que nous avons sur nos volontés » et nous permet de « suivre parfaitement la vertu »[2].

Or « c'est de ce bon usage du libre-arbitre, que vient le plus grand et le plus solide contentement de la vie »[3]. La morale cartésienne équilibre harmonieusement les conseils de la raison et les décisions de la volonté, fortifiées par le dressage corporel qui crée l'habitude. Surmontant les déchirements qui naîtraient du conflit de ces divers éléments, elle s'épanouit dans la joie qui est le fruit de la sagesse (art. 212).

***

La diversité des thèmes abordés par Descartes marque déjà son originalité. Car ses prédécesseurs avaient surtout traité la question en moralistes, et le dédain avec lequel il les écarte dès l'article 1 pourrait faire croire qu'ils n'ont eu sur lui aucune influence. Cependant il utilise les notions traditionnelles, dès la définition générale de la passion comme envers d'une action, et le rattachement des passions de l'âme à l'action qu'elle subit de la part du corps auquel elle est unie. Saint Thomas avait déjà fait des remarques analogues dans la petite étude sur les

---

la volonté qu'« il suffit de bien juger, pour bien faire », *Discours*, 3e partie, AT VI, 28.

1. Art. 161. *Cf.* à Élisabeth, 15 septembre 1645 : « On a raison, dans l'Ecole, de dire que les vertus sont des habitudes », AT IV, 296.

2. Art. 152, 153 et 161.

3. À Christine, sur le Souverain Bien, 20 novembre 1647, AT V, 84.

passions qui s'insère dans le second traité particulier des actes par lesquels l'homme tend à sa fin [1].

Descartes en a certainement connu l'essentiel, au moins par les cours de morale suivis au collège de La Flèche durant sa deuxième année de philosophie. Le manuel d'Eustache de Saint-Paul, dont il se souviendra plus tard [2], en donne un exposé simplifié : le siège des passions de l'âme est l'appétit sensitif, qui poursuit son bien en tant qu'elle est unie au corps. Cet appétit s'exerce sous une double forme, division héritée d'une analyse de Platon qui distingue trois principes en nous : raison, concupiscence et colère [3]. Quand le bien visé ou le mal à rejeter sont simplement considérés en eux-mêmes, les passions qu'ils provoquent sont rattachées à la puissance *concupiscible*, qui comprend les trois couples : amour et haine, désir et aversion, joie et tristesse. Mais quand la difficulté d'atteindre ou fuir l'objet cause une réaction violente, une lutte chez le sujet, les passions dépendant alors de l'appétit *irascible* : les principales sont l'espoir et le désespoir, l'audace et la crainte, enfin la colère, qui n'a pas de contraire. Car si les couples opposés de l'appétit concupiscible se rapportent à des objets différents, les passions de l'irascible traduisent les attitudes

---

1. *Somme Théologique*, Ia IIae, q. 22-48.

2. *Summa Philosophica*, Paris, 1609. *Cf.* AT III, 185, 233, 259. Dans la lettre à Mersenne du 11 novembre 1640, il évoque aussi le cours de philosophie d'Abra de Raconis, dont la première édition date seulement de 1617, mais qu'il a probablement regardé vers 1640. Cette *Totius philosophiæ... tractatio*, plus formelle qu'E. de Saint-Paul (il commence par distinguer les causes de la passion, sa nature, son essence...), suit exactement les analyses thomistes ; et, bien qu'il intitule sa *Disputatio tertia : De Passionibus seu perturbationibus animæ* (p. 150), il critique la condamnation stoïcienne de toutes les passions (p. 154).

3. *République*, IV, 436a-441c.

contraires de l'âme à l'égard d'un même objet, et dans la colère l'aversion du mal se trouve mêlée au désir d'en tirer vengeance.

Le dénombrement s'arrête donc à ces onze passions fondamentales, que saint Thomas étudie en détail avec une richesse inégalée chez Descartes. Le moraliste, héritier des fines analyses platoniciennes et aristotéliciennes et de l'expérience psychologique de saint Augustin, ne perd jamais de vue les vertus naturelles et surnaturelles qui s'épanouiront à partir de ces passions : elles s'insèrent ainsi dans une perspective harmonieuse où chaque notation éveille une résonance profonde. Remarquable est en particulier la description de l'amour, première des passions, qui tend à l'union complète de l'âme avec le bien visé.

En elles-mêmes les passions ne sont donc pas mauvaises, puisqu'elles peuvent être orientées vers le Bien et réglées par la raison, d'où procède toute moralité : à la condamnation stoïcienne qui accentue l'antagonisme entre volonté et sensibilité, saint Thomas et les scolastiques opposent la modération péripatéticienne qui fait de la vertu l'épanouissement de toute la nature humaine.

Au XVIe siècle, la renaissance du stoïcisme affirme l'absolue maîtrise de la volonté sur les passions, mais l'essentiel de la classification scolastique est conservé avec quelques nuances[1] ; et les traités des passions, très nombreux au XVIIe siècle, partent tous de la dualité du concupiscible et de l'irascible.

---

1. Du Vair, *La philosophie morale des stoïques*, dans *Œuvres*, 1625, p. 283 (cité à l'Appendice I), et p. 299-300. *Cf.* Charron, *La Sagesse*, I, I, chap. XIX. Sur l'attitude éthique du néo-stoïcisme à l'égard des passions, cf. *infra* p. 50-51.

Le *Tableau des Passions humaines, de leurs causes, et de leurs effets* de N. Coeffeteau, qui compte sept éditions de 1620 à 1632[1], développe abondamment, avec quelques digressions littéraires, la théorie thomiste et garde sa classification. Il reproche aux stoïciens de rejeter les passions comme des maladies de l'âme, car « l'appétit sensitif est un présent de nature, que Dieu qui en est l'Auteur, nous a libéralement accordé. Or la vertu ne détruit pas la nature mais y ajoute les perfections qui lui manquent »[2].

L'ouvrage de Senault, *De l'usage des Passions*, débute par une « Apologie pour les Passions contre les Stoïques », taxés d'orgueil et de folie, car il est impossible d'étouffer les passions : « Aussi faudrait-il ruiner la constitution de l'homme et séparer l'âme du corps pour l'exempter de ces mouvements »[3]. Si nous savons les « ménager », « les Passions les plus insolentes peuvent servir à la raison, et ne les pas employer dans le cours de notre vie, c'est laisser inutiles une des plus belles parties de notre âme »[4]. Tout en atténuant ensuite la division traditionnelle des appétits, et malgré sa préférence générale des « rêveries » de Platon aux « raisonnements » d'Aristote[5], Senault conserve les plus grandes lignes de la classification scolastique : l'étude successive de chaque passion particulière en précise, d'un point de vue exclusivement moral, le bon et le mauvais usage.

Un autre livre que Descartes réclame dès sa parution, mais abandonne vite après l'avoir parcouru « sans y rien trouver que

---

1. Et encore une en 1664, après la mort de Descartes.
2. *Op. cit.*, éd. 1632, p. 59.
3. *De l'usage des passions*, éd. 1643, p. 6 (éd. Frémont, Paris, 1987, p. 45).
4. *Ibid.*, p. 7 (46).
5. *Ibid.*, p. 34 (61).

des paroles »[1], *Les Caractères des Passions* par Cureau de la Chambre, part encore de l'énumération classique des onze passions fondamentales. La suite semble plus originale par les longues descriptions du mouvement des « esprits » propre à chaque passion, mais l'auteur se contente de vagues métaphores : « L'Amour les dilate, le Désir les élance, la Joie les répand, l'Espérance les tient fermes, l'Audace les pousse et … la Colère les jette à gros bouillons »[2]. C'est d'ailleurs l'âme qui dirige ces mouvements, et le texte, cité ici en appendice, marque bien ce vitalisme[3].

Ainsi les contemporains de Descartes restent fidèles dans les grandes lignes à la théorie scolastique des passions, et le philosophe s'en écarte, tant par sa physiologie mécaniste que par le refus de la division traditionnelle des appétits. La distinction du corps et de l'esprit remplace la hiérarchie en l'âme des puissances végétative, sensitive et rationnelle (art. 47), et la dualité du concupiscible et de l'irascible est repoussée par Descartes, qui proclame l'originalité de sa classification : « En quoi je sais bien que je m'éloigne de l'opinion de tous ceux qui en ont ci-devant écrit » (art. 68).

L'un des prédécesseurs de Descartes avait pourtant énuméré déjà les passions, sans se référer à la distinction en appétit concupiscible et irascible ; et c'est précisément le seul

1. À Mersenne, 18 janvier 1641, AT III, 296 cf. *ibid.*, 87, 176, 207, 299.

2. *Op. cit.*, p. 19.

3. Dans une série de « Discours préliminaires » à *L'Art de connaître les Hommes*, les esprits sont même doués d'un « discernement vital » et considérés comme directement animés (p. 211). Cet ouvrage, qui devrait normalement précéder *Les Caractères des Passions*, ne date que de 1659, mais Descartes aurait sans doute été peu intéressé par ces analyses qui vont de l'interprétation de la physionomie à la chiromancie et à l'astrologie.

dont le philosophe cite expressément le nom dans son *Traité* : la curieuse allusion à Vivès, à propos du « ris » (art. 127), prouve que Descartes avait lu le *De Anima* [1]. Certes la classification de Vivès est d'inspiration stoïcienne et augustinienne [2], mais à une époque où même les néo-stoïciens et les augustiniens subordonnaient l'énumération des passions particulières à la dualité scolastique des appétits [3], il a bien pu servir d'intermédiaire.

[1]. Le *De Anima et vita* date de 1538, deux ans avant la mort de l'humaniste espagnol. Sans avoir jamais été traduit en français, l'ouvrage a connu plusieurs éditions au XVIe siècle, avant d'être accueilli dans le tome III des *Opera omnia* (Valence, 1782), d'après lequel nous le citons. Ces pages sur Vivès ont paru dans la *Revue philosophique* de juillet-septembre 1948 sous le titre : *Une source inexplorée du traité des Passions*. Sans se référer à cet article, F. de Urmeneta a précisé en 1949 certaines analogies dans les définitions du désir, de la faveur, de l'indignation, de l'envie, de l'espérance, de la peur (« L. Vives y el tercer centenario del tratado cartesiano sobre *Las Pasiones* », *Revista de Psicologia general y aplicada*, Madrid, 1949. *Cf.* du même auteur, *La psicologia educativa de las pasiones, segun L. Vives y R. Descartes*, Congrès international de Pédagogie, Santander, 1949. La présente étude de l'ouvrage, achevée depuis 1947, a été revue et mise à jour (1re éd. 1955; cette 2e éd. corrigée ajoute quelques précisions, p. 13 et p. 24-26, et complète la bibliographie).

[2]. Saint Augustin avait subordonné les quatre passions fondamentales du stoïcisme (cf. *supra*, p. 28, note 2 et *Confessions*, X, XIV, 22) à l'amour : *Amor ergo inhians habere quod amatur cupiditas est; idem habens eoque furens lætitia est. Fugiens quod ei adversatur, timor est; idque cum acciderit sentiens tristitia est*, *Cité de Dieu*, XIV, VII, 2. Vivès joint cette addition de l'amour et de son contraire à la considération stoïcienne des temps. Celle-ci, dont on trouve quelques traces chez saint Thomas (*S. Théologique*, Ia, IIae, q. 23, a. 3, concl. : *malum ponitur præsens vel præteritum*; a. 4, concl. : *bonum nondum habitum*), intervient aussi chez Du Vair, avec la dualité du concupiscible et de l'irascible.

[3]. *Supra*, p. 40-41 et texte de Du Vair, Appendice I, p. 254-255. Ajoutons toutefois que le primat augustinien de l'amour est fréquemment reconnu au

Vivès[1] distingue les mouvements de l'âme selon qu'ils concernent le bien ou le mal et réagissent à leur égard par la poursuite du bien, la fuite ou la lutte contre le mal. Ce bien lui-même, ou ce mal, peut être présent, futur, passé ou possible. Le mouvement naissant de complaisance qui suit la connaissance du bien s'affirme comme amour, l'obtention du bien présent provoque la joie, la poursuite du bien futur le désir. Les mouvements contraires produisent haine, tristesse, crainte, suivant qu'ils concernent un mal qui nous heurte, nous blesse présentement ou nous menace ; colère, envie, indignation quand on se dresse contre un mal présent, confiance et audace à l'égard d'un mal futur.

Sous ces passions primitives, Vivès range ensuite quelques espèces : faveur, respect, miséricorde, relèvent de l'amour, le plaisir de la joie, l'espérance du désir, l'orgueil est

---

XVIIe siècle : saint François de Sales, *Traité de l'amour de Dieu*, cité *infra*, art. 56 ; Cureau de la Chambre, *Les caractères des Passions*, t. 1, p. 23-24 ; Senault, *De l'usage des passions*, p. 32 : « L'amour et la haine sont les deux principales sources de nos passions ». Mais précisément, si Vivès et Descartes nomment l'amour et la haine avant la joie, le désir ou la tristesse, ils les laissent sur le même plan.

1. *Enumeratio affectuum* (*op. cit.*, III, I, p. 426) : *Motus omnis animi de bono est, aut de malo quatenus contrarium est bono, estque vel ad bonum, vel a malo, vel contra malum ; bonum autem et malum, vel præsens est, vel futurum, vel transactum, vel possibile ; absentia boni pro malo est, mali autem pro bono : bonum simul atque est menti cognitum, allubescit continuo, fit amor, motus autem de bono præsenti quod sumus assequuti, lætitia, de bono futuro, cupiditas nuncupatur, quæ intra amoris limites includitur : primus motus de malo est offensio, allubescientiæ contraria, quæ confirmata, fit odium, de malo præsenti mæror, de futuro metus, motus in malum præsens ira, individia, indignatio, in malum futurum, fiducia et audacia : sub amore sunt favor, reverentia, misericordia, sub lætitia delectatio, sub cupiditate, spes ; sub mærore, desiderium.*

un mixte de joie, désir et confiance; toutes les passions s'étendent au passé et à l'avenir, mais celui-ci peut-être visé comme présent, tandis que le passé historique suscite crainte ou espoir en tant que nous le considérons comme futur.

Or voici le principe de l'énumération cartésienne : « De la même considération du bien et du mal naissent toutes les autres passions. Mais, afin de les mettre par ordre, je distingue les temps, et considérant qu'elles nous portent bien plus à regarder l'avenir que le présent ou le passé, je commence par le désir » [1]. L'intervention de la possibilité introduit dans le désir des nuances d'espoir ou de sécurité, de crainte ou de désespoir (art. 58) : « La considération du bien présent, excite en nous de la joie, celle du mal de la tristesse » (art. 61). De plus, « il est à remarquer que les mêmes passions qui se rapportent aux biens ou aux maux présents, peuvent souvent aussi être rapportées à ceux qui sont à venir, en tant que l'opinion qu'on a qu'ils adviendront, les représente comme présents » (art. 62), tandis que la référence au passé colore plusieurs passions particulières (art. 63-67).

Dans le détail, les ressemblances ne sont pas moins notables : tandis que pour les scolastiques désir et espoir relèvent de deux appétits différents, chez Descartes comme chez Vivès l'espérance est une variété du désir, la jalousie « une espèce de crainte » [2]. Et si, de l'énumération progressive

---

1. Art. 57. Descartes vient de définir l'amour et la haine également par le rapport bon ou mauvais des objets à notre égard. Seules l'admiration et ses dérivées ne se caractérisent pas en fonction « des diverses façons qu'ils nous peuvent nuire ou profiter », mais seulement en raison de leur « importance » (art. 52), principale innovation de la classification cartésienne.

2. Art. 58, 167. Cf. *De anima*, III, XVI. Ces descriptions diffèrent de la subdivision stoïcienne des passions particulières, *Tusculanes*, IV, VII, 16-21.

de Vivès, aussi complexe que le premier dénombrement de Descartes, on essaie de dégager quelques passions fondamentales, on est frappé par la subsomption des dérivées *sub amore... sub lætitia... sub cupiditate... sub mærore*[1] : amour, joie et désir en ce qui concerne le bien ; haine, tristesse, crainte à l'égard du mal, c'est à peu de choses près les six passions primitives de Descartes. Il y ajoute seulement l'admiration, qui constitue sa principale originalité, et précise que le désir n'a pas de contraire, car « c'est toujours un même mouvement qui porte à la recherche du bien, et ensemble à la fuite du mal qui lui est contraire » (art. 87). Mais Vivès n'avait-il pas déjà noté que la poursuite du bien s'identifie finalement avec le rejet du mal, car nous fuyons ce dernier en vue d'un bien et nous recherchons le premier pour lui-même[2]?

D'autres rencontres de détail, pour être parfois moins probantes, confirmeraient la familiarité de Descartes avec le *De Anima* de l'humaniste espagnol. Sans doute on ne saurait insister sur l'allusion au rire (« ris ») de Démocrite et aux pleurs d'Héraclite, lieu commun qu'on retrouve chez Vivès[3]. L'affection du père pour ses enfants est aussi un exemple bien courant d'amour désintéressé : mais il est notable que Descartes parle à son sujet d'« amour pure », pour en distinguer le désir,

---

1. Texte cité (ce qui atténue la portée de « l'inclusion » du désir dans les limites de l'amour, *ibid.*). Le reste de l'ouvrage confirme cette indication : ainsi l'envie et l'indignation, citées avec la colère comme mouvements contre un mal présent (vestiges des passions de l'irascible), sont ensuite définis comme des sortes de tristesse (III, XV et XVII, cf. *Passions*, art. 182).

2. *Omnia boni causa... facimus; ... nam et a malo fugimus propter bonum, et bonum propter seipsum expetimus* (*op. cit.*, p. 421 ; *cf.* p. 426, texte cité : l'absence du bien est un mal, celle du mal un bien).

3. *Op. cit.*, p. 423. *Cf.* art. 196.

après avoir repoussé la division commune de l'amour en bienveillance et concupiscence (art. 81-82). Or Vivès proteste également contre la confusion de l'amour et de la concupiscence, et cite comme type d'amour pur et vrai, exempt de toute considération utilitaire, l'affection du père pour son fils, du maître pour le disciple, de Dieu pour nous [1]. Les développements sur la convenance admirable de deux êtres qui s'aiment, moins en vertu d'une similitude de tempérament que d'un accord des âmes « pour constituer une harmonie semblable à celle des sons dans un concert » [2], n'ont guère d'équivalent chez Descartes [3] : mais quand Vivès décrit la montée du sang au cerveau, d'où suivent le souffle oppressé, la fréquence des larmes, les changements de couleur, l'agitation générale et la fixation des pensées de l'amoureux sur l'être aimé, par ses notations strictement objectives il apparaît comme le précurseur de l'étude cartésienne [4].

1. *Op. cit.*, III, IV, p. 432-433. Vivès ne nie pas l'amour de concupiscence (cf. *ibid.* p. 430); mais il ne le considère pas comme un « amour véritable ».

2. *Ibid.*, p. 430 : *Est in quibusdam hominum admirabilis animorum congruentia, quæ illos occulto quodam naturæ consentu statim conjungit nexu volontatum. Cf.* l'union de volonté qui définit l'amour pour Descartes, art. 79 : *Non tam est hæc interdum similitudo temperamenti corporei quam competentia quædam animorum inter se, ad constituendam harmoniam qualis est sonorum in concertu musico.*

3. Toutefois il n'a pas ignoré ces « inclinations secrètes » qui n'ont pas toujours leur cause dans le corps (à Chanut, 6 juin 1647, AT V, 56-58). Le *Compendium musicæ* remarquait déjà que la voix de l'être aimé nous est plus agréable *ex sympathia... affectuum*, AT X, 90. Mais en 1619, Descartes n'avait pas exorcisé les « sympathies » de sa physique (cf. *Principes*, IV, art. 187). Il écrivait encore : *Una est in rebus activa vis, amor, charitas, harmonia* (AT X, 218).

4. *De Anima...*, p. 447. Cf. *Passions*, art. 97, 102, 131, etc. Selon Descartes l'amour fait plutôt rougir (art. 117) mais provoque aussi la langueur (art. 119-

De même il a très nettement mis en lumière le principe de l'association, qui joue un grand rôle dans le *traité des Passions*, tant pour expliquer la concomitance des phénomènes physiologiques que la correction qu'on peut y apporter[1]. Et comme la remarque sur le rire[2], celle de l'article 107 a pu être suggérée par un autre souvenir vécu par Vivès : « Comme on voit en ceux qui ont pris avec grande aversion quelque breuvage étant malades, qu'ils ne peuvent rien boire ou manger par après, qui en approche du goût, sans avoir derechef la même aversion ; et pareillement, qu'ils ne peuvent penser à l'aversion qu'on a des médecines, que le même goût ne leur revienne en la pensée ». Car le philosophe espagnol raconte : « Dans mon enfance, comme je souffrais de la fièvre à Valence et que j'avais mangé des cerises avec une mauvaise bouche, après bien des années, chaque fois que je goûtais ce fruit, non seulement je me souvenais de cette fièvre, mais il me semblait que je la ressentais encore »[3]. Observation qui aurait séduit Proust et qui fait l'agrément du livre de Vivès : en un siècle où tout traité *De*

120) ; Vivès note les variations sur le visage de la rougeur et de la pâleur suivant l'afflux ou le retrait du sang.

1. *Cf.* art. 50, 93, 107, 136 (où Descartes l'appelle « le principe sur lequel tout ce que j'en ai décrit est appuyé ») et à Mersenne, 18 mars 1630, où il pose le principe du réflexe conditionné : « je juge que si on avait bien fouetté un chien cinq ou six fois, au son du violon, si tôt qu'il oirait une autre fois cette musique, il commencerait à crier et à s'enfuir », AT I, 134. Or Vivès en avait déjà fait la remarque : *Quod in brutis quoque est annotare, quæ si quo sono vocata gratum aliquid accipiunt, rursum ad eumdem sonum facile ac libenter accurrunt, sin cædantur, sonitum eumdem deinceps reformidant ex plagarum recordatione, qua in recordatione gemina illud usu evenit…, De Anima*, II, II, *De memoria*, p. 350.

2. Art. 127.

3. *Ibid.*, p. 350 (traduction).

Anima ne s'écartait guère du commentaire d'Aristote, il se distingue par son indépendance à l'égard de l'Antiquité, ce ton direct et le caractère souvent autobiographique de ses remarques : tous ces traits, que l'on retrouve chez Descartes, expliqueraient l'intérêt qu'il a pris à la lecture de Vivès [1].

Même si cette étude atténue l'affirmation d'indépendance totale de Descartes à l'égard de ses prédécesseurs, son originalité reste entière dans l'importance qu'il attribue à l'admiration et à ses dérivées [2], en particulier la générosité. Est-ce à dire que Descartes n'a subi sur ce point aucune influence contemporaine ? On a souvent noté les ressemblances de certaines analyses cartésiennes avec la psychologie du théâtre cornélien, dont Descartes a sans doute connu les principales pièces [3]. Mais l'Avertissement de *Nicomède*, qui dégage explicitement comme ressort de la tragédie « la fermeté des grands cœurs qui n'excite que de l'admiration dans l'âme des spectateurs », est

1. Quand Descartes l'a-t-il lu ? Peu avant d'écrire les *Passions* puisqu'il en a retenu une référence précise ? Peut-être au cours de ses recherches sur la génération des animaux a-t-il consulté de *De Anima et vita*, dont le livre I est consacré à la biologie Mais, si le *Compendium musicæ*, et surtout la lettre citée à Mersenne y font déjà allusion, il serait alors retourné à l'ouvrage autrefois parcouru et dont il avait gardé un assez vif souvenir...

2. Descartes étend délibérément le sens des vocables courants pour marquer le caractère passionnel de l'estime et du mépris (art. 149). Sans doute la plus intellectuelle des passions est pure de violents bouleversements physiologiques (art. 71), ce qui la distingue de l'émotion-choc (plus proche de l'*étonnement* au sens fort du XVIIe siècle, *cf.* art 73) ; mais elle reste une passion et non une simple attention de l'esprit à la nouveauté (art. 72).

3. Plusieurs éditions en furent aussitôt données en Hollande par les Elzevier. La Princesse Élisabeth jouait *Médée* avec ses sœurs en 1641, et Huygens, à propos d'une poésie qu'il avait composée sur *Le Menteur* se trouva même en correspondance avec Corneille. *Cf.* AT XII, 403, 505-506 et *supplément*, p. 104.

postérieur de deux ans au traité des *Passions*. Tous deux reflètent sans doute l'idéal d'une société qui attribuait dans sa carte amoureuse une place d'honneur à *Tendre-sur-Estime*. Et la souveraineté de la raison sur les passions[1], le souci de la gloire chez le héros cornélien[2], la libre disposition de ses volontés qui provoque la satisfaction intérieure du généreux cartésien, traduisent plus profondément l'influence de la renaissance du stoïcisme qui imprègnent encore toute la première moitié du XVIIᵉ siècle[3].

Si Descartes ne suit pas Du Vair dans sa classification, il s'en inspire pourtant pour exposer, dans les derniers articles de la seconde partie, qui devaient conclure le *Traité* sous sa forme primitive, toute le technique de domination des passions, à partir de la division stoïcienne des désirs selon qu'ils dépendent ou non de nous. « Tâcher toujours plutôt à me vaincre que la fortune, et à changer mes désirs que l'ordre du monde »[4], cette troisième maxime de la morale provisoire n'implique cependant aucune résignation passive, car il faut d'abord faire « notre mieux, touchant les choses qui nous sont extérieures »[5]. Ainsi « ceux qui sont généreux… sont naturellement portés à faire de grande choses, et toutefois à ne rien entreprendre dont ils ne se sentent capables » (art. 156).

---

1. Sur les nuances entre Descartes et Corneille, *cf.* art. 161, 204 et 212, n. 3.

2. O. Nadal, *Le sentiment de l'amour dans l'œuvre de P. Corneille*, p. 287-321, précise l'originalité de la « gloire » pour Corneille, et critique l'identification par Lanson (*Revue d'histoire littéraire de la France*, 1894) entre sa poursuite et la générosité cartésienne.

3. C. Serrurier y ajoute l'influence possible de saint François de Sales et de l'enseignement des jésuites (*Neophilologus*, 1918).

4. *Discours*, 3ᵉ partie, AT VI, 25.

5. *Ibid.*

Mais cette attitude active et constructive est déjà en germe dans le néo-stoïcisme de Du Vair. De même l'acceptation des événements interprétée comme libre adhésion à l'infaillible volonté de Dieu[1] reflète l'assimilation néo-stoïcienne du Destin à la Providence, et la place majeure accordée à la liberté d'une âme immortelle : la synthèse entre l'Évangile et le Portique est antérieure à Descartes.

L'insensibilité du sage était également atténuée par les néo-stoïciens : partagés entre la modération péripatéticienne et l'apathie du sage de Zénon, ils reconnaissaient que la passion, impossible à supprimer, fournit l'occasion d'exercer la vertu : sans colère pas de force d'âme, pas de tempérance sans désir[2]. Mais ce rôle n'est que négatif : perturbation qui fausse le jeu normal de la raison, la passion reste essentiellement mauvaise, et le sage doit s'endurcir contre ses surprises ; la pitié même est un vice « car c'est une maladie, et quiconque a telle pitié n'est guère éloigné de la misère…, l'esprit qui s'émeut pour la douleur qu'il voit est presque dolent »[3] ; et Du Vair proclame : « il n'y a personne de si mal avisé qu'il ne confesse qu'il vaut mieux… être exempt de passion que d'en être troublé »[4].

Cependant la tendance péripatéticienne restait vigoureuse. Et le *Traité de l'Amour de Dieu* de saint François de Sales, qui

---

1. À Élisabeth, 15 septembre 1645, AT IV, 291. *Cf.* art. 145 et l'étude de P. Mesnard, *Du Vair et le néostoïcisme*.

2. *Cf.* Juste Lipse, *Manuductio ad stoicam philosophiam*, 1, III, disc. 7.

3. J. Lipse, *De la constance*, trad. Tours, 1594, p. 27a.

4. *La philosophie morale des stoïques*, *Œuvres*, 1625, p. 285.

ne compte pas moins de six éditions entre 1616 et 1620[1], accentuait les concessions des néo-stoïciens sur l'utilité morale de nos efforts pour dominer les passions[2] pour conclure « que les Stoïciens, qui nièrent qu'elles se trouvassent en l'homme sage, eurent grand tort »[3]. Aussi insistait-il sur l'impossibilité pour la volonté de dominer directement les mouvements de la sensibilité : « Quant à nos sens, et à la faculté de nourrir, croître et produire, nous ne les pouvons pas gouverner si aisément ; ainsi il nous y faut employer l'industrie et l'art »[4]. De même que « c'est sottise de commander à un cheval qu'il ne s'engraisse pas, qu'il ne croisse pas, qu'il ne regimbe pas ; si vous désirez tout cela, levez-lui le râtelier ; il ne lui faut pas commander, il le faut gourmander pour le dompter »[5].

Or Descartes explicite les conditions physiologiques de ce « dressage »[6]. Et s'il parle de « remède » contre les passions, il refuse d'y voir un phénomène essentiellement morbide : « Elles sont toutes bonnes de leur nature, et... nous n'avons rien à éviter que leurs mauvais usages ou leurs excès » (art. 211). Ainsi retrouve-t-il le précepte traditionnel du juste milieu,

1. *Cf.* C. Serrurier, « Saint François de Sales, Descartes, Corneille », *Neophilologus*, 1918, p. 89-99, qui signale la plupart des rapprochements suivants. *Cf.* aussi les notes des art. 45, 56 et 83.

2. *Traité de l'amour de Dieu*, I, III : « C'est afin d'exercer nos volontés en la vertu et vaillance spirituelle que cette multitude de passions est laissée en nos âmes », *Œuvres*, Annecy, 1894, t. IV, vol. I, p. 30 [éd. A. Ravier, Paris, 1969, p. 360].

3. *Ibid.*, cf. *Passions*, art. 212.

4. *Ibid.*, I, II, *op. cit.*, p. 26 [356]. Cf. *Passions*, art. 47 et les textes de saint François de Sales cités en note de l'art. 45.

5. *Ibid.*, p. 27.

6. Art. 50, fin, et art. 47.

recueilli dans sa morale provisoire, «tous excès ayant coutume d'être mauvais»[1]. Mais cette finalité positive des passions n'est pas indirecte, comme dans les exhortations des moralistes à développer notre vaillance spirituelle : elle concerne d'abord les aversions ou inclinations naturelles contre ou vers les objets qui «nous peuvent nuire ou profiter» sur le plan historique[2].

L'originalité majeure de Descartes est donc son point de vue de «physicien» : précisément parce qu'il se fonde sur l'étude «de toute la nature de l'homme»[3], et sur son insertion dans l'enchaînement des lois, Descartes peut déterminer les causes qui dépendent de la volonté, dont l'activité autonome s'exerce dans le monde par l'intermédiaire de la glande pinéale[4], et celles qui nous échappent totalement. Attitude inspirée du stoïcisme sans doute – mais inversement les lois du mécanisme psycho-physiologique qui règle les passions, faisant partie de la nature, il est impossible de les négliger ; et pour s'en rendre maîtresse, la volonté doit s'y accommoder au lieu de s'y opposer de front (art. 50, 211…). C'est pourquoi, malgré sa dette à l'égard des moralistes anciens, Descartes a conscience de leurs limites : leurs édifices magnifiques «n'étaient bâtis que sur du sable»[5]. Le premier, il établit la morale sur un fondement scientifique, «la plus haute et la plus

---

1. *Discours*, 3e partie, AT VI, 23 (opinion nuancée par les textes cités aux notes des art. 176 et 144).

2. Art. 52. Sur cette finalité, *cf.* J. Laporte, *Le rationalisme de Descartes*, p. 355-361 ; G. Lewis, *L'individualité selon Descartes*, p. 60-93 ; M. Gueroult, *Descartes selon l'ordre des raisons*, II, p. 169-194.

3. Titre de la première partie.

4. Sur l'exception à la conservation du mouvement, *cf.* art. 34, note.

5. *Discours*, 1re partie, AT VI, 8.

parfaite morale, qui, présupposant une entière connaissance des autres sciences, est le dernier degré de la Sagesse »[1].

***

Les *Passions de l'âme*, tant par la célébrité de leur auteur que par la faveur dont jouissait ce thème au XVIIe siècle, ont joué un rôle important dans le rayonnement du cartésianisme[2].

Influence littéraire d'abord : l'héroïsme réfléchi de la princesse de Clèves a pu apparaître comme la générosité d'une cartésienne qui triomphe de la passion grâce aux idées claires et distinctes[3]. Or, c'est encore là le stoïcisme cornélien, et si Madame de La Fayette le nuance d'un sens très féminin des tourments de la passion, ce n'est sans doute pas à Descartes qu'elle le doit. Mais Racine, qui gardait dans son cabinet de travail un portrait de Descartes, n'a-t-il pas été plus particulièrement intéressé par le *Traité des Passions*? Étienne Gilson a très ingénieusement signalé un écho des articles 112 à 135 dans les vers célèbres de *Phèdre* :

> Le voici. Vers mon cœur tout mon sang se retire…
> J'ai langui, j'ai séché dans les feux, dans les larmes…
> Je le vis, je rougis, je pâlis à sa vue,
> Un trouble s'éleva dans mon âme éperdue,
> Mes yeux ne voyaient plus, je ne pouvais parler,
> Je sentis tout mon corps, et transir, et brûler[4].

1. *Principes*, Lettre-préface, AT IX-B, 14.
2. Descartes avait prévu que « son titre » inciterait « peut-être davantage de personnes à le lire » (*infra*, p. 95-96). La multiplicité des éditions de 1650 marque le succès de l'ouvrage (*cf.* p. 62-63).
3. V. Cherbuliez, *Revue des Deux-Mondes*, 1910, p. 274-298.
4. Acte II, scène V, v. 581 et 690; scène 3, v. 273-276, cités par Gilson, *Nouvelles Littéraires*, 15 avril 1939. W. Mac Stewart, dans la *Revue des cours*

Enfin l'histoire de l'art a relevé l'écho des analyses cartésiennes dans les Conférences de l'Académie royale de peinture et de sculpture[1]. Le Brun fait une place d'honneur à l'admiration et établit une relation étroite entre les mouvements de la glande pinéale et les expressions du visage : ses croquis pourraient illustrer certaines descriptions du *Traité*[2]. Toutefois le peintre conserve la division scolastique de l'irascible et du concupiscible, et ses vues confuses sur le sens de l'expression des émotions évoquent moins Descartes que Cureau de La Chambre, qui, avant Darwin, avait déjà exercé sur ce point son ingéniosité[3].

Plus profonde sont les répercussions du traité des *Passions* sur l'œuvre des philosophes qui se rattachent à Descartes. Le livre V de *La recherche de la vérité* conserve les grandes lignes

---

et conférences, 15 et 30 juin 1938 sur Racine et Descartes, a relevé, outre la présence chez Racine du portrait du philosophe et de quelques notes résumant une remarque d'Arnauld sur le cartésianisme, la mention d'ouvrages de Descartes dans la bibliothèque du poète, et bien que les titres restent incertains, les *Passions* s'y trouvaient probablement.

1. L. Hourticq, *De Poussin à Watteau*, chap. II : « Descartes et Le Brun » ; G. Lewis, « Descartes et Poussin », *XVIIe siècle*, n° 23.

2. *Conférence de M. Le Brun, premier peintre du Roi de France..., sur l'expression générale et particulière*, enrichie de figures gravées par B. Picart, 1698 : l'ouvrage contient 40 schémas ou croquis figurant l'expression de la physionomie dans les principales passions.

3. *Le Caractère des Passions*, par exemple p. 21 : l'âme « abat les yeux dans la honte comme si elle voulait se cacher ; ...elle les élève dans la colère, comme si cela servait à repousser l'injure... ». Voici maintenant un échantillon du style de Le Brun : « Comme nous avons dit que la glande qui est au milieu du cerveau est le lieu où l'Ame reçoit les images des passions, le sourcil est la partie de tout le visage où les passions se font le mieux connaître... Et comme il a été dit que l'Ame a deux appétits dans la partie sensitive... il y a aussi deux mouvements dans les sourcils qui expriment tous les mouvements des passions... ; car celui qui s'élève en haut vers le cerveau, exprime toutes les passions les plus farouches et les plus cruelles... », etc. (*op. cit.*, p. 19-21).

de la classification cartésienne. « La première de toutes » reste l'admiration, « passion imparfaite » ; « l'amour et l'aversion sont les passions mères », qui engendrent trois passions « primitives » : désir, joie, tristesse, dont toutes les autres sont composées[1]. Le mouvement des esprits animaux et du sang en colorent les variétés. Mais l'occasionalisme exclut toute liaison nécessaire entre ces phénomènes physiologiques et les émotions de l'âme[2]. Et si leur finalité naturelle est un don de Dieu, leur dérèglement, qui asservit l'esprit au corps, est une conséquence du péché originel : les analyses théologiques et morales de Malebranche rappellent plutôt les considérations de Senault sur la nécessité de la grâce pour remédier au désordre actuel des passions[3].

Le *Traité de la volonté, de ses principales actions, de ses passions, de ses égarements* du P. Ameline accentue encore cette orientation moralisatrice et ne se rattache à Descartes que par l'intermédiaire de Malebranche.

Spinoza se réfère également au traité des *Passions*, et d'importants fragments de la préface du livre V de l'*Éthique* citent exactement le texte de l'édition latine[4]. Mais il ne le reproduit que pour les critiquer vivement : l'hypothèse de la glande pinéale comme intermédiaire entre l'âme et le corps est « plus occulte que toute qualité occulte », l'union substantielle

---

1. Malebranche, *Œuvres complètes*, Livre V, chap. VII, Paris, Vrin, 1963, t. II, p. 187 et n. 94 ; *cf.* chap. IX, *ibid.*, p. 219 et n. 118, dégageant la combinaison de la classification cartésienne avec celles des stoïciens et de saint Augustin (cf. *supra*, p. 28 et 42-43).

2. *Ibid.*, chap. I, p. 127, définition : « Émotions que l'âme ressent naturellement à l'occasion des mouvements extraordinaires des esprits animaux ».

3. *De l'usage des passions*, 1643, second traité, p. 58-85.

4. Cf. *Éthique*, V, préface, et *Passions*, art. 30-50, en particulier art. 44.

des deux principes reste inexpliquée et la liberté de la volonté n'est qu'une chimère.

La théorie spinoziste des affections de l'âme retient peu de choses du traité de Descartes : négligeant, en vertu du parallélisme, les phénomènes physiologiques[1], Spinoza se meut sur le plan des idées – confuses en tant qu'elles correspondent à quelque puissance du corps, à l'égard de laquelle l'âme est passive. L'appétit fondamental est le désir, et les deux mouvements qu'il engendre, joie et tristesse, constituent avec lui les trois passions primitives, dont se déduisent rigoureusement toutes les autres[2]. L'admiration qui dans le *Court Traité*[3] venait encore en tête de la liste des passions, en est écartée[4] ; l'amour et la haine ne sont plus que des dérivées de la joie et de la tristesse, la libre union de la volonté à l'objet aimé étant purement illusoire[5]. Enfin toutes les affections issues de la tristesse sont condamnées, et parmi elles la pitié et le repentir[6].

Mais ces divergences même traduisent une grande familiarité avec les *Passions de l'âme* ; et si Spinoza écarte généralement l'héritage traditionnel du christianisme, quelques-uns des traits les plus marquants de son système étaient en germe chez Descartes : la rigueur toute mathématique avec laquelle il traite des affections, l'unité de l'âme maintenue contre la division en « appétits », le primat du jugement clair et l'utilisation du mécanisme des représentations pour se libérer des

---

1. *Éthique*, III, scolie de la proposition 59.

2. *Ibid.*, scolie de la proposition 11.

3. *Court Traité*, II, chap. 3, trad. Appuhn, *Œuvres*, t. I, p. 105.

4. *Éthique*, III, définition IV et explication.

5. *Ibid.*, scolie de la proposition 13 et définition 5 et 6.

6. *Éthique*, IV, proposition 44 et 50. Au contraire, Descartes leur reconnaît une certaine utilité : art. 187 et 191.

passions[1] sont autant d'éléments qui auraient peut-être été moins nets dans l'*Éthique* si les *Passions de l'âme* ne l'avaient pas précédée.

***

Entré désormais dans l'histoire, le traité des *Passions* suscite toujours l'intérêt des critiques.

Le renouveau de l'étude physiologique des émotions à la fin du XIXᵉ siècle a ramené l'attention sur les intentions du précurseur, malgré ses hypothèses arbitraires et son vocabulaire périmé : « Bien qu'il ait été écrit dans les premiers jours de la science moderne ... il serait difficile de trouver un traité des émotions qui lui fût supérieur en originalité, en profondeur, en suggestions »[2].

La classification des passions a été accusée tantôt de systématisation excessive[3], tantôt de confusion : l'étiologie des passions à partir du physiologique se mêle à une hiérarchie psychologique fondée sur le rôle croissant des phénomènes intellectuels, tandis qu'interviennent encore des survivances scolastiques[4]. Sur le plan moral, la recherche des sources péripatéticiennes ou stoïciennes du cartésianisme en a parfois

1. *Éthique*, V, proposition 2-4 et scolie.
2. Irons, *Philosophical Review*, mai 1895, p. 291. Cité par G. Dumas, *Nouveau traité de psychologie*, t. III, p. 45. *Cf.* Quercy, *Le Traité des Passions de Descartes*, *Journal de Psychologie*, 1924.
3. L. Carrau, *Exposition critique... des passions dans Descartes...*, p. 223.
4. P. Mesnard, *Essai sur la morale de Descartes*, chap. IV (surtout p. 126-127).

restreint l'originalité, mais l'importance de la générosité a été souvent mise en valeur.

Mais c'est le fondement métaphysique du *Traité* qui fait l'objet des principales discussions : après avoir séparé pensée et étendue, Descartes peut-il maintenir leur union substantielle? « Emprunt malheureux » à la scolastique, cette solution est « réaliste, contradictoire et verbale »[1]; seul le parallélisme serait compatible avec le cartésianisme. Les actuels héritiers de la scolastique pensent également que l'union réelle est contradictoire avec le dualisme qui « brise l'homme en deux substances complètes, jointes on ne peut pas savoir comment : ...un ange habitant une machine et la dirigeant par le moyen de la glande pinéale »[2].

Mais le *Traité des Passions* joint précisément l'expérience de l'union étroite fondée sur une action réciproque à l'analyse de deux substances distinctes qui reste au point de départ. Le rôle central de la glande pinéale n'est qu'une hypothèse physiologique discrète, qui traduit l'unité de cette interaction. Le parallélisme des cartésiens, loin d'être l'interprétation autorisée du système, en ruine peut-être une intuition fondamentale : car si les deux substances se correspondent point par point, la « chose » pensante risque d'être matérialisée par l'imagination, ou d'apparaître comme le pur reflet de la substance étendue, à moins que celle-ci ne se volatilise en un ensemble d'idées.

---

1. Hamelin, *Le système de Descartes*, p. 287-288.
2. J. Maritain, *Le songe de Descartes*, chap. V (*L'héritage cartésien*), p. 275. « Descartes reste toujours aux yeux des aristotéliciens l'homme des séparations absolues et de la synthèse impossible, le seul à qui il soit interdit de distinguer pour unir », disait P. Mesnard au *Congrès Descartes* (t. I, p. 156).

Au contraire Descartes pousse à l'extrême l'opposition des deux éléments, dont rien n'empêche qu'ils soient corrélatifs, puisque leur fonction est absolument distincte. Il est naturellement impossible de se « représenter » cette union, ce qui conduit toujours à « concevoir la façon dont l'âme meut le corps, par celle dont un corps est mû par un autre corps »[1]. Mais « c'est en usant seulement de la vie et des conversations ordinaires » que l'on conçoit cette union « que chacun éprouve toujours en soi-même sans philosopher »[2].

Les Passions de l'âme offrent le témoignage de cette vie concrète et de cette expérience intime, « chacun les sentant en soi-même » (art. 1). Aux observations scientifiques, Descartes ne dédaigne pas d'adjoindre des notations psychologiques dont la finesse évoque parfois ces maximes qui fleurissaient dans les salons au XVIIe siècle[3]. Ainsi l'ampleur des conclusions scientifiques, morales et métaphysiques, sources d'études toujours renaissantes pour les spécialistes, se colore par surcroît d'une richesse vécue qui fait de ce *Traité*, écrit pour une Princesse et offert à une Reine, le modèle des ouvrages accessibles au plus grand public, où Descartes a « voulu que les femmes mêmes pussent entendre quelque chose »[4].

---

1. À Élisabeth, 21 mai 1643, AT III, 666. La comparaison avec le « fontainier » (AT XI, 131) n'échappe pas à ce reproche : aussi sa portée est-elle limitée.

2. À Élisabeth, 28 juin 1643, AT III, 692 et 694.

3. Par exemple, art. 181 sur « l'usage du ris en la raillerie ». L'article 186 annonce la maxime de la Rochefoucauld : « La pitié est souvent un sentiment de nos propres maux dans les maux d'autrui… » (*Maxime* 264).

4. Au Père Vatier, 22 février 1638, AT I, 560 (à propos du *Discours de la Méthode*).

JUSTIFICATION DU TEXTE

Les Passions de l'âme parurent en 1649[1] à Amsterdam et
à Paris : il s'agit en fait d'une même édition, imprimée en
Hollande par les Elzevier et vendue simultanément dans les
deux pays grâce à un accord entre les libraires. Rigoureusement identiques[2] par leurs caractères, leur ponctuation, leurs
culs-de-lampe[3], les deux présentations ne diffèrent que par la
page de titre[4], portant soit : *À Amsterdam, chez Louys Elzevier,*

1. Sans achevé d'imprimé. La lettre d'envoi qui termine la *Préface* est
datée du 14 août : l'ouvrage était peut-être déjà imprimé, mais les forma-
lités d'accord entre les deux libraires en retardèrent la distribution jusqu'au
26 décembre en Hollande ; le 4 décembre, Descartes écrit à l'abbé Picot des
instructions pour la distribution des exemplaires en France (AT XI, 293-294 ;
cf. AT V, 449-451, 453-454, 469).

2. Nous avons pu les confronter à la Bibliothèque de l'université
d'Amsterdam. À Paris, la Bibliothèque nationale ne possède que la présentation
parisienne, la bibliothèque Victor Cousin celle d'Amsterdam.

3. Culs-de-lampe caractéristiques des Elzevier d'Amsterdam
(*cf.* A. Willems, *Les Elzevier*, Bruxelles, 1880, p. LXXXVIII-LXXXIX) : après la
dernière lettre-préface, un écusson entouré de volutes et portant dans un triangle
renversé sur un X et surmonté d'un trèfle, le monogramme E I D ; à la fin de
l'ouvrage, écusson analogue sous un livre ouvert.

4. Même impression du titre, *Les Passions de l'âme par René Des Cartes*
(avec l'accent à la droite de René et sous les adresses des libraires la date
M. DC. XLIX. *Avec Privilège du Roy*. Les adresses sont surmontées de la
marque typographique : pour les Elzevier la Minerve, avec la chouette,
l'olivier, et l'inscription *Ne extra oleas* ; pour H. le Gras, les armes de France et
de Navarre avec les coquilles des ordres de saint Michel et du Saint Esprit.

Outre ces deux présentations datées de 1649, on rencontre des exemplaires
de la même édition avec d'autres indications : *À Amsterdam, par Louis Elzevier,
et se vendant à Paris chez Henry le Gras*, 1650 ; *Amsterdam, par Louis Elzevier*,
1650 ; *Amsterdam et se vendant à Paris, chez Thomas Joly*, 1650 ; ou, sans date :
À Paris, chez Guillaume Aujot. Dans ces présentations, à ne pas confondre avec

soit : *À Paris, chez Henry le Gras, au troisième Pilier de la grand'salle du Palais, à L couronnée.*

L'imprimeur, selon la coutume des Elzevier, distingue le *i* et le *j*, le *u* et le *v*, généralement confondus dans les autographes de Descartes[*]. Les autres particularités orthographiques[1] se retrouvent chez le philosophe. La ponctuation marque fortement les articulations logiques des longues périodes. Le *point et virgule* ou les *deux points* n'y introduisent aucune discontinuité, mais annoncent généralement, après l'exposé des conditions, la suite des conséquences.

L'édition originale des *Passions* ne comporte aucune table des matières. Parmi les réimpressions diverses de 1650[2], seule

les rééditions de 1650, seule la feuille de titre (sans vignette, exécutée à Paris même quand elle porte Amsterdam) est changée, dans le but de rajeunir l'édition (*cf.* Willems, *Les Elzevier, op. cit.*, p. 270).

1. Par exemple, appartienent (art. 4), contienent (art. 7), etc. L'édition AT qui reproduit certaines bizarreries (vigeur, art. 46 ; langeur, art. 119 ; infallible, art. 146 ; etc.) en corrige d'autres (absurd, art. 157, 198 ; nons, art. 149). Nous rétablissons certains mots de l'édition originale omis par l'édition AT et celles qui la suivent (Mesnard, Bridoux) : art. 4, titre (& les...) ; 5, I, 2 (& en...) ; 7, p. 70, I, 16 (vene cave) ; 72, fin (à cause seulement...) ; 82, p. 124, I, 19 (cette même nature...) ; 91 (en elle par elle...) ; 149, I, 4 (je retiendrai...).

2. Une édition petit in-8, avec des caractères et des culs-de-lampes différents de l'édition originale, et ne comportant pas le Privilège du Roy, parut à Paris en 1650 *sur la copie imprimée à Amsterdam*. La Bibliothèque nationale en possède quatre représentations distinctes, aux noms des libraires M. Babin, G. Aliot, T. Quinet et E. Pépingué. Une cinquième « chez A. Courbé » nous a été signalée dans une collection privée. Outre la réédition petit in-12 des Elzevier, imprimée en assez gros caractères, la Bibliothèque d'Amsterdam en possède

[*] [N.d.E.] La présente édition, dans ses deux premiers tirages, respectait l'orthographe et la typographie de la première édition du *Traité*. Comme indiqué dans l'Avant-Propos, pour les besoins de la présente réimpression, les deux ont été modernisées.

l'édition des Elzevier en petit in-12, introduit un *indice des Passions de l'âme* qui reproduit tous les titres des 212 articles : nous le faisons figurer à notre table des matières.

Les notes ne visant qu'à éclairer le texte[1], nous y avons largement utilisé la correspondance de Descartes, et en particulier les lettres à Élisabeth, qui donnent, avec la première esquisse de l'ouvrage, les réactions du philosophe devant les remarques de la princesse. La bibliographie, sans prétendre être exhaustive, signale la plupart des ouvrages et articles intéressant le Traité. Cependant nous renvoyons en note à quelques autres ouvrages, utilisés à l'occasion sur des points de détail.

---

une autre, petit in-12 en plus petits caractères et avec une orthographe différente, publiée chez P. Lamy, Paris, 1650 : elle n'a pas non plus de table des matières. En 1650 parut aussi chez Elzevier (Amsterlodami) une traduction *Passiones animæ* (petit in-12). Outre les éditions des *Œuvres*, complètes ou choisies, l'ouvrage a eu depuis une vingtaine d'éditions séparées, dont 6 latines.

1. De nombreux passages de l'introduction complétant ces notes, voici la table des articles qui y sont cités (les plus importants sont en caractères gras) : art. 1 (p. 38, 60) ; art. **5-6** (p. 30) ; art. **10** (p. 33) ; art. 27 (p. 33) ; art. **30** (p. 34 n. 2) ; art. 36, 39, 40 (p. 35) ; art. 46 (p. 34) ; art. 45 à **49** (p. 36-37 et 52 n. 1) ; art. **50** (p. 35, 36, 48 n. 1, 52, 53) ; art. 51 (p. 36) ; art. **52** (p. 34, 53) ; art. **56** (p. 52 n. 1) ; art. **57-58**, **61-63** (p. 45) ; art. **68** (p. 42) ; art. **69** (p. 28) ; art. 71-73 (p. 49 n. 2) ; art. **81-82** (p. 47) ; art. 83 (p. 52 n. 1) ; art. **87** (p. 46) ; art. 94 (p. 36) ; art. 102-104 (p. 33) ; art. **107** (p. 35, 48) ; art. 111 (p. 35) ; art. 113 (p. 33) ; art. 127 (p. 43, 48) ; art. **136** (p. 48 n. 1) ; art. 137-138 (p. 35, 37) ; art. **144-146** (p. 37, 51) ; art. 149 (p. 49 n. 2) ; art. 152-153 (p. 18, 36) ; art. **154** (p. 37 n. 1) ; art. 156 (p. 50) ; art. **160** (p. 37 n. 1) ; art. **161** (p. 38) ; art. 167 (p. 45) ; art. 170 (p. 37) ; art. **211** (p. 52, 53) ; art. 212 (p. 38).

DESCARTES

LES PASSIONS DE L'ÂME

| AVERTISSEMENT
D'UN DES AMIS DE L'AUTEUR [1]

Ce livre m'ayant été envoyé par Monsieur Des Cartes, avec la permission de le faire imprimer, et d'y ajouter telle préface que je voudrais, je me suis proposé de n'en faire point d'autre, sinon que je mettrai ici les mêmes lettres que je lui ai ci-devant écrites, afin d'obtenir cela de lui, d'autant qu'elles contiennent plusieurs choses dont j'estime que le public a intérêt d'être averti.

---

1. *Cf.* Introduction, p. 24-25.

LETTRE PREMIÈRE
À MONSIEUR DES CARTES

Monsieur,

J'avais été bien aise de vous voir à Paris cet été dernier, parce que je pensais que vous y étiez venu à dessein | de vous y arrêter, et qu'y ayant plus de commodité qu'en aucun autre lieu pour faire les expériences dont vous avez témoigné avoir besoin afin d'achever les traités que vous avez promis au public, vous ne manqueriez pas de tenir votre promesse, et que nous les verrions bientôt imprimés. Mais vous m'avez entièrement ôté cette joie, lorsque vous êtes retourné en Hollande : et je ne puis m'abstenir ici de vous dire que je suis encore fâché contre vous, de ce que vous n'avez pas voulu, avant votre départ, me laisser voir le traité des passions, qu'on m'a dit que vous avez composé ; outre que, faisant réflexion sur les paroles que j'ai lues en une préface qui fut jointe il y a deux ans à la version française de vos *Principes*, ou après avoir parlé succinctement des parties de la Philosophie qui doivent encore être trouvées, avant qu'on puisse recueillir ses principaux fruits, et avoir dit que *vous ne vous défiez pas tant de vos forces, que vous n'osassiez entreprendre de les expliquer toutes, si vous aviez la commodité de faire les expériences qui sont requises pour appuyer et justifier vos raisonnements*[1], vous ajoutez *qu'il faudrait à cela de grandes dépenses, auxquelles un particulier comme vous ne saurait suffire, s'il n'était aidé par le public; mais que ne voyant pas que vous deviez attendre cette aide, vous pensez vous devoir contenter d'étudier dorénavant pour votre instruction particulière; et que la postérité vous excusera, si vous manquez à travailler désormais pour elle* : je crains que ce ne soit maintenant tout de

303 bon que vous voulez envier | au public le reste de vos inventions, et que nous n'aurons jamais plus rien de vous, si nous nous laissons suivre votre inclination. Ce qui est cause que je me suis proposé de vous tourmenter un peu par cette lettre, et de me venger de ce que vous m'avez refusé votre *traité des Passions*, en vous reprochant librement la négligence et les autres défauts que je juge empêcher que vous ne fassiez valoir votre talent autant que vous pouvez, et que votre devoir vous y oblige. En effet, je ne puis croire que ce soit autre chose que votre négligence[2], et le peu de soin que vous avez d'être utile

---

1. AT IX-B, 17. Cf. *ibid.*, p. 309, IVe p., art. 188, « Pour ce que je n'ai pas encore assez de connaissance de plusieurs choses que j'avais envie de mettre aux deux dernières parties, et que, par faute d'expériences ou de loisir, je n'aurai peut-être jamais ce moyen de les achever… ».

2. Tous les reproches qui suivent développent lourdement ces lignes de la 6e partie du *Discours de la méthode* : « L'autre raison qui m'a obligé à écrire ceci, est que, voyant tous les jours de plus en plus le retardement que souffre le dessein que j'ai de m'instruire à cause d'une infinité d'expériences dont j'ai besoin, qu'il est impossible que je fasse sans l'aide d'autrui, bien que je ne me flatte pas tant que d'espérer que le public prenne grande part en mes intérêts, toutefois je ne veux pas aussi me défaillir tant à moi-même, que de donner sujet à ceux qui me survivront de me reprocher quelque jour que j'eusse pu leur laisser plusieurs choses beaucoup meilleures que je n'aurai fait, si je n'eusse

au reste des hommes, qui fait que vous ne continuez pas votre *Physique*. Car encore que je comprenne fort bien qu'il est impossible que vous l'acheviez, si vous n'avez plusieurs expériences, et que ces expériences doivent être faites aux frais du public, à cause que l'utilité lui en reviendra, et que les biens d'un particulier n'y peuvent suffire, je ne crois pas toutefois que ce soit cela qui vous arrête, parce que vous ne pourriez manquer d'obtenir de ceux qui disposent des biens du public tout ce que vous sauriez souhaiter pour ce sujet, si vous daigniez leur faire entendre la chose comme elle est, et comme vous la pourriez facilement représenter, si vous en aviez la volonté. Mais vous avez toujours vécu d'une façon si contraire à cela, qu'on a sujet de se persuader que vous ne voudriez pas même recevoir aucune aide d'autrui, encore qu'on vous l'offrirait : et néanmoins vous prétendez que la postérité vous excusera de ce que vous ne voulez plus travailler pour elle, sur ce que vous supposez que cette aide vous y est nécessaire, et que vous ne la pouvez obtenir. Ce qui me donne sujet de penser, non seulement que vous êtes trop négligent, mais peut-être aussi que vous n'avez pas assez | de courage pour espérer **304** de parachever ce que ceux qui ont lu vos écrits attendent de vous ; et que néanmoins vous êtes assez vain pour vouloir persuader à ceux qui viendront après nous que vous n'y avez point manqué par votre faute, mais parce qu'on n'a pas reconnu votre vertu comme on devait, et qu'on a refusé de vous assister en vos desseins. En quoi je vois que votre ambition trouve son compte, à cause que ceux qui verront vos écrits à l'avenir jugeront, par ce que vous avez publié il y a plus de

point trop négligé de leur faire entendre en quoi ils pouvaient contribuer à mes desseins » (AT VI, 74-75).

douze ans, que vous aviez trouvé dès ce temps-là tout ce qui
a jusqu'à présent été vu de vous, et que ce qui vous reste à
inventer touchant la Physique est moins difficile que ce que
vous en avez déjà expliqué ; en sorte que vous auriez pu depuis
nous donner tout ce qu'on peut attendre du raisonnement
humain pour la médecine et les autres usages de la vie, si vous
aviez eu la commodité de faire les expériences requises à cela ;
et même que vous n'avez pas sans doute laissé d'en trouver
une grande partie ; mais qu'une juste indignation contre
l'ingratitude des hommes vous a empêché de leur faire part de
vos intentions. Ainsi vous pensez que désormais en vous
reposant, vous pourrez acquérir autant de réputation que si
vous travailliez beaucoup ; et même peut-être un peu
davantage, à cause qu'ordinairement le bien qu'on possède est
moins estimé que celui qu'on désire, ou bien qu'on regrette.
Mais je vous veux ôter le moyen d'acquérir ainsi de la réputation sans la mériter : et bien que je ne doute pas que vous
sachiez ce qu'il faudrait que vous eussiez fait, si vous aviez
voulu être aidé par le public, je le veux néanmoins ici écrire ; et
même je ferai imprimer cette lettre, afin que vous ne puissiez
305 prétendre de l'ignorer ; et que, si vous | manquez ci-après à
nous satisfaire, vous ne puissiez plus vous excuser sur le siècle.
Sachez donc que ce n'est pas assez, pour obtenir quelque chose
du public, que d'en avoir touché un mot en passant, en la
préface d'un livre, sans dire expressément que vous la désirez
et l'attendez, ni expliquer les raisons qui peuvent prouver, non
seulement que vous la méritez, mais aussi qu'on a très grand
intérêt de vous l'accorder, et qu'on en doit attendre beaucoup
de profit. On est accoutumé de voir que tous ceux qui s'ima-
ginent qu'ils valent quelque chose en font tant de bruit, et
demandent avec tant d'importunité ce qu'ils prétendent, et
promettent tant au-delà de ce qu'ils peuvent, que lorsque

quelqu'un ne parle de soi qu'avec modestie, et qu'il ne requiert rien de personne, ni ne promet rien avec assurance, quelque preuve qu'il donne d'ailleurs de ce qu'il peut, on n'y fait pas de réflexion, et on ne pense aucunement à lui.

Vous direz peut-être que votre humeur ne vous porte pas à rien demander, ni à parler avantageusement de vous-même, parce que l'un semble être une marque de bassesse, et l'autre d'orgueil. Mais je prétends que cette humeur se doit corriger, et qu'elle vient d'erreur et de faiblesse, plutôt que d'une honnête pudeur et modestie. Car pour ce qui est des demandes, il n'y a que celles qu'on fait pour son propre besoin à ceux de qui on n'a aucun droit de rien exiger, desquelles on ait sujet d'avoir quelque honte. Et tant s'en faut qu'on en doive avoir de celles qui tendent à l'utilité et au profit de ceux à qui on les fait, qu'au contraire on en peut tirer de la gloire, principalement lors qu'on leur a déjà donné des choses qui valent plus que celles qu'on veut obtenir d'eux. Et pour ce qui est | de parler **306** avantageusement de soi-même, il est vrai que c'est un orgueil très ridicule et très blâmable, lorsqu'on dit de soi des choses qui sont fausses; et même que c'est une vanité méprisable, encore qu'on n'en dise que de vraies, lorsqu'on le fait par ostentation, et sans qu'il en revienne aucun bien à personne. Mais lorsque ces choses sont telles qu'il importe aux autres de les savoir, il est certain qu'on ne les peut taire que par une humilité vicieuse, qui est une espèce de lâcheté et de faiblesse. Or il importe beaucoup au public d'être averti de ce que vous avez trouvé dans les sciences, afin que jugeant par là de ce que vous y pouvez encore trouver, il soit incité à contribuer tout ce qu'il peut pour vous y aider, comme à un travail qui a pour but le bien général de tous les hommes. Et les choses que vous avez déjà données, à savoir les vérités importantes que vous avez expliquées dans vos écrits, valent incomparablement davantage que tout ce que vous sauriez demander pour ce sujet.

Vous pouvez dire aussi que vos œuvres parlent assez, sans qu'il soit besoin que vous y ajoutiez les promesses et les vanteries, lesquelles, étant ordinaires aux charlatans qui veulent tromper, semblent ne pouvoir être bienséantes à un homme d'honneur qui cherche seulement la vérité. Mais ce qui fait que les charlatans sont blâmables n'est pas que les choses qu'ils disent d'eux-mêmes sont grandes et bonnes ; c'est seulement qu'elles sont fausses, et qu'ils ne les peuvent prouver : au lieu que celles que je prétends que vous devez dire de vous sont si vraies, et si évidemment prouvées par vos écrits, que toutes les règles de la bienséance vous permettent de les assurer ; et celles de la charité vous y obligent[1], à cause qu'il importe aux autres 307 de | les savoir. Car encore que vos écrits parlent assez, au regard de ceux qui les examinent avec soin et qui sont capables de les entendre, toutefois cela ne suffit pas pour le dessein que je veux que vous ayez, à cause qu'un chacun ne les peut pas lire, et que ceux qui manient les affaires publiques n'en peuvent guère avoir le loisir. Il arrive peut-être bien que quelqu'un de ceux qui les ont lus leur en parle ; mais quoi qu'on leur puisse en dire, le peu de bruit qu'ils savent que vous faites, et la trop grande modestie que vous avez toujours observée en parlant de vous, ne permet pas qu'ils y fassent beaucoup de réflexion. Même, à cause qu'on use souvent auprès d'eux de tous les termes les plus avantageux qu'on puisse imaginer pour louer des personnes qui ne sont que fort médiocres, ils n'ont

---

1. Cf. *Discours*, 6e partie, AT VI, 66 : « Chaque homme est obligé de procurer, autant qu'il est en lui, le bien des autres, et c'est proprement ne valoir rien que de n'être utile à personne ».

pas sujet de prendre les louanges immenses qui vous sont données par ceux qui vous connaissent, pour des vérités bien exactes. Au lieu que, lorsque quelqu'un parle de soi-même, et qu'il dit des choses très extraordinaires, on l'écoute avec plus d'attention; principalement lorsque c'est un homme de bonne naissance, et qu'on sait n'être point d'humeur ni de condition à vouloir faire le charlatan. Et parce qu'il se rendrait ridicule s'il usait d'hyperboles en telle occasion, ses paroles sont prises en leur vrai sens; et ceux qui ne les veulent pas croire sont au moins incités par leur curiosité, ou par leur jalousie, à examiner si elles sont vraies. C'est pourquoi, étant très certain, et le public ayant grand intérêt de savoir, qu'il n'y a jamais eu au monde que vous seul (au moins dont nous ayons les écrits), qui ait découvert les vrais principes, et reconnu les premières causes de tout ce qui est produit en la nature; et qu'ayant déjà rendu raison par ces principes de toutes | les choses qui parais- **308** sent et s'observent le plus communément dans le monde, il vous faut seulement avoir des observations plus particulières pour trouver en même façon les raisons de tout ce qui peut être utile aux hommes en cette vie, et ainsi nous donner une très parfaite connaissance de la nature de tous les minéraux, des vertus de toutes les plantes, des propriétés des animaux, et généralement de tout ce qui peut servir pour la Médecine et les autres arts; et enfin que, ces observations particulières ne pouvant être toutes faites en peu de temps sans grande dépense, tous les peuples de la terre y devraient à l'envi contribuer, comme à la chose du monde la plus importante, et à laquelle ils ont tous égal intérêt; cela, dis-je, étant très certain, et pouvant assez être prouvé par les écrits que vous avez déjà fait imprimer, vous devriez le dire si haut, le publier avec tant de soin, et le mettre si expressément dans tous les titres de vos livres, qu'il ne pût dorénavant y avoir personne qui l'ignorât.

Ainsi vous feriez au moins d'abord naître l'envie à plusieurs d'examiner ce qui en est ; et d'autant qu'ils s'en enquerraient davantage, et liraient vos écrits avec plus de soin, d'autant connaîtraient-ils plus clairement que vous ne vous seriez point vanté à faux.

Et il y a principalement trois points que je voudrais que vous fissiez bien concevoir à tout le monde. Le premier est qu'il y a une infinité de choses à trouver en la Physique, qui peuvent être extrêmement utiles à la vie ; le second, qu'on a grand sujet d'attendre de vous l'invention de ces choses ; et le troisième, que vous en pourrez d'autant plus trouver que vous aurez plus de commodités pour faire quantité d'expériences. Il

309 est à propos qu'on soit averti du | premier point, à cause que la plupart des hommes ne pensent pas qu'on puisse rien trouver dans les sciences, qui vaille mieux que ce qui a été trouvé par les Anciens, et même que plusieurs ne conçoivent point ce que c'est que la Physique, ni à quoi elle peut servir [1]. Or il est aisé de prouver que le trop grand respect qu'on porte à l'Antiquité est une erreur qui préjudicie extrêmement à l'avancement des sciences. Car on voit que les peuples sauvages de l'Amérique, et aussi plusieurs autres qui habitent des lieux moins éloignés, ont beaucoup moins de commodités pour la vie que nous

---

1. La *Lettre de l'Auteur* au traducteur des *Principes* proposait comme thème d'une préface : « J'aurais ensuite fait considérer l'utilité de cette philosophie, et montré que, puisqu'elle s'étend à tout ce que l'esprit humain peut savoir, on doit croire que c'est elle seule qui nous distingue des plus sauvages et barbares, et que chaque nation est d'autant plus civilisée et polie que les hommes y philosophent mieux ; et ainsi que c'est le plus grand bien qui puisse être dans un État que d'avoir de vrais philosophes » (AT IX-B, 3). Descartes ajoutait : « Je laisse à votre discrétion d'en faire telle part au public que vous jugerez être à propos » (*ibid.*, 2) ; ce qui confirmerait que l'auteur de cette préface serait l'Abbé Picot. Cf. *supra*, p. 25.

n'en avons, et toutefois qu'ils sont dignes d'une origine aussi ancienne que la nôtre, en sorte qu'ils ont autant de raison de nous dire qu'ils se contentent de la sagesse de leur pères, et qu'ils ne croient point que personne leur puisse rien enseigner de meilleur que ce qui a été su et pratiqué de toute antiquité parmi eux. Et cette opinion est si préjudiciable que pendant qu'on ne la quitte point, il est certain qu'on ne peut acquérir aucune nouvelle capacité. Aussi voit-on par expérience que les peuples en l'esprit desquels elle est le plus enracinée sont ceux qui sont demeurés les plus ignorants, et les plus rudes. Et parce qu'elle est encore assez fréquente parmi nous, cela peut servir de raison pour prouver qu'il s'en faut beaucoup que nous ne sachions tout ce que nous sommes capables de savoir. Ce qui peut aussi fort clairement être prouvé par plusieurs inventions très utiles, comme sont l'usage de la boussole, l'art d'imprimer, les lunettes d'approche, et semblables, qui n'ont été trouvées qu'aux derniers siècles, bien qu'elles semblent maintenant assez faciles à ceux qui les savent. Mais il n'y a rien en quoi le besoin que nous avons d'acquérir de nouvelles connaissances | paraisse mieux qu'en ce qui regarde la Médecine. Car **310** bien qu'on ne doute point que Dieu n'ait pourvu cette Terre de toutes les choses qui sont nécessaires aux hommes pour s'y conserver en parfaite santé jusqu'à une extrême vieillesse, et bien qu'il n'y ait rien au monde si désirable que la connaissance des choses, en sorte qu'elle a été autrefois la principale étude des Rois et des Sages, toutefois l'expérience montre qu'on est encore si éloigné de l'avoir toute, que souvent on est arrêté au lit pour de petits maux que tous les plus savants Médecins ne peuvent connaître, et qu'ils ne font qu'aigrir par leurs remèdes lorsqu'ils entreprennent de les chasser. En quoi le défaut de leur art, et le besoin qu'on a de le perfectionner, sont si évidents, que pour ceux qui ne conçoivent pas ce que c'est que la Physique, il suffit de leur dire qu'elle est la science qui doit enseigner à connaître si parfaitement la nature de l'homme, et de toutes les choses qui lui peuvent servir d'aliments ou de remèdes, qu'il lui soit aisé de s'exempter par son moyen de toutes sortes de maladies. Car sans parler de ses autres usages, celui-là seul est assez important, pour obliger les plus insensibles à favoriser les desseins d'un homme qui a déjà prouvé, par les choses qu'il a inventées, qu'on a grand sujet d'attendre de lui tout ce qui reste encore à trouver en cette science.

Mais il est principalement besoin que le monde sache que vous avez prouvé cela de vous. Et à cet effet il est nécessaire que vous fassiez un peu de violence à votre humeur, et que vous chassiez cette trop grande modestie, qui vous a empêché jusqu'ici de dire de vous et des autres tout ce que vous êtes obligé de dire. Je ne veux point pour cela vous commettre avec 311 les doctes de ce siècle : la plupart de | ceux auxquels on donne ce nom, à savoir tous ceux qui cultivent ce qu'on appelle communément les belles lettres, et tous les jurisconsultes, n'ont aucun intérêt à ce que je prétends que vous devez dire. Les théologiens aussi et les médecins n'y en ont point, si ce n'est en tant que philosophes. Car la Théologie ne dépend aucunement de la Physique, ni même la Médecine, en la façon qu'elle est aujourd'hui pratiquée par les plus doctes et les plus prudents en cet art : ils se contentent de suivre les maximes ou les règles qu'une longue expérience a enseignées, et ils ne méprisent pas tant la vie des hommes que d'appuyer leurs jugements, desquels souvent elle dépend, sur les raisonnements incertains de la Philosophie de l'École. Il ne reste donc que les philosophes, entre lesquels tous ceux qui ont de l'esprit sont déjà pour vous, et seront très aises de voir que vous produisez la vérité en telle sorte que la malignité des pédants ne la puisse opprimer. De façon que ce ne sont que les seuls pédants qui se puissent offenser de ce que vous aurez à dire ; et parce qu'ils sont la risée et le mépris de tous les plus honnêtes gens, vous ne devez pas fort vous soucier de leur plaire. Outre que votre réputation vous les a déjà rendus autant ennemis qu'ils sauraient être ; et au lieu que votre modestie est cause que maintenant quelques-uns d'eux ne craignent pas de vous attaquer, je m'assure que si vous vous faisiez autant valoir que vous pouvez et que vous devez, ils se verraient si bas au-dessous de vous, qu'il n'y en aurait aucun qui n'eût honte de l'entreprendre. Je ne vois donc point qu'il y ait rien qui vous doive empêcher de publier hardiment tout ce que vous jugerez pouvoir servir à votre dessein ; et rien ne me semble y être plus utile que ce que vous avez déjà mis en une lettre | adressée au **312** R. Père Dinet, laquelle vous fîtes imprimer il y a sept ans, pendant qu'il était Provincial des Jésuites de France. *Non ibi*, disiez-vous en parlant des Essais que vous aviez publiés cinq ou six ans auparavant, *unam aut alteram, sed plus sexcentis quæstionibus explicui, quæ sic a nullo ante me fuerant explicatæ ; ac quamvis multi hactenus mea scripta transversis oculis inspexerint, modisque omnibus refutare conati sint, nemo tamen, quod sciam, quicquam non verum potuit in iis reperire. Fiat enumeratio quæstionum omnium, quæ in tot sæculis, quibus aliæ Philosophiæ viguerunt, ipsarum ope solutæ sunt; et forte nec tam multæ, nec tam illustres invenientur. Quinimo profiteor ne unius quidem quæstionis solutionem, ope principiorum Peripateticæ Philosophiæ peculiarium, datam unquam fuisse quam non possim demonstrare esse illegitimam et falsam. Fiat periculum; proponantur, non quidem omnes (neque enim operæ pretium puto multum* *temporis ea in re impendere), sed paucæ aliquæ selectiores, stabo promissis*, etc. [1]. Ainsi malgré toute votre modestie, la force de la vérité vous a contraint d'écrire en cet endroit-là que vous aviez déjà expliqué dans vos premiers Essais, qui ne contiennent quasi que la Dioptrique et les Météores, plus de six cents questions de Philosophie, que personne avant vous n'avait su si bien expliquer; et qu'encore que plusieurs eussent regardé vos écrits de travers, et cherché toutes sortes de moyens pour les réfuter, vous ne saviez point toutefois que

313 personne y eût encore pu rien remarquer qui ne fût pas | vrai. À quoi vous ajoutez que si on veut compter une par une les questions qui ont pu être résolues par toutes les autres façons de philosopher, qui ont eu cours depuis que le monde est, on ne trouvera peut-être pas qu'elles soient en si grand nombre, ni si notables. Outre cela vous assurez que, par les principes qui sont particuliers à la Philosophie qu'on attribue à Aristote, et qui est la seule qu'on enseigne maintenant dans les Écoles, on n'a jamais su trouver la vraie solution d'aucune question; et

---

1. AT VII, 579-580; traduction: «J'ai expliqué là, non pas une ou deux mais plus de six cents questions, que personne avant moi n'avait ainsi expliquées, et bien que beaucoup aient tant examiné mes écrits d'un œil torve, et se soient efforcés de les réfuter de toutes manières, aucun cependant, à ma connaissance, n'a pu y trouver rien de faux. Après tant de siècles, où se sont épanouies d'autres philosophies, que l'on fasse le compte de toutes les questions résolues par leur secours; et peut-être les réponses trouvées ne seront-elles ni bien nombreuses, ni bien illustres. Au contraire, je proclame qu'il n'y a pas même une seule question dont la solution ait jamais été donnée à l'aide des principes propres à la philosophie péripatéticienne, sans que je la puisse démontrer irrégulière et fausse. Tentons l'épreuve: proposez-moi, non certes toutes les questions (car le travail, en cette matière, ne vaut pas la peine, je crois, d'y consacrer beaucoup de temps), mais quelques-unes peu nombreuses et bien choisies, et je tiendrai mes promesses », etc.

vous défiez expressément tous ceux qui enseignent, d'en nommer quelqu'une qui ait été si bien résolue par eux, que vous ne puissiez montrer aucune erreur en leur solution. Or ces choses ayant été écrites à un Provincial des Jésuites, et publiées il y a déjà plus de sept ans, il n'y a point de doute que quelques-uns des plus capables de ce grand corps, auraient tâché de les réfuter, si elles n'étaient pas entièrement vraies, ou seulement si elles pouvaient être disputées avec quelque apparence de raison. Car nonobstant le peu de bruit que vous faites, chacun sait que votre réputation est déjà si grande, et qu'ils ont tant d'intérêt à maintenir que ce qu'ils enseignent n'est point mauvais, qu'ils ne peuvent dire qu'ils l'ont négligé. Mais tous les doctes savent assez qu'il n'y a rien en la Physique de l'École qui ne soit douteux ; et ils savent aussi qu'en telle matière, être douteux n'est guère meilleur qu'être faux, à cause qu'une science doit être certaine et démonstrative : de façon qu'ils ne peuvent trouver étrange que vous ayez assuré que leur Physique ne contient la vraie solution d'aucune question ; car cela ne signifie autre chose, sinon qu'elle ne contient la démonstration d'aucune vérité que les autres ignorent. Et si quelqu'un d'eux examine vos écrits pour les réfuter, il | trouve, **314** tout au contraire, qu'ils ne contiennent que des démonstrations, touchant des matières qui étaient auparavant ignorées de tout le monde. C'est pourquoi, étant sages et avisés comme ils sont, je ne m'étonne pas qu'ils se taisent ; mais je m'étonne que vous n'ayez encore daigné tirer aucun avantage de leur silence, à cause que vous ne sauriez rien souhaiter qui fasse mieux voir combien votre Physique diffère de celle des autres. Et il importe qu'on remarque leur différence, afin que la mauvaise opinion que ceux qui sont employés dans les affaires, et qui y réussissent le mieux, ont coutume d'avoir de la Philosophie, n'empêche pas qu'ils ne connaissent le prix de la vôtre. Car ils ne jugent ordinairement de ce qui arrivera que par ce qu'ils ont déjà vu arriver ; et parce qu'ils n'ont jamais aperçu que le public ait recueilli aucun autre fruit de la Philosophie de l'École, sinon qu'elle a rendu quantité d'hommes pédants, ils ne sauraient pas imaginer qu'on en doive attendre de meilleurs de la vôtre, si ce n'est qu'on leur fasse considérer que celle-ci étant toute vraie, et l'autre toute fausse, leurs fruits doivent être entièrement différents[1]. En effet c'est un grand argument, pour prouver qu'il n'y a point de vérité en la Physique de l'École, que de dire qu'elle est instituée pour enseigner toutes les inventions utiles à la vie, et que néanmoins, bien qu'il en ait été trouvé plusieurs de temps en temps, ce n'a jamais été par le moyen de cette Physique, mais seulement par hasard et par usage ; ou bien, si quelque science y a contribué, ce n'a été que la Mathématique : et elle est aussi la seule de toutes les sciences humaines, en laquelle on ait ci-devant pu trouver quelques vérités qui ne peuvent être mises en doute. Je sais bien que les Philosophes la veulent | recevoir pour une partie de leur Physique ; mais parce qu'ils l'ignorent presque tous, et qu'il n'est pas vrai qu'elle en soit une partie, mais au contraire que la vraie Physique est une partie de la Mathématique, cela ne peut rien faire pour eux. Mais la certitude qu'on a déjà reconnue dans la Mathématique fait beaucoup pour vous. Car c'est une science en laquelle il est si constant que vous excellez, et vous avez tellement en cela surmonté l'envie, que ceux mêmes qui sont jaloux de l'estime qu'on fait de vous pour les autres sciences ont coutume de dire que vous surpassez tous les autres en celle-ci, afin qu'en vous accordant une louange qu'ils savent ne vous pouvoir être disputée, ils

315

---

1. *Cf.* Lettre-préface au traducteur des *Principes*, AT IX-B, 18-19.

soient moins soupçonnés de calomnie, lorsqu'ils tâchent de vous en ôter quelques autres. Et on voit en ce que vous avez publié de Géométrie, que vous y déterminez tellement jusqu'où l'esprit humain peut aller, et quelles sont les solutions qu'on peut donner à chaque sorte de difficultés, qu'il semble que vous avez recueilli toute la moisson dont les autres qui ont écrit avant vous ont seulement pris quelques épis qui n'étaient pas encore mûrs, et tous ceux qui viendront après ne peuvent être que comme des glaneurs, qui ramasseront ceux que vous leur avez voulu laisser. Outre que vous avez montré par la solution prompte et facile de toutes les questions que ceux qui vous ont voulu tenter ont proposées, que la Méthode dont vous usez à cet effet est tellement infaillible que vous ne manquez jamais de trouver par son moyen, touchant les choses que vous examinez, tout ce que l'esprit humain peut trouver. De façon que, pour faire qu'on ne puisse douter que vous soyez capable de mettre la Physique en sa dernière perfection, il faut seulement que vous prouviez | qu'elle n'est autre chose qu'une partie de **316** la Mathématique. Et vous l'avez déjà très clairement prouvé dans vos *Principes*, lorsqu'en y expliquant toutes les qualités sensibles, sans rien considérer que les grandeurs, les figures et les mouvements, vous avez montré que ce monde visible, qui est tout l'objet de la Physique, ne contient qu'une petite partie des corps infinis, dont on peut imaginer que toutes les propriétés ou qualités ne consistent qu'en ces mêmes choses, au lieu que l'objet de la Mathématique les contient tous. Le même peut aussi être prouvé par l'expérience de tous les siècles. Car encore qu'il y ait eu de tout temps plusieurs des meilleurs esprits, qui se sont employés à la recherche de la Physique, on ne saurait dire que jamais personne y ait rien trouvé (c'est-à-dire soit parvenu à aucune vraie connaissance touchant la nature des choses corporelles) par quelque principe

qui n'appartienne pas à la Mathématique. Au lieu que par
ceux qui lui appartiennent, on a déjà trouvé une infinité de
choses très utiles, à savoir presque tout ce qui est connu en
l'Astronomie, en la Chirurgie, et en tous les arts Mécaniques ;
dans lesquels s'il y a quelque chose de plus que ce qui appartient à cette science, il n'est pas tiré d'aucune autre, mais seulement de certaines observations dont on ne connaît point les
vraies causes. Ce qu'on ne saurait considérer avec attention,
sans être contraint d'avouer que c'est par la Mathématique
seule qu'on peut parvenir à la connaissance de la vraie
Physique. Et d'autant qu'on ne doute point que vous n'excel-
liez en celle-là, il n'y a rien qu'on ne doive attendre de vous en
celle-ci. Toutefois il reste encore un peu de scrupule, en ce
qu'on voit que tous ceux qui ont acquis quelque réputation
317 par la Mathématique ne sont pas pour cela | capables de rien
trouver en Physique, et même que quelques-uns d'eux
comprennent moins bien les choses que vous en avez écrites,
que plusieurs qui n'ont jamais ci-devant appris aucune
science. Mais on peut répondre à cela que bien que sans doute
ce soient ceux qui ont l'esprit le plus propre à concevoir les
vérités de la Mathématique, qui entendent le plus facilement
votre Physique, à cause que tous les raisonnements de celle-ci
sont tirés de l'autre, il n'arrive pas toujours que ces mêmes
aient la réputation d'être les plus savants en Mathématique : à
cause que pour acquérir cette réputation, il est besoin d'étudier
les livres de ceux qui ont déjà écrit de cette science, ce que la
plupart ne font pas ; et souvent ceux qui les étudient tâchent
d'obtenir par travail ce que la force de leur esprit ne leur peut
donner, fatiguent trop leur imagination, et même la blessent, et
acquièrent avec cela plusieurs préjugés. Ce qui les empêche
bien plus de concevoir les vérités que vous écrivez, que de
passer pour grands Mathématiciens, à cause qu'il y a si peu de

personnes qui s'appliquent à cette science, que souvent il n'y a qu'eux en tout un pays; et encore que quelquefois il y en ait d'autres, ils ne laissent pas de faire beaucoup de bruit, d'autant que le peu qu'ils savent leur a coûté beaucoup de peine. Au reste, il n'est pas malaisé de concevoir les vérités qu'un autre a trouvées; il suffit à cela d'avoir l'esprit dégagé de toutes sortes de faux préjugés, et d'y vouloir appliquer assez son attention. Il n'est pas aussi fort difficile d'en rencontrer quelques-unes détachées des autres, ainsi qu'ont fait autrefois Thalès, Pythagore, Archimède et en notre siècle Gilbert, Kepler, Galilée, Harvejus[1], et quelques autres. Enfin on peut sans beaucoup de peine imaginer un corps | de Philosophie moins **318** monstrueux, et appuyé sur des conjectures plus vraisemblables, que n'est celui qu'on tire des écrits d'Aristote : ce qui a été fait aussi par quelques-uns en ce siècle. Mais d'en former un qui ne contienne que des vérités, prouvées par démonstration aussi claires et aussi certaines que celles des mathématiques, c'est chose si difficile, et si rare, que, depuis plus de cinquante siècles que le monde a déjà duré, il ne s'est trouvé que vous seul qui avez fait voir par vos écrits que vous en pouvez venir à bout. Mais comme lorsqu'un architecte a posé tous les fondements et élevé les principales murailles de quelque grand bâtiment, on ne doute point qu'il ne puisse conduire son dessein jusqu'à la fin, à cause qu'on voit qu'il a déjà fait ce qui était le plus difficile, ainsi ceux qui ont lu avec attention le livre de vos Principes, considérant comment vous y avez posé les fondements de toute la Philosophie naturelle, et

---

1. Sur Harvey, *cf.* la note à l'art. 7. W. Gilbert (1540-1610) est l'auteur d'un ouvrage *De Magnete* (Londres, 1600, in-4°) que Descartes cite dans les *Principes* (IV, art. 166, 168…). *Cf.* ci-dessous, p. 87.

combien sont grandes les suites de vérités que vous en avez déduites, ne peuvent douter que la Méthode dont vous usez ne soit suffisante, pour faire que vous acheviez de trouver tout ce qui peut être trouvé en la Physique : à cause que les choses que vous avez déjà expliquées, à savoir la nature de l'aimant, du feu, de l'air, de l'eau, de la terre, et de tout ce qui paraît dans les cieux, ne semblent point être moins difficiles que celles qui peuvent encore être désirées.

Toutefois il faut ici ajouter que tant expert qu'un architecte soit en son art, il est impossible qu'il achève le bâtiment qu'il a commencé, si les matériaux qui doivent y être employés lui manquent. Et en même façon que tant parfaite que puisse être votre Méthode, elle ne peut faire que vous poursuiviez en 319 l'explication des causes naturelles, | si vous n'avez point les expériences qui sont requises pour déterminer leurs effets. Ce qui est le dernier des trois points que je crois devoir être principalement expliqués, à cause que la plupart des hommes ne conçoit pas combien ces expériences sont nécessaires, ni quelle dépense y est requise. Ceux qui sans sortir de leur cabinet, ni jeter leur yeux ailleurs que sur leurs livres, entreprennent de discourir de la nature, peuvent bien dire en quelle façon ils auraient voulu créer le monde, si Dieu leur en avait donné la charge et le pouvoir, c'est-à-dire, ils peuvent écrire des Chimères, qui ont autant de rapport avec la faiblesse de leur esprit, que l'admirable beauté de cet Univers avec la puissance infinie de son auteur; mais, à moins que d'avoir un esprit vraiment divin, ils ne peuvent ainsi former d'eux-mêmes une idée des choses qui soit semblable à celle que Dieu a eue pour les créer. Et quoique votre Méthode promette tout ce qui peut être espéré de l'esprit humain touchant la recherche de la vérité dans les sciences, elle ne promet pas néanmoins d'enseigner à deviner : mais seulement à déduire de certaines choses données toutes les vérités qui peuvent en être déduites : et ces choses données en la Physique ne peuvent être que des expériences. Même, à cause que ces expériences sont de deux sortes : les unes faciles, et qui ne dépendent que de la réflexion qu'on fait sur les choses qui se présentent au sens d'elles-mêmes ; les autres plus rares et difficiles, auxquelles on ne parvient point sans quelque étude et quelque dépense, on peut remarquer que vous avez déjà mis dans vos écrits tout ce qui semble pouvoir être déduit des expériences faciles, et même aussi de celles des plus rares que vous avez pu apprendre des livres. Car outre que vous y avez expliqué la nature de | toutes les qualités **320** qui meuvent les sens, et de tous les corps qui sont les plus communs sur cette terre, comme du feu, de l'air, de l'eau, et de quelques autres, vous y avez ainsi rendu raison de tout ce qui a été observé jusqu'à présent dans les cieux, de toutes les propriétés de l'aimant, et de plusieurs observations de la Chimie. De façon qu'on n'a point de raison d'attendre rien davantage de vous, touchant la Physique, jusqu'à ce que vous ayez davantage d'expériences, desquelles vous puissiez rechercher les causes. Et je ne m'étonne pas que vous n'entrepreniez point de faire ces expériences à vos dépens. Car je sais que la recherche des moindres choses coûte beaucoup ; et sans mettre en compte les alchimistes, ni tous les autres chercheurs de secrets, qui ont coutume de se ruiner à ce métier, j'ai ouï dire que la seule pierre d'aimant a fait dépendre plus de cinquante mille écus à Gilbert, quoiqu'il fût homme de très bon esprit, comme il a montré, en ce qu'il a été le premier qui a découvert les principales propriétés de cette pierre. J'ai vu aussi l'*Instauratio magna* et le *Novus Atlas* du Chancelier

Bacon[1], qui me semble être, de tous ceux qui ont écrit avant vous, celui qui a eu les meilleures pensées, touchant la Méthode qu'on doit tenir pour conduire la Physique à sa perfection; mais tout le revenu de deux ou trois rois, des plus puissants de la terre, ne suffirait pas pour mettre en exécution toutes les choses qu'il requiert à cet effet. Et bien que je ne pense point que vous ayez besoin de tant de sortes d'expériences qu'il en imagine, à cause que vous pouvez suppléer à plusieurs, tant par votre adresse que par la connaissance des vérités que vous avez déjà trouvées; toutefois, considérant que le nombre des corps particuliers qui vous restent encore à examiner est presque | infini, qu'il n'y en a aucun qui n'ait assez de diverses propriétés, et dont on ne puisse faire assez grand nombre d'épreuves, pour y employer tout le loisir et tout le travail de plusieurs hommes; que suivant les règles de votre Méthode, il est besoin que vous examiniez en même temps toutes les choses qui ont entre elles quelque affinité, afin de remarquer mieux leurs différences, et de faire des dénombrements qui vous assurent; que vous pouvez ainsi utilement vous servir en un même temps de plus de diverses expériences que le travail d'un très grand nombre d'hommes adroits n'en saurait fournir; et enfin, que vous ne sauriez avoir ces hommes adroits qu'à force d'argent, à cause que si quelques-uns s'y voulaient gratuitement employer, ils ne s'assujettiraient pas assez à suivre vos ordres, et ne feraient que vous donner occasion de perdre du temps: considérant, dis-je, toutes ces choses, je comprends aisément que vous ne pouvez achever

321

---

1. F. Bacon (1561-1626): l'*Instauratio magna* (Londres, 1620) est son principal ouvrage; la *Nova Atlantis* est un opuscule, joint (avec la *Cité du Soleil* de Campanella) à la réédition de *Mundus alter et idem...* par Joseph Hall, Utrecht, 1643.

dignement le dessein que vous avez commencé dans vos
Principes, c'est-à-dire expliquer en particulier tous les miné-
raux, les plantes, les animaux et l'homme, en la même façon
que vous y avez déjà expliqué tous les éléments de la terre, et
tout ce qui s'observe dans les cieux, si ce n'est que le public
fournisse les frais qui sont requis à cet effet, et que d'autant
qu'ils vous seront plus libéralement fournis, d'autant pourrez-
vous mieux exécuter votre dessein.

Or à cause que ces mêmes choses peuvent aussi fort
aisément être comprises par un chacun, et sont toutes si vraies
qu'elles ne peuvent être mises en doute, je m'assure que si
vous les représentiez en telle sorte, qu'elles vinssent à la
connaissance de ceux à qui Dieu, ayant donné le pouvoir de
commander aux peuples de la terre, a aussi donné la charge | et 322
le soin de faire tous leurs efforts pour avancer le bien du public,
il n'y aurait aucun d'eux qui ne voulût contribuer à un dessein
si manifestement utile à tout le monde. Et bien que notre
France, qui est votre patrie, soit un État si puissant qu'il semble
que vous pourriez obtenir d'elle seule tout ce qui est requis à
cet effet[1], toutefois, à cause que les autres nations n'y ont pas
moins d'intérêt qu'elle, je m'assure que plusieurs seraient
assez généreuses pour ne lui pas céder en cet office, et qu'il n'y
en aurait aucune qui fût si barbare que de ne vouloir point y
avoir part.

Mais si tout ce que j'ai écrit ici ne suffit pas pour faire que
vous changiez d'humeur, je vous prie au moins de m'obliger
tant, que de m'envoyer votre traité des *Passions*, et de trouver
bon que j'y ajoute une préface avec laquelle il soit imprimé. Je

---

1. Sur les démarches des amis de Descartes pour lui faire octroyer une
pension du Roi, *cf.* AT XII, 458-469.

tâcherai de la faire en telle sorte qu'il n'y aura rien que vous puissiez désapprouver, et qui ne soit si conforme au sentiment de tous ceux qui ont de l'esprit et de la vertu, qu'il n'y en aura aucun qui, après l'avoir lue, ne participe au zèle que j'ai pour l'accroissement des sciences, et pour être, etc.

De Paris, le 6 novembre 1648.

Monsieur,

Parmi les injures et les reproches que je trouve en la grande lettre que vous avez pris la peine de m'écrire, j'y remarque tant de choses à mon avantage, que si vous la faisiez imprimer, ainsi que vous déclarez vouloir faire, j'aurais peur qu'on ne s'imaginât qu'il y a plus d'intelligence entre nous qu'il n'y en a, et que je vous ai prié d'y mettre plusieurs choses que la bienséance ne permettait pas que je fisse moi-même savoir au public. C'est pourquoi je ne m'arrêterai pas ici à y répondre de point en point : je vous dirai seulement deux raisons qui me semblent vous devoir empêcher de la publier. La première est que je n'ai aucune opinion que le dessein que je juge que vous avez eu en l'écrivant puisse réussir. La seconde, que je ne suis nullement de l'humeur que vous imaginez, que je n'ai aucune indignation, ni aucun dégoût, qui m'ôte le désir de faire tout ce qui sera en mon pouvoir pour rendre service au public, auquel je m'estime très obligé, de ce que les écrits que j'ai déjà publiés ont été favorablement reçus de plusieurs. Et que je ne vous ai ci-devant refusé ce que j'avais écrit des Passions, qu'afin de n'être point obligé de le faire voir à quelques autres qui n'en eussent pas fait leur profit. | Car d'autant que je ne l'avais **324**

composé que pour être lu par une Princesse dont l'esprit est
tellement au-dessus du commun, qu'elle conçoit sans aucune
peine ce qui semble être le plus difficile à nos docteurs[1], je ne
m'étais arrêté à y expliquer que ce que je pensais être nouveau.
Et afin que vous ne doutiez pas de mon dire, je vous promets
de revoir cet écrit des Passions, et d'y ajouter ce que je jugerai
être nécessaire pour le rendre plus intelligible, et qu'après
cela je vous l'enverrai pour en faire ce qu'il vous plaira. Car
je suis, etc.

D'Egmont, le 4 décembre, 1648.

1. Descartes avait déjà décerné cet éloge public à Élisabeth en lui dédiant
les *Principes* : « Je n'ai jamais rencontré personne qui ait si gentiment et si bien
entendu tout ce qui est contenu dans mes écrits. Car il y en a plusieurs qui les
trouvent très obscurs, même entre les meilleurs esprits et les plus doctes »
(AT IX-B, 22).

LETTRE SECONDE
À MONSIEUR DES CARTES

Monsieur,

Il y a si longtemps que vous m'avez fait attendre votre traité des Passions, que je commence à ne le plus espérer, et à m'imaginer que vous ne me l'aviez promis que pour m'empêcher de publier la lettre que je vous avais ci-devant écrite. Car j'ai sujet de croire que vous seriez fâché qu'on vous ôtât l'excuse que vous prenez pour ne point achever votre Physique ; et mon dessein était de vous l'ôter par cette lettre : d'autant que les raisons que j'y | avais déduites sont telles qu'il ne me semble pas qu'elles puissent être lues d'aucune personne qui ait tant soit peu l'honneur et la vertu en recommandation, qu'elles ne l'incitent à désirer comme moi que vous obteniez du public ce qui est requis pour les expériences que vous dites vous être nécessaires. Et j'espérais qu'elle tomberait aisément entre les mains de quelques-uns qui auraient le pouvoir de rendre ce désir efficace, soit à cause qu'ils ont de l'accès auprès de ceux qui disposent des biens du public, soit à cause qu'ils en disposent eux-mêmes. Ainsi je me promettais de faire en sorte que vous auriez malgré vous de l'exercice. Car je sais que vous avez tant de cœur, que vous ne voudriez pas manquer de rendre avec usure ce qui vous serait donné en cette façon, et que cela vous ferait entièrement quitter la négligence dont je ne puis à présent m'abstenir de vous accuser, bien que je sois, etc.

Le 23 juillet, 1649.

RÉPONSE À LA SECONDE LETTRE

Monsieur,

Je suis fort innocent de l'artifice dont vous voulez croire que j'ai usé pour empêcher que la grande lettre que vous m'aviez écrite l'an passé ne soit publiée. Je n'ai eu aucun besoin d'en user. Car outre que je ne crois nullement qu'elle pût produire l'effet que vous | prétendez, je ne suis pas si enclin à l'oisiveté, que la crainte du travail auquel je serais obligé pour examiner plusieurs expériences, si j'avais reçu du public la commodité de les faire, puisse prévaloir au désir que j'ai de m'instruire, et de mettre par écrit quelque chose qui soit utile aux autres hommes. Je ne puis pas si bien m'excuser de la négligence dont vous me blâmez. Car j'avoue que j'ai été plus longtemps à revoir le petit traité que je vous envoie, que je n'avais été ci-devant à le composer, et que néanmoins je n'y ai ajouté que peu de choses, et n'ai rien changé au discours, lequel est si simple et si bref qu'il fera connaître que mon dessein n'a pas été d'expliquer les passions en orateur, ni même en philosophe moral, mais seulement en physicien. Ainsi je prévois que ce traité n'aura pas de meilleure fortune que mes autres écrits; et bien que son titre

AT XI, 326

convie peut-être davantage de personnes à le lire, il n'y aura néanmoins que ceux qui prendront la peine de l'examiner avec soin, auxquels il puisse satisfaire. Tel qu'il est, je le mets entre vos mains, etc.

D'Egmont, le 14 d'août, 1649.

LES PASSIONS DE L'ÂME

| Première partie
Des passions en général, et par occasion,
de toute la nature de l'homme

Art. 1. *Que ce qui est passion au regard d'un sujet, est
toujours action à quelque autre égard.*

Il n'y a rien en quoi paraisse mieux combien les sciences
que nous avons des Anciens[1] sont défectueuses, qu'en ce
qu'ils ont écrit des Passions. Car, bien que ce soit une matière
dont la connaissance a toujours été fort recherchée, et qu'elle
ne semble pas être des plus difficiles, à cause que chacun
les sentant en soi-même, on n'a point besoin d'emprunter
d'ailleurs aucune observation pour en découvrir la nature,
toutefois ce que les Anciens en ont enseigné est si peu de

---

1. Les Anciens se sont surtout bornés à des remarques dispersées,
essentiellement morales (dialogues de Platon, *Éthique* d'Aristote, stoïcisme);
quelques analyses figurent aussi dans la *Rhétorique* d'Aristote, qui en traite
alors « en orateur sur la systématisation qu'en avaient tirée les scolastiques et
les néo-stoïciens, *cf.* Introduction, p. 38-52.

328 chose, et pour la plupart si peu croyable, que je ne | puis avoir
aucune espérance d'approcher de la vérité, qu'en m'éloignant
des chemins qu'ils ont suivis. C'est pourquoi je serai obligé
d'écrire ici en même façon que si je traitais d'une matière que
jamais personne avant moi n'eût touchée. Et pour commencer,
je considère que tout ce qui se fait ou qui arrive de nouveau est
généralement appelé par les philosophes une passion au regard
du sujet auquel il arrive, et une action au regard de celui qui fait
qu'il arrive. En sorte que, bien que l'agent et le patient soient
souvent fort différents, l'action et la passion ne laissent pas
d'être toujours une même chose, qui a ces deux noms, à raison
des deux divers sujets auxquels on la peut rapporter [1].

Art. 2. *Que pour connaître les passions de l'âme, il faut
distinguer ses fonctions d'avec celles du corps.*

Puis aussi je considère que nous ne remarquons point qu'il
y ait aucun sujet qui agisse plus immédiatement contre notre
âme, que le corps auquel elle est jointe ; et que par conséquent
nous devons penser que ce qui est en elle une passion, est

---

1. *Cf.* à l'Hyperaspistes, août 1641, AT III, 428 (AT XI, 327) : *Semper
autem existimavi unam et eamdem esse, quæ, cum refertur ad terminum a quo,
vocatur actio, cum vero ad terminum ad quem sive in quo recipitur, vocatur
passio* [« Or j'ai toujours estimé que c'est une seule et même chose qui est
appelée action, lorsqu'on la rapporte au terme d'*où* elle procède, et passion du
regard du terme *pour lequel ou dans lequel* elle est perçue »]. *Cf.* à Regius,
décembre 1641, AT III, 454-455 : le même mouvement est dit action quand on
considère le moteur, et passion quant au mobile ; et par analogie ces termes sont
étendus à la volonté (action) et à la perception (passion).

Cette distinction était traditionnelle pour « les Philosophes » *cf.* les textes
cités par Ét. Gilson, *Index scolastico-cartésien*, p. 6-8 (texte 8 de saint Thomas,
texte 10 de Suarez).

communément en lui une Action; en sorte qu'il n'y a point de meilleur chemin pour venir à la connaissance de nos passions, que d'examiner la différence qui est entre l'âme et le corps, afin de connaître auquel des deux on doit attribuer chacune des fonctions qui sont en nous.

| Art. 3. *Quelle règle on doit suivre pour cet effet.*   **329**

À quoi on ne trouvera pas grande difficulté si on prend garde que tout ce que nous expérimentons être en nous, et que nous voyons aussi pouvoir être en des corps tout à fait inanimés, ne doit être attribué qu'à notre corps; et au contraire, que tout ce qui est en nous, et que nous ne concevons en aucune façon pouvoir appartenir à un corps, doit être attribué à notre âme [1].

Art. 4. *Que la chaleur et le mouvement des membres procèdent du corps, et les pensées de l'âme.*

Ainsi, à cause que nous ne concevons point que le corps pense en aucune façon, nous avons raison de croire que toutes les sortes de pensées qui sont en nous appartiennent à l'âme; et à cause que nous ne doutons point qu'il n'y ait des corps

---

1. C'est le principe même de la distinction des substances, fondé sur ce que *nous concevons* avec évidence: «Pour ce que d'un côté j'ai une claire et distincte idée de moi-même, en tant que je suis seulement une chose qui pense et non étendue, et que d'un autre j'ai une idée distincte du corps, en tant qu'il est seulement une chose étendue et qui ne pense point...» (*Méditation* VI, AT IX, 62, cf. *Principes*, I, art. 63). Quant à l'appréhension directe de notre corps nous l'expérimentons plus que nous ne la concevons (*Principes*, II, art. 1: «Nous expérimentons en nous-mêmes que tout ce que nous sentons vient de quelque autre chose que de notre pensée...»).

inanimés, qui se peuvent mouvoir en autant ou plus de diverses façons que les nôtres, et qui ont autant ou plus de chaleur (ce que l'expérience fait voir en la flamme, qui seule a beaucoup plus de chaleur et de mouvements qu'aucun de nos membres), nous devons croire que toute la chaleur, et tous les mouvements qui sont en nous, en tant qu'ils ne dépendent point de la pensée, n'appartiennent qu'au corps [1].

330 | Art. 5. *Que c'est erreur de croire que l'âme donne le mouvement et la chaleur au corps.*

Au moyen de quoi nous éviterons une erreur très considérable, et en laquelle plusieurs sont tombés, en sorte que j'estime qu'elle est la première cause qui a empêché qu'on n'ait pu bien expliquer jusqu'ici les passions, et les autres choses qui appartiennent à l'âme. Elle consiste en ce que voyant que tous les corps morts sont privés de chaleur, et ensuite de mouvement, on s'est imaginé que c'était l'absence de l'âme qui faisait cesser ces mouvements et cette chaleur [2]. Et ainsi on a cru, sans raison, que notre chaleur naturelle et tous les mouvements de nos corps dépendent de l'âme : au lieu qu'on devait penser, au contraire, que l'âme ne s'absente lorsqu'on meurt, qu'à cause que cette chaleur cesse, et que les organes qui servent à mouvoir le corps se corrompent.

---

1. La physique cartésienne, expliquant toutes les qualités sensibles par le mouvement (sur la chaleur du feu, cf. *Principes*, IV, art. 80 *sq.*), permet au mécanisme physiologique de rendre compte de la chaleur vitale : *cf.* art. 8 et 126.

2. Cf. *Méditation* II, AT IX, 20.

Art. 6. *Quelle différence il y a entre un corps vivant et un corps mort.*

Afin donc que nous évitions cette erreur, considérons que la mort n'arrive jamais par la faute de l'âme, mais seulement parce que quelqu'une des principales parties du corps se corrompt; et jugeons que le corps d'un homme vivant diffère autant de celui d'un homme | mort, que fait une montre, ou **331** autre automate (c'est-à-dire, autre machine qui se meut de soi-même) lorsqu'elle est montée, et qu'elle a en soi le principe corporel des mouvements pour lesquels elle est instituée, avec tout ce qui est requis pour son action, et la même montre, ou autre machine, lorsqu'elle est rompue et que le principe de son mouvement cesse d'agir[1].

Art. 7. *Brève explication des parties du corps, et de quelques-unes de ses fonctions.*

Pour rendre cela plus intelligible, j'expliquerai ici en peu de mots toute la façon dont la machine de notre corps est composée. Il n'y a personne qui ne sache déjà qu'il y a en nous un cœur, un cerveau, un estomac, des muscles, des nerfs, des artères, des veines, et choses semblables. On sait aussi que les viandes qu'on mange descendent dans l'estomac et dans les boyaux, d'où leur suc, coulant dans le foie et dans toutes les veines, se mêle avec le sang qu'elles contiennent, et par ce

---

1. Descartes compare souvent la « machine de notre corps » aux automates hydrauliques (*L'Homme*, AT XI, 130-131), à des orgues (*ibid.*, 165-166) ou à une horloge (*ibid.*, 120, 202; *Discours*, 5e partie, AT VI, 50, 59; *Méditation* VI, AT IX, 67-68…).

moyen en augmente la quantité[1]. Ceux qui ont tant soit peu ouï parler de la médecine savent outre cela, comment le cœur est composé, et comment tout le sang des veines peut facilement couler de la veine cave en son côté droit, et de là passer dans le poumon, par le vaisseau qu'on nomme la veine artérieuse[2], puis retourner du poumon dans le côté gauche du cœur, par le vaisseau nommé l'artère veineuse, et enfin passer de là dans la

332 grande artère, dont les | branches se répandent par tout le corps. Même tous ceux que l'autorité des Anciens n'a point entièrement aveuglés, et qui ont voulu ouvrir les yeux pour examiner l'opinion d'Herveus[3] touchant la circulation du sang, ne doutent point que toutes les veines et les artères du corps ne soient comme des ruisseaux par où le sang coule sans cesse fort

---

1. Cf. *L'Homme*, AT XI, 121-122, et à Mersenne, 30 juillet 1640, AT III, 139-141. La Forge, dans ses notes au *Traité de l'homme*, relève l'erreur de faire passer le chyle dans le foie. Les expériences de pecquet sur ce point n'ont été publiées qu'en 1651.

2. «La veine artérieuse, qui a été ainsi mal nommée, par ce que c'est en effet un artère» selon Descartes lui-même (*Discours*, 5e partie, AT VI, 47) est l'artère pulmonaire. «L'artère veineuse, qui a aussi été mal nommée» (*ibid.*) est la veine pulmonaire. Bartholin (*Institutions anatomiques... augmentées... et traduites...*, Paris, Hénault, 1647) explique que la première a été «appelée *veine* à cause de son office, parce qu'elle porte le sang pour la nourriture du poumon. Et *artère* à cause de sa substance...»; et pour la seconde: «Son office lui a donné le nom d'artère. Car elle a le pouls, parce qu'elle est continue au ventricule gauche...», etc. (p. 260-261). Il cite la réserve de Descartes sur ces appellations.

3. Le *De motu cordis* de Harvey, publié en 1628, fut lu par Descartes en 1632 (AT I, 263). Depuis, tout en s'écartant du médecin anglais dans son explication du mouvement du cœur, le philosophe défendit toujours la découverte de *Hervæus* touchant la circulation du sang (*Discours*, 5e partie, AT VI, 50-51; à Beverwick, 5 juillet 1643, AT IV, 4; à Newcastle, avril 1645, *ibid.*, 189; *Description du corps humain*, AT XI, 239-240).

promptement, en prenant son cours de la cavité droite du cœur par la veine artérieuse, dont les branches sont éparses en tout le poumon, et jointes à celles de l'artère veineuse, par laquelle il passe du poumon dans le côté gauche du cœur; puis de là il va dans la grande artère, dont les branches, éparses par tout le reste du corps sont jointes aux branches de la veine cave, qui portent derechef le même sang en la cavité droite du cœur : en sorte que ces deux cavités sont comme des écluses par chacune desquelles passe tout le sang à chaque tour qu'il fait dans le corps. De plus on sait que tous les mouvements des membres dépendent des muscles; et que ces muscles sont opposés les uns aux autres en telle sorte, que lorsque l'un d'eux s'accourcit, il tire vers soi la partie du corps à laquelle il est attaché, ce qui fait allonger au même temps le muscle qui lui est opposé. Puis s'il arrive en un autre temps que ce dernier s'accourcisse, il fait que le premier se rallonge, et il retire vers soi la partie à laquelle ils sont attachés[1]. Enfin on sait que tous ces mouvements des muscles, comme aussi tous les sens, dépendent des nerfs, qui sont comme de petits filets, ou comme de petits tuyaux qui viennent tous du cerveau, et contiennent, ainsi que

---

[1] Descartes tenait à sa découverte de la corrélation des muscles antagonistes, qui fut une des causes de sa rupture avec Regius : « Pour la façon dont il explique le mouvement des muscles, encore qu'elle vienne de moi, et qu'elle lui ait tellement plu qu'il la répète deux fois de mot à mot, elle ne vaut toutefois rien du tout, parce que, n'ayant pas entendu mon écrit, il en a oublié le principal, et n'ayant point vu ma figure, il a fait la sienne fort mal et en sorte qu'elle répugne aux règles de mécaniques » (à Mersenne, 23 novembre 1646, AT IV, 566); *cf.* à Huygens, *ibid.*, 517; à Élisabeth, *ibid.*, 625-626. L'explication de Descartes se trouve dans les notes posthumes sur *L'Homme*, AT XI, 132-138.

lui, un certain air ou vent très subtil, qu'on nomme les esprits animaux[1].

333 | Art. 8. *Quel est le principe de toutes ces fonctions.*

Mais on ne sait pas communément en quelle façon ces esprits animaux et ces nerfs contribuent aux mouvements et aux sens, ni quel est le principe corporel qui les fait agir; c'est pourquoi, encore que j'en aie déjà touché quelque chose en d'autres écrits[2], je ne laisserai pas de dire ici succinctement que pendant que nous vivons, il y a une chaleur continuelle en notre cœur, qui est une espèce de feu que le sang des veines y entretient, et que ce feu est le principe corporel de tous les mouvements de nos membres.

Art. 9. *Comment se fait le mouvement du cœur*[3].

Son premier effet est qu'il dilate le sang dont les cavités du cœur sont remplies : ce qui est cause que ce sang, ayant besoin d'occuper un plus grand lieu, passe avec impétuosité de la cavité droite dans la veine artérieuse, et de la gauche dans la

1. *Spiritus*, vent, esprit. *Cf.* introduction, p. 31, sur le sens tout matériel pour Descartes, de ce vocable hérité de Galien et répandu au XVIe siècle par Juste Lipse (*Physiologia stoicorum*, Anvers, 1604) et Sylvius (*Introduction à l'anatomique partie de la Phisiologie d'Hippocrate et Galien*, trad. fr., Paris, 1555).

2. *Discours*, 5e partie, AT VI, 49-55; *Dioptrique*, discours IV, *ibid.*, 111.

3. Descartes inverse la systole et la diastole, parce qu'il méconnaît le rôle musculaire du cœur, dont il fait, à la suite des scolastiques, l'organe le plus chaud, d'où la dilatation et la raréfaction du sang (*cf.* Ét. Gilson, *Le rôle de la pensée médiévale dans la formation du système cartésien*, Paris, 1930, chap. II). Les «petites peaux» sont les valvules, auxquelles le mécanisme cartésien attribue une grande importance.

grande artère. Puis, cette dilatation cessant, il entre incontinent
de nouveau sang de la veine cave en la cavité droite du cœur, et
de l'artère veineuse en la gauche. Car il y a de petites peaux aux
entrées de ces quatre vaisseaux, tellement disposées qu'elles
font que le sang ne peut entrer dans | le cœur que par les deux **334**
derniers, ni en sortir que par les deux autres. Le nouveau sang
entré dans le cœur y est incontinent après raréfié en même
façon que le précédent. Et c'est en cela seul que consiste le
pouls ou battement du cœur et des artères; en sorte que ce
battement se réitère autant de fois qu'il entre de nouveau sang
dans le cœur. C'est aussi cela seul qui donne au sang son
mouvement, et fait qu'il coule sans cesse très vite en toutes les
artères et les veines; au moyen de quoi il porte la chaleur qu'il
acquiert dans le cœur à toutes les autres parties du corps, et il
leur sert de nourriture.

Art. 10. *Comment les esprits animaux sont produits dans le
cerveau.*

Mais ce qu'il y a ici de plus considérable, c'est que toutes
les plus vives et plus subtiles parties du sang que la chaleur a
raréfié dans le cœur entrent sans cesse en grande quantité dans
les cavités du cerveau. Et la raison qui fait qu'elles y vont
plutôt qu'en aucun autre lieu, est que tout le sang qui sort du
cœur par la grande artère prend son cours en ligne droite vers
ce lieu-là, et que, n'y pouvant pas tout entrer, à cause qu'il n'y
a que des passages fort étroits, celles de ses parties qui sont les
plus agitées et les plus subtiles y passent seules, pendant que le
reste se répand en tous les autres endroits du corps. Or ces
parties du sang très subtiles composent les esprits animaux. | Et **335**
elles n'ont besoin à cet effet de recevoir aucun autre changement dans le cerveau, sinon qu'elles y sont séparées des autres

parties du sang moins subtiles. Car ce que je nomme ici des esprits ne sont que des corps, et ils n'ont point d'autre propriété, sinon que ce sont des corps très petits, et qui se meuvent très vite, ainsi que les parties de la flamme qui sort d'un flambeau : en sorte qu'ils ne s'arrêtent en aucun lieu, et qu'à mesure qu'il en entre quelques-uns dans les cavités du cerveau, il en sort aussi quelques autres par les pores qui sont en sa substance, lesquels pores les conduisent dans les nerfs, et de là dans les muscles, au moyen de quoi ils meuvent le corps en toutes les diverses façons qu'il peut être mû.

Art. 11. *Comment se font les mouvements des muscles.*

Car la seule cause de tous les mouvements des membres est que quelques muscles s'accourcissent, et que leurs opposés s'allongent, ainsi qu'il a déjà été dit. Et la seule cause qui fait qu'un muscle s'accourcit plutôt que son opposé est qu'il vient tant soit peu plus d'esprits du cerveau vers lui que vers l'autre. Non pas que les esprits qui viennent immédiatement du cerveau suffisent seuls pour mouvoir ces muscles, mais ils déterminent les autres esprits qui sont déjà dans ces deux muscles à sortir tous fort promptement de l'un d'eux, et passer dans l'autre : au moyen de quoi celui d'où ils sortent devient plus long et plus 336 lâche ; | et celui dans lequel ils entrent, étant promptement enflé par eux, s'accourcit, et tire le membre auquel il est attaché. Ce qui est facile à concevoir, pourvu que l'on sache qu'il n'y a que fort peu d'esprits animaux qui viennent continuellement du cerveau vers chaque muscle, mais qu'il y en a toujours quantité d'autres enfermés dans le même muscle, qui s'y meuvent très vite, quelquefois en tournoyant seulement dans le lieu où ils sont, à savoir lorsqu'ils ne trouvent point de passages ouverts pour en sortir, et quelquefois en coulant dans le muscle opposé, d'autant qu'il y a de petites ouvertures en chacun de ces muscles, par où ces esprits peuvent couler de l'un dans l'autre, et qui sont tellement disposées que, lorsque les esprits qui viennent du cerveau vers l'un d'eux ont tant soit peu plus de force que ceux qui vont vers l'autre, ils ouvrent toutes les entrées par où les esprits de l'autre muscle peuvent passer en celui-ci, et ferment en même temps toutes celles par où les esprits de celui-ci peuvent passer en l'autre : au moyen de quoi tous les esprits contenus auparavant en ces deux muscles, s'assemblent en l'un d'eux fort promptement, et ainsi l'enflent et l'accourcissent, pendant que l'autre s'allonge et se relâche [1].

Art. 12. *Comment les objets de dehors agissent contre les organes des sens.*

Il reste encore ici à savoir les causes qui font que les esprits ne coulent pas toujours du cerveau dans | les muscles en même **337** façon, et qu'il en vient quelquefois plus vers les uns que vers les autres. Car, outre l'action de l'âme, qui véritablement est en nous l'une de ces causes, ainsi que je dirai ci-après[2], il y en a encore deux autres, qui ne dépendent que du corps, lesquelles il est besoin de remarquer. La première consiste en la diversité des mouvements qui sont excités dans les organes des sens par leurs objets, laquelle j'ai déjà expliquée assez amplement en la Dioptrique[3]; mais afin que ceux qui verront cet écrit, n'aient

---

1. *Cf.* art. 7, note 1. Descartes reproche précisément à Regius d'avoir « omis le principal, qui est que les esprits animaux qui coulent du cerveau dans les muscles ne peuvent retourner par les mêmes conduits par où ils viennent » (à Élisabeth, mars 1647, AT IV, 626). Ici encore joue un système de valvules.

2. Art. 18, 31, 34.

3. *Discours* IV, *Des sens en général*, AT IV, 190-114. La *Méditation* VI avait aussi expliqué la genèse de la sensation « par le moyen des nerfs dispersés

pas besoin d'en avoir lu d'autres, je répéterai ici qu'il y a trois choses à considérer dans les nerfs, à savoir leur mœlle, ou substance intérieure qui s'étend en forme de petits filets depuis le cerveau, d'où elle prend son origine, jusques aux extrémités des autres membres auxquelles ces filets sont attachés ; puis les peaux qui les environnent et qui, étant continues avec celles qui enveloppent le cerveau, composent de petits tuyaux dans lesquels ces petits filets sont enfermés ; puis enfin les esprits animaux qui, étant portés par ces mêmes tuyaux depuis le cerveau jusques aux muscles, sont cause que ces filets y demeurent entièrement libres, et étendus en telle sorte que la moindre chose qui meut la partie du corps où l'extrémité de quelqu'un d'eux est attachée, fait mouvoir par même moyen la partie du cerveau d'où il vient, en même façon que lorsqu'on tire un des bouts d'une corde, on fait mouvoir l'autre.

338 | Art. 13. *Que cette action des objets de dehors, peut conduire diversement les esprits dans les muscles.*

Et j'ai expliqué en la Dioptrique[1] comment tous les objets de la vue ne se communiquent à nous que par cela seul qu'ils meuvent localement, par l'entremise des corps transparents qui sont entre eux et nous, les petits filets des nerfs optiques qui sont au fond de nos yeux, et ensuite les endroits du cerveau d'où viennent ces nerfs : qu'ils les meuvent, dis-je, en autant de diverses façons qu'ils nous font voir de diversités dans les choses ; et que ce ne sont pas immédiatement les mouvements

dans le pied, qui se trouvant étendus comme des cordes depuis là jusqu'au cerveau, lorsqu'ils sont tirés dans le pied, tirent aussi en même temps l'endroit du cerveau d'où ils viennent » (AT IX, 69).
    1. *Discours* VI, AT VI, 130-132.

qui se font en l'œil, mais ceux qui se font dans le cerveau, qui représentent à l'âme ces objets. À l'exemple de quoi il est aisé de concevoir que les sons, les odeurs, les saveurs, la chaleur, la douleur, la faim, la soif, et généralement tous les objets, tant de nos autres sens extérieurs que de nos appétits intérieurs, excitent aussi quelque mouvement en nos nerfs, qui passe par leur moyen jusques au cerveau. Et outre que ces divers mouvements du cerveau font avoir à notre âme divers sentiments, ils peuvent aussi faire sans elle que les esprits prennent leur cours vers certains muscles plutôt que vers d'autres, et ainsi qu'ils meuvent nos membres. Ce que je prouverai seulement ici par un exemple. Si quelqu'un avance promptement sa main contre nos | yeux, comme pour nous frapper, quoique nous sachions **339** qu'il est notre ami, qu'il ne fait cela que par jeu, et qu'il se gardera bien de nous faire aucun mal, nous avons toutefois de la peine à nous empêcher de les fermer : ce qui montre que ce n'est point par l'entremise de notre âme qu'ils se ferment, puisque c'est contre notre volonté, laquelle est sa seule ou du moins sa principale action; mais que c'est à cause que la machine de notre corps est tellement composée, que le mouvement de cette main vers nos yeux excite un autre mouvement en notre cerveau, qui conduit les esprits animaux dans les muscles qui font abaisser les paupières [1].

Art. 14. *Que la diversité qui est entre les esprits peut aussi diversifier leur cours.*

L'autre cause qui sert à conduire diversement les esprits animaux dans les muscles est l'inégale agitation de ces esprits,

---

1. Explication mécanique du réflexe. Cf. *L'Homme*, AT XI, 141-142 et figure 7.

et la diversité de leurs parties. Car lorsque quelques-unes de leurs parties sont plus grosses et plus agitées que les autres, elles passent plus avant en ligne droite dans les cavités et dans les pores du cerveau, et par ce moyen sont conduites en d'autres muscles qu'elles ne seraient, si elles avaient moins de force.

340 | Art. 15. *Quelles sont les causes de leur diversité.*

Et cette inégalité peut procéder des diverses matières dont ils sont composés, comme on voit en ceux qui ont bu beaucoup de vin que les vapeurs de ce vin, entrant promptement dans le sang, montent du cœur au cerveau, où elles se convertissent en esprits qui, étant plus forts et plus abondants que ceux qui y sont d'ordinaire, sont capables de mouvoir le corps en plusieurs étranges façons. Cette inégalité des esprits, peut aussi procéder des diverses dispositions du cœur, du foie, de l'estomac, de la rate et de toutes les autres parties qui contribuent à leur production. Car il faut principalement ici remarquer certains petits nerfs insérés dans la base du cœur, qui servent à élargir et étrécir les entrées de ces concavités : au moyen de quoi le sang s'y dilatant plus ou moins fort, produit des esprits diversement disposés. Il faut aussi remarquer que, bien que le sang qui entre dans le cœur y vienne de tous les autres endroits du corps, il arrive souvent néanmoins qu'il y est davantage poussé de quelques parties que des autres, à cause que les nerfs et les muscles qui répondent à ces parties-là, le pressent ou l'agitent davantage ; et que selon la diversité des parties desquelles il vient le plus, il se dilate diversement dans le cœur, et ensuite produit des esprits qui ont des qualités différentes. Ainsi par **341** exemple, celui qui vient de la partie inférieure du | foie, où est le fiel, se dilate d'autre façon dans le cœur, que celui qui vient de la rate ; et celui-ci autrement que celui qui vient des veines des bras ou des jambes; et enfin celui-ci tout autrement que le suc des viandes, lorsqu'étant nouvellement sorti de l'estomac et des boyaux, il passe promptement par le foie jusques au cœur[1].

Art. 16. *Comment tous les membres peuvent être mus par les objets des sens, et par les esprits, sans l'aide de l'âme.*

Enfin il faut remarquer que la machine de notre corps est tellement composée, que tous les changements qui arrivent au mouvement des esprits peuvent faire qu'ils ouvrent quelques pores du cerveau plus que les autres; et réciproquement que, lorsque quelqu'un de ces pores est tant soit peu plus ou moins ouvert que de coutume, par l'action des nerfs qui servent aux sens, cela change quelque chose au mouvement des esprits, et fait qu'ils sont conduits dans les muscles qui servent à mouvoir le corps, en la façon qu'il est ordinairement mû à l'occasion d'une telle action. En sorte que tous les mouvements que nous faisons sans que notre volonté y contribue (comme il arrive souvent que nous respirons, que nous marchons, que nous mangeons, et enfin que nous faisons toutes les actions qui nous sont communes avec les bêtes) ne dépendent que de la conformation de nos membres, | et du cours que les esprits excités par **342** la chaleur du cœur suivent naturellement dans le cerveau, dans les nerfs et dans les muscles, en même façon que le mouvement d'une montre est produit par la seule force de son ressort et la figure de ses roues[2].

---

1. *Cf.* à Élisabeth, mai 1646, AT IV, 407-408. Sur le passage direct du chyle dans le sang, *cf.* art. 102 et art. 7, p. 102, note 1.

2. *Cf.* art. 6 et *Description du corps humain*, AT XI, 225.

Art. 17. *Quelles sont les fonctions de l'âme.*

Après avoir ainsi considéré toutes les fonctions qui appartiennent au corps seul, il est aisé de connaître qu'il ne reste rien en nous que nous devions attribuer à notre âme, sinon nos pensées, lesquelles sont principalement de deux genres, à savoir, les unes sont les actions de l'âme, les autres sont ses passions. Celles que je nomme ses actions sont toutes nos volontés, à cause que nous expérimentons qu'elles viennent directement de notre âme, et semblent ne dépendre que d'elle[1]. Comme au contraire on peut généralement nommer ses passions toutes les sortes de perceptions ou connaissances qui se trouvent en nous, à cause que souvent ce n'est pas notre âme qui les fait telles qu'elles sont, et que toujours elle les reçoit des choses qui sont représentées par elles[2].

Art. 18. *De la volonté.*

343   Derechef nos volontés sont de deux sortes, car les | unes sont des actions de l'âme qui se terminent en l'âme même, comme lorsque nous voulons aimer Dieu, ou généralement appliquer notre pensée à quelque objet qui n'est point matériel. Les autres sont des actions qui se terminent en notre corps, comme lorsque de cela seul que nous avons la volonté de nous

---

1. Cf. *Réponses aux 3ᵉ Objections* (n° 12) : « il n'y a personne qui, se regardant seulement soi-même, ne ressente et n'expérimente que la volonté et la liberté ne sont qu'une même chose… » (AT IX, 148); *Principes*, I, art. 6, 39, 41, etc.

2. *Souvent*, car il existe pourtant des idées « faites et inventées par moi-même » (*a me ipso factæ*, *Méditation* III, AT VII, 38; IX, 29). *Cf.* à Mersenne, AT III, 383 : *aliæ factæ vel factitiæ*. Mais toujours – et même dans le cas des idées innées – l'entendement se borne à enregistrer la représentation. Sur cette passivité, *cf.* J. Laporte, *Le rationalisme de Descartes*, p. 45-49.

promener, il suit que nos jambes se remuent et que nous marchons.

Art. 19. *De la perception.*

Nos perceptions sont aussi de deux sortes, et les unes ont l'âme pour cause, les autres le corps. Celles qui ont l'âme pour cause sont les perceptions de nos volontés, et de toutes les imaginations ou autres pensées qui en dépendent. Car il est certain que nous ne saurions vouloir aucune chose, que nous n'apercevions par même moyen que nous la voulons. Et bien qu'au regard de notre âme, ce soit une action de vouloir quelque chose, on peut dire que c'est aussi en elle une passion d'apercevoir qu'elle veut. Toutefois à cause que cette perception et cette volonté ne sont en effet qu'une même chose, la dénomination se fait toujours par ce qui est le plus noble, et ainsi on n'a point coutume de la nommer une passion, mais seulement une action [1].

| Art. 20. *Des imaginations et autres pensées qui sont* 344 *formées par l'âme.*

Lorsque notre âme s'applique à imaginer quelque chose qui n'est point, comme à se représenter un palais enchanté

---

1. *Cf.* à Mersenne, 28 janvier 1641 : « Je prétends que nous avons des idées seulement de tout ce qui est notre intellect, mais même de tout ce qui est en la volonté. Car nous ne saurions rien vouloir, sans savoir que nous le voulons, ni le savoir que par une idée ; mais je ne mets point que cette idée soit différente de l'action même » (AT III, 295) ; et à Regius, mai 1641, AT III, 372 : comme volonté et intellection s'accompagnent toujours, il est difficile d'y distinguer action et passion. (Sur la définition cartésienne de la pensée par la conscience et ses limites, cf. *Le problème de l'inconscient et le cartésianisme*, p. 37-43 et 61-69.)

ou une chimère[1] ; et aussi lorsqu'elle s'applique à considérer quelque chose qui est seulement intelligible, et non point imaginable, par exemple, à considérer sa propre nature, les perceptions qu'elle a de ces choses dépendent principalement de la volonté qui fait qu'elle les aperçoit ; c'est pourquoi on a coutume de les considérer comme des actions, plutôt que comme des passions.

Art. 21. Des imaginations qui n'ont pour cause que le corps.

Entre les perceptions qui sont causées par le corps, la plupart dépendent des nerfs, mais il y en a aussi quelques-unes qui n'en dépendent point, et qu'on nomme des imaginations, ainsi que celles dont je viens de parler, desquelles néanmoins elles diffèrent en ce que notre volonté ne s'emploie point à les former ; ce qui fait qu'elles ne peuvent être mises au nombre des actions de l'âme ; et elles ne procèdent que de ce que les esprits étant diversement agités, et rencontrant les traces de diverses impressions qui ont précédé dans le cerveau, ils y 345 prennent leur cours | fortuitement par certains pores, plutôt que par d'autres. Telles sont les illusions de nos songes, et aussi les rêveries que nous avons souvent étant éveillés, lorsque notre pensée erre, nonchalamment, sans s'appliquer à rien de soi-même[2]. Or encore que quelques-unes de ces imaginations,

---

1. Cf. *Méditation* III, AT IX, 29.
2. Cf. *L'Homme*, AT XI, 184, et à Élisabeth, 6 octobre 1645 : « Celles [les pensées] qui ne dépendent que de ce que les impressions précédentes ont laissé en la mémoire, et de l'agitation ordinaire des esprits, sont des rêveries, soit qu'elles viennent en songe, soit aussi lorsqu'on est éveillé et que l'âme, ne se déterminant à rien de soi-même, suit nonchalamment les impressions qui se rencontrent dans le cerveau » (AT IV, 311). Les pages 310-313 sont la première esquisse des art. 17-27.

soient des passions de l'âme[1], en prenant ce mot en sa plus propre et plus particulière signification; et qu'elles puissent être toutes ainsi nommées, si on le prend en une signification plus générale: toutefois parce qu'elles n'ont pas une cause si notable et si déterminée, que les perceptions que l'âme reçoit par l'entremise des nerfs, et qu'elles semblent n'en être que l'ombre et la peinture, avant que nous les puissions bien distinguer, il faut considérer la différence qui est entre ces autres.

Art. 22. De la différence qui est entre les autres perceptions.

Toutes les perceptions que je n'ai pas encore expliquées viennent à l'âme par l'entremise des nerfs, et il y a entre elles cette différence, que nous les rapportons les unes aux objets de dehors qui frappent nos sens, les autres à notre corps, ou à quelques-unes de ses parties, et enfin les autres à notre âme.

| Art. 23. *Des perceptions que nous rapportons aux objets* **346** *qui sont hors de nous.*

Celles que nous rapportons à des choses qui sont hors de nous, à savoir aux objets de nos sens, sont causées (au moins lorsque notre opinion n'est point fausse) par ces objets qui, excitant quelques mouvements dans les organes des sens extérieurs, en excitent aussi par l'entremise des nerfs dans le cerveau, lesquels font que l'âme les sent. Ainsi lorsque nous voyons la lumière d'un flambeau, et que nous oyons le son d'une cloche, ce son et cette lumière sont deux diverses actions qui, par cela seul qu'elles excitent deux divers mouvements en quelques-uns de nos nerfs, et par leur moyen dans le cerveau,

---

1. Ce seront celles qui sont « rapportées à l'âme même », *cf.* art. 25-26.

donnent à l'âme deux sentiments différents, lesquels nous
rapportons tellement aux sujets que nous supposons être leurs
causes, que nous pensons voir le flambeau même, et ouïr la
cloche, non pas sentir seulement des mouvements qui viennent
d'eux[1].

Art. 24. *Des perceptions que nous rapportons à notre corps.*

Les perceptions que nous rapportons à notre corps, ou à
quelques-unes de ses parties, sont celles que nous avons de la
faim, de la soif, et de nos autres appétits naturels ; à quoi on
347   peut joindre la douleur, la | chaleur, et les autres affections que
nous sentons comme dans nos membres, et non pas comme
dans les objets qui sont hors de nous : ainsi nous pouvons sentir
en même temps, et par l'entremise des mêmes nerfs la froideur
de notre main, et la chaleur de la flamme dont elle s'approche ;
ou bien au contraire la chaleur de la main, et le froid de l'air
auquel elle est exposée ; sans qu'il y ait aucune différence entre
les actions qui nous font sentir le chaud ou le froid qui est en
notre main et celles qui nous font sentir celui qui est hors de
nous, sinon que, l'une de ces actions survenant à l'autre, nous
jugeons que la première est déjà en nous, et que celle qui
survient n'y est pas encore, mais en l'objet qui la cause.

Art. 25. *Des perceptions que nous rapportons à notre âme.*

Les perceptions qu'on rapporte seulement à l'âme sont
celles dont on sent les effets comme en l'âme même, et
desquelles on ne connaît communément aucune cause

---

1. Malgré la subjectivité de leur contenu, les qualités sensibles
correspondent aux variétés dans les mouvements qui sont causés « par les objets
dans le cerveau » : *Dioptrique*, Discours IV, AT VI, 114.

prochaine à laquelle on les puisse rapporter. Tels sont les sentiments de joie, de colère, et autres semblables, qui sont quelquefois excités en nous par les objets qui meuvent nos nerfs, et quelquefois aussi par d'autres causes[1]. Or encore que toutes nos perceptions, tant celles qu'on rapporte aux objets qui sont hors de nous, que celles qu'on rapporte aux diverses affections de notre corps, soient véritablement des passions au regard de notre âme, | lorsqu'on prend ce mot en sa plus **348** générale signification; toutefois on a coutume de le restreindre à signifier seulement celles qui se rapportent à l'âme même. Et ce ne sont que ces dernières que j'ai entrepris ici d'expliquer sous le nom de passions de l'âme.

Art. 26. *Que les imaginations qui ne dépendent que du mouvement fortuit des esprits peuvent être d'aussi véritables passions que les perceptions qui dépendent des nerfs.*

Il reste ici à remarquer que toutes les mêmes choses que l'âme aperçoit par l'entremise des nerfs lui peuvent aussi être représentées par le cours fortuit des esprits; sans qu'il y ait autre différence, sinon que les impressions qui viennent dans le cerveau par les nerfs ont coutume d'être plus vives et plus expresses que celles que les esprits y excitent, ce qui m'a fait dire en l'article 21 que celles-ci sont comme l'ombre ou la

---

1. Par ces autres causes, Descartes réserve sans doute la place des rêveries de l'imagination qui peuvent émouvoir directement l'âme (art. 26) ainsi que le rôle du tempérament (art. 51, *cf.* à Élisabeth, AT IV, 311 : « Lorsque le cours ordinaire des esprits est tel qu'il existe communément des pensées tristes ou gaies… on ne l'attribue pas à la passion mais au naturel ou à l'humeur de celui en qui elles sont excitées… »). Mais ces autres causes peuvent aussi comprendre les « seuls jugements » qui excitent en l'âme des émotions purement intellectuelles (art. 79, 91…).

peinture des autres. Il faut aussi remarquer qu'il arrive quelquefois que cette peinture est si semblable à la chose qu'elle représente, qu'on peut y être trompé touchant les perceptions qui se rapportent aux objets qui sont hors de nous, ou bien celles qui se rapportent à quelques parties de notre corps, mais qu'on ne peut pas l'être en même façon touchant les passions, d'autant qu'elles sont si proches et si intérieures à notre âme qu'il est impossible qu'elle les sente sans qu'elles soient véritablement telles qu'elle les sent. Ainsi souvent **349** lorsque l'on dort, et même quelquefois | étant éveillé, on imagine si fortement certaines choses, qu'on pense les voir devant soi, ou les sentir en son corps, bien qu'elles n'y soient aucunement : mais, encore qu'on soit endormi et qu'on rêve, on ne saurait se sentir triste ou ému de quelque autre passion, qu'il ne soit très vrai que l'âme a en soi cette passion [1].

Art. 27. *La définition des passions de l'âme.*

Après avoir considéré en quoi les passions de l'âme diffèrent de toutes ses autres pensées, il me semble qu'on peut généralement les définir, des perceptions, ou des sentiments, ou des émotions de l'âme, qu'on rapporte particulièrement à elle, et qui sont causées, entretenues et fortifiées par quelque mouvement des esprits.

---

1. L'hypothèse du rêve (cf. *Méditation* I) ne révoque en doute que l'objectivité des jugements sur le monde extérieur. La subjectivité des faits de conscience y échappe : « Car soit que j'imagine une Chèvre ou une Chimère, il n'est pas moins vrai que j'imagine l'une que l'autre. Il ne faut pas craindre aussi qu'il se puisse rencontrer de la fausseté dans les affections ou volontés : car encore que je puisse désirer des choses mauvaises, ou même qui ne furent jamais, toutefois il n'est pas pour cela moins vrai que je les désire » (*Méditation* III, AT IX, 29).

Art. 28. *Explication de la première partie de cette définition.*

On les peut nommer des perceptions lorsqu'on se sert généralement de ce mot pour signifier toutes les pensées qui ne sont point des actions de l'âme, ou des volontés, mais non point lorsqu'on ne s'en sert que pour signifier des connaissances évidentes. Car l'expérience fait voir que ceux qui sont les plus agités par leurs passions ne sont pas ceux qui les connaissent le | mieux, et qu'elles sont du nombre des percep- **350** tions que l'étroite alliance qui est entre l'âme et le corps rend confuses et obscures[1]. On les peut aussi nommer des sentiments, à cause qu'elles sont reçues en l'âme en même façon que les objets des sens extérieurs, et ne sont pas autrement connues par elle. Mais on peut encore mieux les nommer des émotions de l'âme, non seulement à cause que ce nom peut être attribué à tous les changements qui arrivent en elle, c'est-à-dire à toutes les diverses pensées qui lui viennent; mais particulièrement parce que, de toutes les sortes de pensées qu'elle peut avoir, il n'y en a point d'autres qui l'agitent et l'ébranlent si fort que font ces passions.

---

1. Ce caractère de confusion, propre au domaine de l'union de l'âme et du corps, a frappé Descartes dès les premières remarques qu'il a publiées sur les passions : « Les autres mouvements des mêmes nerfs lui font sentir d'autres passions, à savoir, celles de l'amour, de la haine, de la crainte, de la colère, etc. en tant que ce sont des sentiments ou passions de l'âme ; c'est-à-dire en tant que ce sont des pensées confuses que l'âme n'a pas de soi seule, mais de ce qu'étant étroitement unie au corps, elle reçoit l'impression des mouvements qui se font en lui : car il y a une grande différence entre ces passions et les connaissances ou pensées distinctes que nous avons de ce qui doit être aimé ou haï, ou craint, etc. » (*Principes*, IV, art. 190).

Art. 29. *Explication de son autre partie.*

J'ajoute qu'elles se rapportent particulièrement à l'âme, pour les distinguer des autres sentiments, qu'on rapporte les uns aux objets extérieurs, comme les odeurs, les sons, les couleurs, les autres à notre corps, comme la faim, la soif, la douleur. J'ajoute aussi qu'elles sont causées, entretenues et fortifiées par quelque mouvement des esprits, afin de les distinguer de nos volontés, qu'on peut nommer des émotions de l'âme qui se rapportent à elle, mais qui sont causées par elle-même ; et aussi afin d'expliquer leur dernière et plus prochaine cause, qui les distingue derechef des autres sentiments [1].

---

1. La définition des passions se détermine ainsi par division :

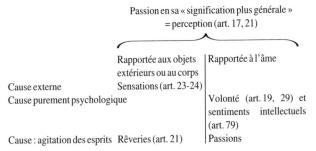

Ainsi les passions se distinguent doublement (derechef) de ces « autres sentiments » qui sont les sensations (*cf.* à Élisabeth, 3 octobre 1645, AT IV, 310-311).

| Art. 30. *Que l'âme est unie à toutes les parties du corps* **351**
conjointement[1].

Mais pour entendre plus parfaitement toutes ces choses, il est besoin de savoir que l'âme est véritablement jointe à tout le corps, et qu'on ne peut pas proprement dire qu'elle soit en quelqu'une de ses parties, à l'exclusion des autres, à cause qu'il est un et en quelque façon indivisible, à raison de la disposition de ses organes qui se rapportent tellement tous l'un à l'autre que, lorsque quelqu'un d'eux est ôté, cela rend tout le corps défectueux ; et à cause qu'elle est d'une nature qui n'a aucun rapport à l'étendue, ni aux dimensions, ou autres propriétés de la matière dont le corps est composé, mais seulement à tout l'assemblage de ses organes. Comme il paraît de ce qu'on ne saurait aucunement concevoir la moitié ou le tiers d'une âme, ni quelle étendue elle occupe, et qu'elle ne devient point plus petite, de ce qu'on retranche quelque partie du corps, mais qu'elle s'en sépare entièrement, lorsqu'on dissout l'assemblage de ses organes.

Art. 31. *Qu'il y a une petite glande dans le cerveau en laquelle l'âme exerce ses fonctions plus particulièrement que dans les autres parties.*

Il est besoin aussi de savoir que, bien que l'âme soit jointe à tout le corps, il y a néanmoins en lui quelque | partie en laquelle **352**

1. Cette thèse traditionnelle suit pour les scolastiques de la définition de l'âme comme *forme* de tout le corps. Descartes l'adopte pour signifier la spécificité de l'union (à Regius, janvier 1642, AT III, 503, 505 ; à Mesland, 1645 ou 1646, AT IV, 346, qui en fait découler « l'unité numérique du corps »). *Cf.* au même 9 février 1645, *ibid.*, 165-167 ; et *L'individualité selon Descartes*, p. 60-93, sur le privilège du corps humain, « informé » par l'âme, par rapport aux autres vivants dont l'unité reste précaire.

elle exerce ses fonctions plus particulièrement qu'en toutes les autres. Et on croit communément que cette partie est le cerveau, ou peut-être le cœur ; le cerveau, à cause que c'est à lui que se rapportent les organes des sens ; et le cœur, à cause que c'est comme en lui qu'on sent les passions. Mais, en examinant la chose avec soin, il me semble avoir évidemment reconnu que la partie du corps en laquelle l'âme exerce immédiatement ses fonctions n'est nullement le cœur, ni aussi tout le cerveau, mais seulement la plus intérieure de ses parties, qui est une certaine glande fort petite, située dans le milieu de sa substance, et tellement suspendue au-dessus du conduit par lequel les esprits de ses cavités antérieures ont communication avec ceux de la postérieure, que les moindres mouvements qui sont en elle peuvent beaucoup pour changer le cours de ces esprits, et réciproquement que les moindres changements qui arrivent au cours des esprits peuvent beaucoup pour changer les mouvements de cette glande [1].

Art. 32. *Comment on connaît que cette glande est le principal siège de l'âme.*

La raison qui me persuade que l'âme ne peut avoir en tout le corps aucun autre lieu que cette glande où elle exerce immédiatement ses fonctions, est que je considère que les autres
353 parties de notre cerveau | sont toutes doubles, comme aussi nous avons deux yeux, deux mains, deux oreilles, et enfin tous

---

1. Outre la mobilité extrême de cette glande, la correspondance de Descartes (à Meyssonnier, 29 janvier 1640, à Mersenne, 1ᵉʳ avril et 30 juillet 1640) invoque encore son unité (*cf.* art. 32) et sa situation centrale. Le conarion est appelé *glande pinéale* parce qu'elle a « la forme d'une noix de pin » (Sylvius, *Introduction à la phisiologie d'Hippocrate et Galien*, Paris, 1555, p. 135 : il le place également « à la distribution des esprits »).

les organes de nos sens extérieurs sont doubles ; et que d'autant que nous n'avons qu'une seule et simple pensée d'une même chose en même temps, il faut nécessairement qu'il y ait quelque lieu où les deux images qui viennent par les deux yeux, ou les deux autres impressions qui viennent d'un seul objet par les doubles organes des autres sens, se puissent assembler en une avant qu'elles parviennent à l'âme, afin qu'elles ne lui représentent pas deux objets au lieu d'un. Et on peut aisément concevoir que ces images ou autres impressions se réunissent en cette glande, par l'entremise des esprits qui remplissent les cavités du cerveau ; mais il n'y a aucun autre endroit dans le corps, où elles puissent ainsi être unies, sinon en suite de ce qu'elles le sont en cette glande.

Art. 33. *Que le siège des passions n'est pas dans le cœur.*

Pour l'opinion de ceux qui pensent que l'âme reçoit ses passions dans le cœur[1], elle n'est aucunement considérable ;

---

1. C'était l'opinion courante soutenue à la fois par les péripatéticiens et les stoïciens (*cf.* Ét. Gilson, *Index scolastico-cartésien*, texte 343). En 1641, dans ses corrections aux thèses de Regius, Descartes considérait comme un paradoxe de situer dans le cerveau le siège des affections, car si les esprits en proviennent, la partie du corps qu'ils altèrent le plus est indubitablement le cœur, et il proposait la rédaction suivante : *Affectuum, quatenus ad corpus pertinent, sedes præcipua est in corde, quoniam illud præcipue ab illis alteratur ; sed quatenus etiam mentem afficiunt, est tantum in cerebro, quoniam ab illo solo mens immediate pati potest* [« Les passions, en tant qu'elles appartiennent au corps, ont pour siège principal le cœur, puisque c'est le principal organe qu'elles altèrent ; mais en tant qu'elles affectent aussi l'âme, il est seulement dans le cerveau, puisque c'est par lui seul que l'âme peut être immédiatement touchée »] (AT III, 373). Ce texte nuancé qui, pour des raisons d'opportunité, atténue la rupture avec la tradition, explique à la fois que le cœur joue un grand rôle comme *cause physiologique* des passions (art. 36, 96...) mais que l'âme en ressente les effets seulement dans le cerveau où elle exerce *immédiatement* ses fonctions.

car elle n'est fondée que sur ce que les passions y font sentir quelque altération ; et il est aisé à remarquer que cette altération n'est sentie comme dans le cœur, que par l'entremise d'un petit nerf qui descend du cerveau vers lui ; ainsi que la douleur est sentie comme dans le pied, par l'entremise des nerfs du **354** pied ; et les astres sont aperçus comme dans le | ciel, par l'entremise de leur lumière et des nerfs optiques : en sorte qu'il n'est pas plus nécessaire que notre âme exerce immédiatement ses fonctions dans le cœur, pour y sentir ses passions, qu'il est nécessaire qu'elle soit dans le ciel pour y voir les astres.

Art. 34. *Comment l'âme et le corps agissent l'un contre l'autre.*

Concevons donc ici que l'âme a son siège principal dans la petite glande qui est au milieu du cerveau, d'où elle rayonne en tout le reste du corps par l'entremise des esprits, des nerfs, et même du sang qui, participant aux impressions des esprits, les peut porter par les artères en tous les membres. Et nous souvenant de ce qui a été dit ci-dessus de la machine de notre corps, à savoir que les petits filets de nos nerfs sont tellement distribués en toutes ses parties, qu'à l'occasion des divers mouvements qui y sont excités par les objets sensibles, ils ouvrent diversement les pores du cerveau, ce qui fait que les esprits animaux contenus en ses cavités entrent diversement dans les muscles, au moyen de quoi ils peuvent mouvoir les membres en toutes les diverses façons qu'ils sont capables d'être mus ; et aussi que toutes les autres causes qui peuvent diversement mouvoir les esprits suffisent pour les conduire en divers muscles. Ajoutons ici que la petite glande qui est le principal siège de **355** l'âme est tellement suspendue entre les cavités qui | contiennent ces esprits, qu'elle peut être mue par eux en autant de diverses façons qu'il y a de diversités sensibles dans les objets ; mais qu'elle peut aussi être diversement mue par l'âme [1], laquelle est de telle nature qu'elle reçoit autant de diverses impressions en elle, c'est-à-dire, qu'elle a autant de diverses perceptions qu'il arrive de divers mouvements en cette glande. Comme aussi réciproquement la machine du corps est tellement composée que de cela seul que cette glande est diversement mue par l'âme, ou par telle autre cause que ce puisse être, elle pousse les esprits qui l'environnent vers les pores du cerveau, qui les conduisent par les nerfs dans les muscles, au moyen de quoi elle leur fait mouvoir les membres.

Art. 35. *Exemple de la façon que les impressions des objets s'unissent en la glande qui est au milieu du cerveau.*

Ainsi par exemple, si nous voyons quelque animal venir vers nous, la lumière réfléchie de son corps en peint deux images, une en chacun de nos yeux [2] ; et ces deux images en forment deux autres, par l'entremise des nerfs optiques, dans la superficie intérieure du cerveau, qui regarde ses concavités ; puis de là, par l'entremise des esprits dont ses cavités sont remplies, ces images rayonnent en telle sorte vers la petite glande que ces esprits environnent, que le mouvement qui compose chaque point de l'une des images, tend vers le même point de la glande vers lequel | tend le mouvement qui forme le **356**

---

1. Ce faisant, l'âme enfreint-elle la loi physique de la conservation du mouvement ? La distinction leibnizienne entre sa quantité et sa direction n'est pas expressément impliquée par les textes de Descartes, qui semble au contraire faire place aux exceptions en faveur des causes « non corporelles », les esprits qui ont « la force de mouvoir les corps ». *Cf.* les textes cités en ce sens par J. Laporte, *Le rationalisme de Descartes*, p. 246-248.

2. Cf. *Dioptrique*, Discours V, AT VI, 114-129.

point de l'autre image, lequel représente la même partie de cet animal; au moyen de quoi les deux images qui sont dans le cerveau n'en composent qu'une seule sur la glande, qui, agissant immédiatement contre l'âme, lui fait voir la figure de cet animal.

Art. 36. *Exemple de la façon que les passions sont excitées en l'âme.*

Et outre cela, si cette figure est fort étrange et fort effroyable, c'est-à-dire si elle a beaucoup de rapport avec les choses qui ont été auparavant nuisibles au corps, cela excite en l'âme la passion de la crainte, et ensuite celle de la hardiesse, ou bien celle de la peur et de l'épouvante, selon le divers tempérament du corps, ou la force de l'âme, et selon qu'on s'est auparavant garanti par la défense ou par la fuite, contre les choses nuisibles auxquelles l'impression présente a du rapport. Car cela rend le cerveau tellement disposé en quelques hommes, que les esprits réfléchis de l'image ainsi formée sur la glande, vont de là se rendre, partie dans les nerfs qui servent à tourner le dos et remuer les jambes pour s'enfuir; et partie en ceux qui élargissent ou étrécissent tellement les orifices du cœur, ou bien qui agitent tellement les autres parties d'où le sang lui est envoyé, que ce sang y étant raréfié d'autre façon que de coutume, il envoie des esprits au cerveau, qui sont 357 propres à | entretenir et fortifier la passion de la peur, c'est-à-dire qui sont propres à tenir ouverts, ou bien à ouvrir derechef, les pores du cerveau qui les conduisent dans les mêmes nerfs. Car de cela seul que ces esprits entrent en ces pores, ils excitent un mouvement particulier en cette glande, lequel est institué de la nature, pour faire sentir à l'âme cette passion. Et parce que ces pores se rapportent principalement aux petits nerfs qui servent à resserrer ou élargir les orifices du cœur, cela fait que l'âme la sent principalement comme dans le cœur.

Art. 37. *Comment il paraît qu'elles sont toutes causées par quelque mouvement des esprits.*

Et parce que le semblable arrive en toutes les autres passions, à savoir qu'elles sont principalement causées par les esprits contenus dans les cavités du cerveau, en tant qu'ils prennent leur cours vers les nerfs qui servent à élargir ou étrécir les orifices du cœur, ou à pousser diversement vers lui le sang qui est dans les autres parties, ou en quelque autre façon que ce soit à entretenir la même passion, on peut clairement entendre de ceci, pourquoi j'ai mis ci-dessus en leur définition qu'elles sont causées par quelque mouvement particulier[1] des esprits.

| Art. 38. *Exemple des mouvements du corps qui* 358 *accompagnent les passions, et ne dépendent point de l'âme.*

Au reste, en même façon que le cours que prennent ces esprits vers les nerfs du cœur suffit pour donner le mouvement à la glande, par lequel la peur est mise dans l'âme, ainsi aussi par cela seul que quelques esprits vont en même temps vers les nerfs qui servent à remuer les jambes pour fuir, ils causent un autre mouvement en la même glande, par le moyen duquel l'âme sent et aperçoit cette fuite, laquelle peut en cette façon

---

1. Ce mot qui ne figure pas dans les articles 27 et 29 est repris de la lettre à Élisabeth qui requiert comme cause des passions « quelque particulière agitation des esprits », AT IV, 310 et 311. Il s'agit essentiellement d'un mouvement à répercussion viscérale.

être excitée dans le corps par la seule disposition des organes, et sans que l'âme y contribue.

Art. 39. *Comment une même cause peut exciter diverses passions en divers hommes.*

La même impression que la présence d'un objet effroyable fait sur la glande, et qui cause la peur en quelques hommes, peut exciter en d'autres le courage et la hardiesse : dont la raison est que tous les cerveaux ne sont pas disposés en même façon [1] ; et que le même mouvement de la glande, qui en quelques-uns excite la peur, fait dans les autres que les esprits entrent dans les pores du cerveau qui les conduisent partie dans les nerfs qui **359** servent à remuer les mains | pour se défendre, et partie en ceux qui agitent et poussent le sang vers le cœur, en la façon qui est requise pour produire des esprits propres à continuer cette défense, et en retenir la volonté.

Art. 40. *Quel est le principal effet des passions.*

Car il est besoin de remarquer que le principal effet de toutes les passions dans les hommes, est qu'elles incitent et disposent leur âme à vouloir les choses auxquelles elles préparent leur corps : en sorte que le sentiment de la peur l'incite à vouloir fuir, celui de la hardiesse à vouloir combattre, et ainsi des autres.

---

1. La diversité des caractères a ici une base toute physiologique. *Cf.* la *Méditation* VI parlant « de certaines inclinations *corporelles* vers la joie, la tristesse, la colère et autres semblables passions » (AT IX, 59), et le passage de la lettre à Élisabeth sur les « humeurs », déjà citée, art. 25, p. 117, note 1. Plus loin, Descartes y adjoindra le rôle psychologique de l'habitude (art. 136).

Art. 41. *Quel est le pouvoir de l'âme au regard du corps.*

Mais la volonté est tellement libre de sa nature, qu'elle ne peut jamais être contrainte : et des deux sortes de pensées que j'ai distinguées en l'âme, dont les unes sont ses actions, à savoir ses volontés, les autres ses passions, en prenant ce mot en sa plus générale signification, qui comprend toutes sortes de perceptions, les premières sont absolument en son pouvoir, et ne peuvent qu'indirectement être changées par le corps ; comme au contraire les dernières dépendent absolument des actions qui les produisent, et elles ne peuvent qu'indirectement être changées | par l'âme, excepté lorsqu'elle est elle-même leur cause [1]. Et toute l'action de l'âme consiste en ce que par cela seul qu'elle veut quelque chose, elle fait que la petite glande, à qui elle est étroitement jointe, se meut en la façon qui est requise pour produire l'effet qui se rapporte à cette volonté.

360

Art. 42. *Comment on trouve en sa mémoire les choses dont on veut se souvenir.*

Ainsi lorsque l'âme veut se souvenir de quelque chose, cette volonté fait que la glande, se penchant successivement vers divers côtés, pousse les esprits vers divers endroits du cerveau, jusques à ce qu'ils rencontrent celui où sont les traces que l'objet dont on veut se souvenir y a laissées. Car ces traces

---

1. Quand Descartes pense «qu'il n'y a rien qui soit entièrement en notre pouvoir que nos pensées» (*Discours*, 3e partie, AT VI, 25), il n'affirme pas qu'elles le soient *toutes*, «mais seulement que, *s'il y a quelque chose absolument en notre pouvoir, ce sont nos pensées*, à savoir celles qui viennent de la volonté et du libre-arbitre», à Mersenne, 3 décembre 1640, AT III, 249. *Cf.* à ***, mars 1638, AT II, 36 et à Christine, 20 novembre 1647 : «il ne reste que notre volonté, dont nous puissions absolument disposer» (AT V, 83).

ne sont autre chose sinon que les pores du cerveau, par où les esprits ont auparavant pris leur cours à cause de la présence de cet objet, ont acquis par cela une plus grande facilité que les autres à être ouverts derechef en même façon par les esprits qui viennent vers eux, en sorte que ces esprits rencontrant ces pores entrent dedans plus facilement que dans les autres : au moyen de quoi ils excitent un mouvement particulier en la glande, lequel représente à l'âme le même objet, et lui fait connaître qu'il est celui duquel elle voulait se souvenir [1].

361 | Art. 43. *Comment l'âme peut imaginer, être attentive, et mouvoir le corps.*

Ainsi, quand on veut imaginer quelque chose qu'on n'a jamais vue, cette volonté a la force de faire que la glande se meut en la façon qui est requise pour pousser les esprits vers les pores du cerveau par l'ouverture desquels cette chose peut être représentée. Ainsi, quand on veut arrêter son attention à considérer quelque temps un même objet, cette volonté retient la glande pendant ce temps-là penchée vers un même côté. Ainsi, enfin, quand on veut marcher, ou mouvoir son corps en quelque autre façon, cette volonté fait que la glande pousse les esprits vers les muscles qui servent à cet effet.

Art. 44. *Que chaque volonté est naturellement jointe à quelque mouvement de la glande; mais que par industrie ou par habitude on la peut joindre à d'autres.*

Toutefois ce n'est pas toujours la volonté d'exciter en nous quelque mouvement, ou quelque autre effet, qui peut faire que

---

1. Cf. *L'Homme*, AT XI, 177-179.

nous l'excitons : mais cela change selon que la nature ou l'habitude ont diversement joint chaque mouvement de la glande à chaque pensée[1]. Ainsi, par exemple, si on veut disposer ses yeux à regarder un objet fort éloigné, cette volonté fait que | leur prunelle s'élargit ; et si on les veut disposer à regarder un **362** objet fort proche, cette volonté fait qu'elle s'étrécit. Mais si on pense seulement à élargir la prunelle, on a beau en avoir la volonté, on ne l'élargit point pour cela : d'autant que la nature n'a pas joint le mouvement de la glande qui sert à pousser les esprits vers le nerf optique en la façon qui est requise pour élargir ou étrécir la prunelle, avec la volonté de l'élargir ou étrécir, mais bien avec celle de regarder des objets éloignés ou proches. Et lorsqu'en parlant nous ne pensons qu'au sens de ce que nous voulons dire, cela fait que nous remuons la langue et les lèvres beaucoup plus promptement et beaucoup mieux que si nous pensions à les remuer en toutes les façons qui sont requises pour proférer les mêmes paroles. D'autant que l'habitude que nous avons acquise en apprenant à parler a fait que nous avons joint l'action de l'âme qui, par l'entremise de la glande, peut mouvoir la langue et les lèvres, avec la signification des paroles qui suivent de ces mouvements, plutôt qu'avec les mouvements mêmes.

---

1. Le détail du mécanisme corporel subordonné à la volonté nous échappe (à Arnaud, 29 juillet 1648, AT V, 221-222) et apparaît comme un fait : « De cela seul que nous avons la volonté… il suit que… », art. 18 ; *cf.* art. 41. Sur l'inconscience de ce mécanisme corporel, cf. *Le problème de l'inconscient et le cartésianisme*, p. 55-61.

Art. 45. *Quel est le pouvoir de l'âme au regard de ses passions.*

Nos passions ne peuvent pas aussi directement être excitées ni ôtées par l'action de notre volonté ; mais elles peuvent l'être indirectement par la représentation des choses qui ont coutume d'être jointes avec les passions que nous voulons avoir, et qui **363** sont contraires | à celles que nous voulons rejeter [1]. Ainsi, pour exciter en soi la hardiesse et ôter la peur, il ne suffit pas d'en avoir la volonté, mais il faut s'appliquer à considérer les raisons, les objets ou les exemples qui persuadent que le péril n'est pas grand ; qu'il y a toujours plus de sûreté en la défense qu'en la fuite ; qu'on aura de la gloire et de la joie d'avoir vaincu, au lieu qu'on ne peut attendre que du regret et de la honte d'avoir fui, et choses semblables.

Art. 46. *Quelle est la raison qui empêche que l'âme ne puisse entièrement disposer de ses passions.*

Il y a une raison particulière qui empêche l'âme de pouvoir promptement changer ou arrêter ses passions, laquelle m'a donné sujet de mettre ci-dessus en leur définition qu'elles sont non seulement causées, mais aussi entretenues et fortifiées par quelque mouvement particulier des esprits. Cette raison est qu'elles sont presque toutes accompagnées de quelque émo-

---

1. *Cf.* saint François de Sales, *Traité de l'amour de Dieu*, l. I, chap. II et IV, *Œuvres*, t. IV, vol. I, p. 27 (356) et 34 (363) : « Il ne faut pas commander à nos yeux de ne voir pas… car toutes ces facultés n'ont nulle intelligence et partant, sont incapables d'obéissance… Il faut divertir les yeux… si on veut qu'ils ne voient pas ; et avec ces artifices on les réduira au point que la volonté désire. Ainsi « la volonté peut rejeter son amour quand elle veut, appliquant l'entendement aux motifs qui l'en peuvent dégoûter ».

tion qui se fait dans le cœur, et par conséquent aussi en tout le sang et les esprits, en sorte que, jusques à ce que cette émotion ait cessé, elles demeurent présentes à notre pensée en même façon que les objets sensibles y sont présents, pendant qu'ils agissent contre les organes de nos sens. Et comme l'âme, en se rendant fort attentive à quelque autre chose, peut s'empêcher d'ouïr un petit bruit, ou de sentir une petite | douleur, mais ne **364** peut s'empêcher en même façon d'ouïr le tonnerre, ou de sentir le feu qui brûle la main : ainsi elle peut aisément surmonter les moindres passions, mais non pas les plus violentes et les plus fortes, sinon après que l'émotion du sang et des esprits est apaisée. Le plus que la volonté puisse faire, pendant que cette émotion est en sa vigueur, c'est de ne pas consentir à ses effets, et de retenir plusieurs des mouvements auxquels elle dispose le corps. Par exemple, si la colère fait lever la main pour frapper, la volonté peut ordinairement la retenir; si la peur incite les jambes à fuir, la volonté les peut arrêter, et ainsi des autres [1].

Art. 47. *En quoi consistent les combats qu'on a coutume d'imaginer entre la partie inférieure et la supérieure de l'âme.*

Et ce n'est qu'en la répugnance qui est entre les mouvements que le corps par ses esprits, et l'âme par sa volonté, tendent à exciter en même temps dans la glande, que consistent tous les combats qu'on a coutume d'imaginer entre la partie inférieure de l'âme, qu'on nomme sensitive, et la supérieure, qui est raisonnable; ou bien entre les appétits naturels et la volonté. Car il n'y a en nous qu'une seule âme, et cette âme n'a en soi aucune diversité de parties; la même qui est sensitive est

---

1. *Cf.* art. 211.

raisonnable, et tous ses appétits sont des volontés[1]. L'erreur qu'on a commise en lui faisant jouer divers personnages, qui sont ordinairement contraires les uns aux autres ne vient que de | ce qu'on n'a pas bien distingué ses fonctions d'avec celles du corps, auquel seul on doit attribuer, tout ce qui peut être remarqué en nous qui répugne à notre raison. En sorte qu'il n'y a point en ceci d'autre combat sinon que, la petite glande qui est au milieu du cerveau pouvant être poussée d'un côté par l'âme, et de l'autre par les esprits animaux, qui ne sont que des corps ainsi que j'ai dit ci-dessus[2], il arrive souvent que ces deux impulsions sont contraires, et que la plus forte empêche l'effet de l'autre. Or on peut distinguer deux sortes de mouvements, excités par les esprits dans la glande ; les uns représentent à l'âme les objets qui meuvent les sens, ou les impressions qui se rencontrent dans le cerveau, et ne font aucun effort sur sa volonté ; les autres y font quelque effort, à savoir ceux qui causent les passions ou les mouvements du corps qui les accompagnent. Et pour les premiers, encore qu'ils empêchent

---

1. L'unité de l'âme était aussi affirmée par les thomistes, malgré la diversité de ses fonctions, car c'est la même âme qui donne la vie au corps et exerce la raison (cf. Ét. Gilson, *Index scolastico-cartésien*, p. 17-18 ; saint Thomas, *Contra Gentiles*, II, 68).

Mais l'appétit sensitif se divise en irascible et concupiscible, qui peuvent combattre la « partie supérieure » (*Somme Théologique*, Ia, q. 81, art. 2-3). Pour Descartes au contraire l'*âme* est unique en l'homme, en tant que *raisonnable* : puissances végétative et sensitive, dépendant du corps, en sont absolument distinctes (à Regius, mai 1641, AT III, 371). L'image du combat vient de Platon (en particulier mythe de l'attelage non maîtrisé par le cocher, d'où « le tumulte et la lutte », *Phèdre*, 248b). La définition classique de la passion comme « perturbation de l'âme » en découle (cf. Élisabeth à Descartes, 12 septembre 1645, AT IV, 289).

2. Art. 10.

souvent les actions de l'âme, ou bien qu'ils soient empêchés par elles : toutefois, à cause qu'ils ne sont pas directement contraires, on n'y remarque point de combat. On en remarque seulement entre les derniers et les volontés qui leur répugnent : par exemple, entre l'effort dont les esprits poussent la glande pour causer en l'âme le désir de quelque chose, et celui dont l'âme la repousse par la volonté qu'elle a de fuir la même chose. Et ce qui fait principalement paraître ce combat, c'est que la volonté n'ayant pas le pouvoir d'exciter directement les passions, ainsi qu'il a déjà été dit [1], elle est contrainte | d'user **366** d'industrie, et de s'appliquer à considérer successivement diverses choses dont, s'il arrive que l'une ait la force de changer pour un moment le cours des esprits, il peut arriver que celle qui suit ne l'a pas, et qu'ils le reprennent aussitôt après, à cause que la disposition qui a précédé dans les nerfs, dans le cœur et dans le sang n'est pas changée : ce qui fait que l'âme se sent poussée presque en même temps à désirer et ne désirer pas une même chose. Et c'est de là qu'on a pris occasion d'imaginer en elle deux puissances qui se combattent. Toutefois on peut encore concevoir quelque combat, en ce que souvent la même cause, qui excite en l'âme quelque passion, excite aussi certains mouvements dans le corps, auxquels l'âme ne contribue point, et lesquels elle arrête ou tâche d'arrêter sitôt qu'elle les aperçoit : comme on éprouve lorsque ce qui excite la peur, fait aussi que les esprits entrent dans les muscles qui servent à remuer les jambes pour fuir, et que la volonté qu'on a d'être hardi les arrête.

1. Art. 45.

Art. 48. *En quoi on connaît la force ou la faiblesse des âmes, et quel est le mal des plus faibles.*

Or c'est par le succès de ces combats que chacun peut connaître la force ou la faiblesse de son âme. Car ceux en qui naturellement la volonté peut le plus aisément vaincre les passions, et arrêter les mouvements du corps qui les accom-
367 pagnent, ont sans doute | les âmes les plus fortes. Mais il y en a qui ne peuvent éprouver leur force, parce qu'ils ne font jamais combattre leur volonté avec ses propres armes, mais seule-ment avec celles que lui fournissent quelques passions pour résister à quelques autres. Ce que je nomme ses propres armes, sont des jugements fermes et déterminés touchant la connais-sance du bien et du mal, suivant lesquels elle a résolu de conduire les actions de sa vie. Et les âmes les plus faibles de toutes sont celles dont la volonté ne se détermine point ainsi à suivre certains jugements, mais se laisse continuellement emporter aux passions présentes, lesquelles étant souvent contraires les unes aux autres, la tirent tour à tour à leur parti, et l'employant à combattre contre elle-même, mettent l'âme au plus déplorable état qu'elle puisse être. Ainsi, lorsque la peur représente la mort comme un mal extrême, et qui ne peut être évité que par la fuite, si l'ambition d'autre côté représente l'infamie de cette fuite comme un mal pire que la mort, ces deux passions agitent diversement la volonté, laquelle obéis-sant tantôt à l'une, tantôt à l'autre, s'oppose continuellement à soi-même, et ainsi rend l'âme esclave et malheureuse.

Art. 49. *Que la force de l'âme ne suffit pas sans la connaissance de la vérité.*

Il est vrai qu'il y a fort peu d'hommes si faibles et irrésolus,
368 qu'ils ne veulent rien que ce que leur passion | leur dicte.

La plupart ont des jugements déterminés, suivant lesquels ils règlent une partie de leurs actions. Et bien que souvent ces jugements soient faux, et même fondés sur quelques passions par lesquelles la volonté s'est auparavant laissé vaincre ou séduire; toutefois, à cause qu'elle continue de les suivre lorsque la passion qui les a causés est absente, on les peut considérer comme ses propres armes, et penser que les âmes sont plus fortes ou plus faibles, à raison de ce qu'elles peuvent plus ou moins suivre ces jugements, et résister aux passions présentes qui leur sont contraires. Mais il y a pourtant grande différence entre les résolutions qui procèdent de quelque fausse opinion, et celles qui ne sont appuyées que sur la connaissance de la vérité: d'autant que si on suit ces dernières, on est assuré de n'en avoir jamais de regret ni de repentir; au lieu qu'on en a toujours d'avoir suivi les premières, lorsqu'on en découvre l'erreur.

Art. 50. *Qu'il n'y a point d'âme si faible, qu'elle ne puisse étant bien conduite acquérir un pouvoir absolu sur ses passions.*

Et il est utile ici de savoir que, comme il a déjà été dit ci-dessus, encore que chaque mouvement de la glande semble avoir été joint par la nature à chacune de nos pensées dès le commencement de notre vie, on les peut toutefois joindre à d'autres par habitude : | ainsi que l'expérience fait voir aux **369** paroles, qui excitent des mouvements en la glande, lesquels, selon l'institution de la nature, ne représentent à l'âme que leur son, lorsqu'elles sont proférées de la voix, ou la figure de leurs lettres, lorsqu'elles sont écrites, et qui, néanmoins, par l'habitude qu'on a acquise en pensant à ce qu'elles signifient, lorsqu'on a ouï leur son, ou bien qu'on a vu leurs lettres, ont

coutume de faire concevoir cette signification, plutôt que la
figure de leurs lettres, ou bien le son de leurs syllabes[1]. Il est
utile aussi de savoir qu'encore que les mouvements tant de la
glande que des esprits et du cerveau, qui représentent à l'âme
certains objets, soient naturellement joints avec ceux qui excitent en elle certaines passions, ils peuvent toutefois par habitude en être séparés, et joints à d'autres fort différents; et même,
que cette habitude peut être acquise par une seule action, et ne
requiert point un long usage. Ainsi lorsqu'on rencontre inopinément quelque chose de fort sale en une viande qu'on mange
avec appétit, la surprise de cette rencontre peut tellement
changer la disposition du cerveau, qu'on ne pourra plus voir
par après de telle viande qu'avec horreur, au lieu qu'on la
mangeait auparavant avec plaisir. Et on peut remarquer la
même chose dans les bêtes; car encore qu'elles n'aient point
de raison, ni peut-être[2] aussi aucune pensée, tous les mouvements des esprits et de la glande, qui excitent en nous les
passions ne laissent pas d'être en elles, et d'y servir à entretenir
et fortifier, non pas comme en nous les passions, mais les
370 mouvements des nerfs et des muscles, | qui ont coutume de les
accompagner. Ainsi lorsqu'un chien voit une perdrix, il est
naturellement porté à courir vers elle, et lorsqu'il oit tirer un

---

1. Cet exemple à été utilisé par Descartes pour illustrer le caractère
symbolique de la connaissance sensible : « Les paroles, n'ayant aucune ressemblance avec les choses qu'elles signifient, ne laissent pas de nous les faire
concevoir, et souvent même sans que nous prenions garde au son des mots, ni à
leur syllabes… » (*Le Monde*, AT XI, 4). Cf. *Dioptrique*, IV, AT VI, 112.

2. Cette restriction n'est pas de pure forme : Descartes a toujours proclamé
ouvertement sa théorie des animaux machines, mais dans une lettre contemporaine à Morus, il note que cette hypothèse est en toute rigueur indémontrable
et bénéficie seulement du maximum de probabilité (5 février 1649, AT V,
276-277).

fusil, ce bruit l'incite naturellement à s'enfuir; mais néanmoins on dresse ordinairement les chiens couchants en telle sorte que la vue d'une perdrix fait qu'ils s'arrêtent, et que le bruit qu'ils oient après, lorsqu'on tire sur elle, fait qu'ils y accourent. Or ces choses sont utiles à savoir pour donner le courage à un chacun d'étudier à régler ses passions. Car puisqu'on peut avec un peu d'industrie changer les mouvements du cerveau dans les animaux dépourvus de raison, il est évident qu'on le peut encore mieux dans les hommes, et que ceux mêmes qui ont les plus faibles âmes pourraient acquérir un empire très absolu sur toutes leurs passions, si on employait assez d'industrie à les dresser, et à les conduire.

LES PASSIONS DE L'ÂME

| SECONDE PARTIE
Du NOMBRE ET DE L'ORDRE DES PASSIONS,
ET L'EXPLICATION DES SIX PRIMITIVES

Art. 51. *Quelles sont les premières causes des passions.*

On connaît, de ce qui a été dit ci-dessus [1], que la dernière et plus prochaine cause des passions de l'âme n'est autre que l'agitation, dont les esprits meuvent la petite glande qui est au milieu du cerveau. Mais cela ne suffit pas pour les pouvoir distinguer les unes des autres : il est besoin de rechercher leurs sources, et d'examiner leurs premières causes. Or encore qu'elles puissent quelquefois être causées par l'action de l'âme, qui se détermine à concevoir tels ou tels objets ; et aussi par le seul tempérament du corps, ou par les | impressions qui 372 se rencontrent fortuitement dans le cerveau, comme il arrive lorsqu'on se sent triste ou joyeux sans en pouvoir dire aucun sujet, il paraît néanmoins, par ce qui a été dit, que toutes les mêmes peuvent aussi être excitées par les objets qui meuvent les sens, et que ces objets sont leurs causes plus ordinaires et

---

1. Art. 34.

principales. D'où il suit que pour les trouver toutes, il suffit de considérer tous les effets de ces objets.

Art. 52. *Quel est leur usage, et comment on les peut dénombrer.*

Je remarque, outre cela, que les objets qui meuvent les sens n'excitent pas en nous diverses passions à raison de toutes les diversités qui sont en eux, mais seulement à raison des diverses façons qu'ils nous peuvent nuire ou profiter, ou bien en général être importants; et que l'usage de toutes les passions consiste en cela seul qu'elles disposent l'âme à vouloir les choses que la nature dicte nous être utiles, et à persister en cette volonté; comme aussi la même agitation des esprits qui a coutume de les causer, dispose le corps aux mouvements qui servent à l'exécution de ces choses. C'est pourquoi, afin de les dénombrer, il faut seulement examiner par ordre en combien de diverses façons qui nous importent nos sens peuvent être mus par leurs objets. Et je ferai ici le dénombrement de toutes les principales passions selon l'ordre qu'elles peuvent ainsi être trouvées.

373 | L'ORDRE ET LE DÉNOMBREMENT DES PASSIONS

Art. 53. *L'admiration.*

Lorsque la première rencontre de quelque objet nous surprend, et que nous le jugeons être nouveau, ou fort différent de ce que nous connaissions auparavant, ou bien de ce que nous supposions qu'il devait être, cela fait que nous l'admirons et en sommes étonnés. Et parce que cela peut arriver avant que nous connaissions aucunement si cet objet nous est convenable ou s'il ne l'est pas, il me semble que l'admiration est la première de toutes les passions. Et elle n'a point de contraire, à cause que, si l'objet qui se présente n'a rien en soi qui nous surprenne, nous n'en sommes aucunement émus, et nous le considérons sans passion.

Art. 54. *L'estime et le mépris, la générosité ou l'orgueil, et l'humilité ou la bassesse.*

À l'admiration est jointe l'estime ou le mépris, selon que c'est la grandeur d'un objet ou sa petitesse que nous admirons. Et nous pouvons ainsi nous estimer ou nous mépriser nous-mêmes : d'où viennent | les passions, et ensuite les habitudes [1] **374** de magnanimité ou d'orgueil et d'humilité ou de bassesse.

Art. 55. *La vénération et le dédain.*

Mais quand nous estimons ou méprisons d'autres objets, que nous considérons comme des causes libres, capables de faire du bien ou du mal, de l'estime vient la vénération, et du simple mépris le dédain.

Art. 56. *L'amour et la haine* [2].

Or toutes les passions précédentes peuvent être excitées en nous sans que nous apercevions en aucune façon si l'objet

---

1. Sur ces dispositions internes qui constituent les vertus et les vices, *cf.* art. 161 et Introduction, p. 38, note 1.

2. Pour les définitions de ces articles 56, 57, 58 et 61, *cf.* saint François de Sales, *Traité de l'amour de Dieu*, l. I, chap. III, *Œuvres*, t. IV, vol. I, p. 30 (359) : « si le bien est considéré en soi selon sa naturelle bonté, il excite l'amour, première et principale passion ; si le bien est regardé comme absent, il nous provoque au désir ; si étant désiré, on estime de le pouvoir obtenir, on entre en espérance ; si on pense de ne le pouvoir pas obtenir, on sent le désespoir ; mais quand on le possède comme présent, il nous donne la joie ».

qui les cause est bon ou mauvais. Mais lorsqu'une chose nous est représentée comme bonne à notre égard, c'est-à-dire comme nous étant convenable, cela nous fait avoir pour elle de l'amour ; et lorsqu'elle nous est représentée comme mauvaise ou nuisible, cela nous excite à la haine.

Art. 57. *Le désir.*

De la même considération du bien et du mal naissent toutes les autres passions, Mais afin de les mettre par ordre, je 375 distingue les temps, et considérant | qu'elles nous portent bien plus à regarder l'avenir que le présent ou le passé, je commence par le désir. Car non seulement lorsqu'on désire acquérir un bien qu'on n'a pas encore, ou bien éviter un mal qu'on juge pouvoir arriver, mais aussi lorsqu'on ne souhaite que la conservation d'un bien, ou l'absence d'un mal, qui est tout ce à quoi se peut étendre cette passion, il est évident qu'elle regarde toujours l'avenir.

Art. 58. *L'espérance, la crainte, la jalousie, la sécurité et le désespoir.*

Il suffit de penser que l'acquisition d'un bien ou la fuite d'un mal est possible, pour être incité à la désirer. Mais quand on considère, outre cela, s'il y a beaucoup ou peu d'apparence qu'on obtienne ce qu'on désire, ce qui nous représente qu'il y en a beaucoup, excite en nous l'espérance, et ce qui nous représente qu'il y en a peu, excite la crainte, dont la jalousie est une espèce. Lorsque l'espérance est extrême, elle change de nature, et se nomme sécurité ou assurance. Comme au contraire l'extrême crainte devient désespoir.

Art. 59. *L'irrésolution, le courage, la hardiesse, l'émulation, la lâcheté et l'épouvante.*

Et nous pouvons ainsi espérer et craindre, encore que l'événement de ce que nous attendons ne dépende | aucune- **376** ment de nous. Mais quand il nous est représenté comme en dépendant, il peut y avoir de la difficulté en l'élection des moyens ou en l'exécution[1]. De la première vient l'irrésolution, qui nous dispose à délibérer et prendre conseil. À la dernière s'oppose le courage ou la hardiesse, dont l'émulation est une espèce. Et la lâcheté est contraire au courage, comme la peur ou l'épouvante à la hardiesse.

Art. 60. *Le remords.*

Et si on s'est déterminé à quelque action, avant que l'Irrésolution fût ôtée, cela fait naître le remords de conscience, lequel ne regarde pas le temps à venir, comme les passions précédentes, mais le présent ou le passé.

Art. 61. *La joie et la tristesse.*

Et la considération du bien présent excite en nous de la joie, celle du mal, de la tristesse, lorsque c'est un bien ou un mal qui nous est représenté comme nous appartenant.

Art. 62. *La moquerie, l'envie, la pitié.*

Mais lorsqu'il nous est représenté comme appartenant à d'autres hommes, nous pouvons les en estimer | dignes ou **377**

---

1. C'est cette difficulté (*ardui, vel difficilis*) qui chez saint Thomas caractérise les passions de l'irascible (Ia, IIae, q. 23, art. 1, concl.).

indignes. Et lorsque nous les en estimons dignes, cela n'excite point en nous d'autre passion que la joie, en tant que c'est pour nous quelque bien de voir que les choses arrivent comme elles doivent. Il y a seulement cette différence, que la joie qui vient du bien est sérieuse, au lieu que celle qui vient du mal est accompagnée de ris et de moquerie. Mais si nous les en estimons indignes, le bien excite l'envie, et le mal la pitié, qui sont des espèces de tristesse. Et il est à remarquer que les mêmes passions qui se rapportent aux biens ou aux maux présents peuvent souvent aussi être rapportées à ceux qui sont à venir, en tant que l'opinion qu'on a qu'ils adviendront les représente comme présents.

Art. 63. *La satisfaction de soi-même, et le repentir.*

Nous pouvons aussi considérer la cause du bien ou du mal, tant présent que passé. Et le bien qui a été fait par nous-mêmes nous donne une satisfaction intérieure, qui est la plus douce de toutes les passions ; au lieu que le mal excite le repentir, qui est la plus amère.

Art. 64. *La faveur, et la reconnaissance.*

Mais le bien qui a été fait par d'autres, est cause que nous 378 avons pour eux de la faveur, encore que ce | ne soit point à nous qu'il ait été fait ; et si c'est à nous, à la faveur nous joignons la reconnaissance.

Art. 65. *L'indignation et la colère.*

Tout de même, le mal fait par d'autres, n'étant point rapporté à nous, fait seulement que nous avons pour eux de l'indignation; et lorsqu'il y est rapporté, il émeut aussi la colère [1].

Art. 66. *La gloire et la honte.*

De plus, le bien qui est ou qui a été en nous, étant rapporté à l'opinion que les autres en peuvent avoir, excite en nous de la gloire [2]; et le mal, de la honte.

Art. 67. *Le dégoût, le regret et l'allégresse.*

Et quelquefois la durée du bien cause l'ennui ou le dégoût; au lieu que celle du mal diminue la tristesse. Enfin du bien passé vient le regret, qui est une espèce de tristesse; et du mal passé vient l'allégresse, qui est une espèce de joie.

| Art. 68. *Pourquoi ce dénombrement des passions est* **379** *différent de celui qui est communément reçu.*

Voilà l'ordre qui me semble être le meilleur pour dénombrer les passions. En quoi je sais bien que je m'éloigne de l'opinion de tous ceux qui en ont ci-devant écrit. Mais ce n'est pas sans grande raison. Car ils tirent leur dénombrement

---

1. Dès ses premières remarques sur les passions, Descartes ne distingue pas la colère d'après notre réaction contre l'objet (comme dans l'irascible scolastique), mais parce qu'elle tient compte de la *cause* du mal qui est simplement subi dans la tristesse : *si dicatur infortunia multa et magna accidisse, tristimur; si quem malum in causa fuisse addatur, irascemur* (AT X, 217).

2. Recevant l'approbation d'Élisabeth sur l'ébauche des *Passions*, Descartes écrit : «je reconnais par expérience que j'ai eu raison de mettre la gloire au nombre des passions, car je ne puis m'empêcher d'en être touché, en voyant le favorable jugement que fait votre Altesse du petit traité que j'en ai écrit » (mai 1646, AT IV, 407).

de ce qu'ils distinguent en la partie sensitive de l'âme deux appétits, qu'ils nomment, l'un *concupiscible*, l'autre *irascible*. Et parce que je ne connais en l'âme aucune distinction de parties, ainsi que l'ai dit ci-dessus[1], cela me semble ne signifier autre chose sinon qu'elle a deux facultés, l'une de désirer, l'autre de se fâcher; et à cause qu'elle a en même façon les facultés d'admirer, d'aimer, d'espérer, de craindre, et ainsi de recevoir en soi chacune des autres passions, ou de faire les actions auxquelles ces passions la poussent, je ne vois pas pourquoi ils ont voulu les rapporter toutes à la concupiscence ou à la colère. Outre que leur dénombrement ne comprend point toutes les principales passions, comme je crois que fait celui-ci. Je parle seulement des principales, à cause qu'on en pourrait encore distinguer plusieurs autres plus particulières, et leur nombre est indéfini.

380 | Art. 69. *Qu'il n'y a que six passions primitives.*

Mais le nombre de celles qui sont simples et primitives n'est pas fort grand. Car en faisant une revue sur toutes celles que j'ai dénombrées[2], on peut aisément remarquer qu'il n'y en a que six qui soient telles, à savoir l'admiration, l'amour, la haine, le désir, la joie et la tristesse; et que toutes les autres sont composées de quelques-unes de ces six, ou bien en sont des espèces. C'est pourquoi, afin que leur multitude n'embarrasse point les lecteurs, je traiterai ici séparément des six primitives;

---

1. Art. 47. Sur tout l'article, *cf.* Introduction, p. 38-42.
2. *Cf.* la quatrième règle de la méthode (AT VI, 19). Cette induction à partir de l'expérience s'oppose aux schématisations artificielles. Cf. *à Regius*, 25 mai 1640, AT III, 66, où Descartes proteste contre la réduction de toutes les affections à la joie et à la tristesse.

et par après je ferai voir en quelle façon toutes les autres en tirent leur origine.

Art. 70. *De l'admiration. Sa définition et sa cause.*

L'admiration est une subite surprise de l'âme, qui fait qu'elle se porte à considérer avec attention les objets qui lui semblent rares et extraordinaires. Ainsi elle est causée premièrement par l'impression qu'on a dans le cerveau, qui représente l'objet comme rare, et par conséquent digne d'être fort considéré ; puis ensuite par le mouvement des esprits, qui sont disposés par cette impression à tendre avec grande force vers l'endroit du cerveau où elle est, pour l'y fortifier | et conserver ; **381** comme aussi ils sont disposés par elle à passer de là dans les muscles, qui servent à retenir les organes des sens en la même situation qu'ils sont, afin qu'elle soit encore entretenue par eux, si c'est par eux qu'elle a été formée.

Art. 71. *Qu'il n'arrive aucun changement dans le cœur ni dans le sang en cette passion.*

Et cette passion a cela de particulier, qu'on ne remarque point qu'elle soit accompagnée d'aucun changement qui arrive dans le cœur et dans le sang, ainsi que les autres passions. Dont la raison est que n'ayant pas le bien ni le mal pour objet, mais seulement la connaissance de la chose qu'on admire, elle n'a point de rapport avec le cœur et le sang, desquels dépend tout le bien du corps, mais seulement avec le cerveau, où sont les organes des sens qui servent à cette connaissance.

Art. 72. *En quoi consiste la force de l'admiration.*

Ce qui n'empêche pas qu'elle n'ait beaucoup de force, à cause de la surprise, c'est-à-dire de l'arrivement subit et inopiné de l'impression qui change le mouvement des esprits ; laquelle surprise est propre et particulière à cette passion : en sorte que lorsqu'elle | se rencontre en d'autres, comme elle a coutume de se rencontrer presque en toutes, et de les augmenter, c'est que l'admiration est jointe avec elles. Et sa force dépend de deux choses, à savoir de la nouveauté, et de ce que le mouvement qu'elle cause a dès son commencement toute sa force. Car il est certain qu'un tel mouvement a plus d'effet, que ceux qui, étant faibles d'abord et ne croissant que peu à peu, peuvent aisément être détournés. Il est certain aussi que les objets des sens qui sont nouveaux touchent le cerveau en certaines parties auxquelles il n'a point coutume d'être touché ; et que ces parties étant plus tendres, ou moins fermes que celles qu'une agitation fréquente a endurcies, cela augmente l'effet des mouvements qu'ils y excitent. Ce qu'on ne trouvera pas incroyable, si l'on considère que c'est une pareille raison qui fait que les plantes de nos pieds, étant accoutumées à un attouchement assez rude par la pesanteur du corps qu'elles portent, nous ne sentons que fort peu cet attouchement quand nous marchons ; au lieu qu'un autre beaucoup moindre et plus doux dont on les chatouille nous est presque insupportable, à cause seulement qu'il ne nous est pas ordinaire.

Art. 73. *Ce que c'est que l'étonnement.*

Et cette surprise a tant de pouvoir pour faire que les esprits qui sont dans les cavités du cerveau y prennent leur cours vers le lieu où est l'impression de | l'objet qu'on admire, qu'elle les y pousse quelquefois tous, et fait qu'ils sont tellement occupés à conserver cette impression, qu'il n'y en a aucuns qui passent de là dans les muscles, ni même qui se détournent en aucune façon des premières traces qu'ils ont suivies dans le cerveau : ce qui fait que tout le corps demeure immobile comme une statue, et qu'on ne peut apercevoir de l'objet que la première face qui s'est présentée, ni par conséquent en acquérir une plus particulière connaissance. C'est cela qu'on appelle communément être étonné ; et l'étonnement est un excès d'admiration, qui ne peut jamais être que mauvais.

Art. 74. *À quoi servent toutes les passions, et à quoi elles nuisent.*

Or, il est aisé à connaître, de ce qui a été dit ci-dessus, que l'utilité de toutes les passions ne consiste qu'en ce qu'elles fortifient et font durer en l'âme des pensées, lesquelles il est bon qu'elle conserve, et qui pourraient facilement sans cela en être effacées. Comme aussi tout le mal qu'elles peuvent causer, consiste en ce qu'elles fortifient et conservent ces pensées plus qu'il n'est besoin ; ou bien qu'elles en fortifient et conservent d'autres, auxquelles il n'est pas bon de s'arrêter.

| Art. 75. *À quoi sert particulièrement l'admiration.*   **384**

Et on peut dire en particulier de l'admiration qu'elle est utile en ce qu'elle fait que nous apprenons et retenons en notre mémoire les choses que nous avons auparavant ignorées. Car nous n'admirons que ce qui nous paraît rare et extraordinaire : et rien ne nous peut paraître tel que parce que nous l'avons ignoré, ou même aussi parce qu'il est différent des choses que nous avons sues : car c'est cette différence qui fait qu'on le nomme extraordinaire. Or, encore qu'une chose qui nous était inconnue se présente de nouveau à notre entendement ou à nos sens, nous ne la retenons point pour cela en notre mémoire, si ce n'est que l'idée que nous en avons soit fortifiée en notre cerveau par quelque passion, ou bien aussi par l'application de notre entendement, que notre volonté détermine à une attention et réflexion particulière[1]. Et les autres passions peuvent servir pour faire qu'on remarque les choses qui paraissent bonnes ou mauvaises; mais nous n'avons que l'admiration pour celles qui paraissent seulement rares. Aussi voyons-nous que ceux qui n'ont aucune inclination naturelle à cette passion sont ordinairement fort ignorants.

385 | Art. 76. *En quoi elle peut nuire, et comment on peut suppléer à son défaut et corriger son excès.*

Mais il arrive bien plus souvent qu'on admire trop[2], et qu'on s'étonne, en apercevant des choses qui ne méritent que peu ou point d'être considérées, que non pas qu'on admire trop peu. Et cela peut entièrement ôter ou pervertir l'usage de la raison. C'est pourquoi, encore qu'il soit bon d'être né avec quelque inclination à cette passion, parce que cela nous dispose à l'acquisition des sciences[3], nous devons toutefois tâcher par après de nous délivrer le plus qu'il est possible. Car il est aisé de suppléer à son défaut par une réflexion et attention

---

1. *Cf.* à Arnauld, 29 juillet 1648, AT V, 220 : l'entendement doit remarquer l'objet pour que le souvenir soit enregistré comme tel.
2. Contre la tradition (Platon, *République*, 497d; *Sophiste*, 259c; *cf.* Spinoza, *Éthique*, V, prop. 42, scol.), Descartes n'admet pas la beauté majeure des difficultés rares (*Regulæ*, IX, AT X, 401).
3. *Cf.* le texte d'Aristote, traditionnellement commenté dans les Écoles : « Ce fut l'étonnement qui poussa les premiers penseurs aux spéculations philosophiques », *Métaphysique*, A, 982b12. Platon disait déjà que la philosophie est fille de l'étonnement, *Théétète*, 155d.

particulière, à laquelle notre volonté peut toujours obliger notre entendement, lorsque nous jugeons que la chose qui se présente en vaut la peine; mais il n'y a point d'autre remède pour s'empêcher d'admirer avec excès, que d'acquérir la connaissance de plusieurs choses, et de s'exercer en la considération de toutes celles qui peuvent sembler les plus rares et les plus étranges.

Art. 77. *Que ce ne sont ni les plus stupides, ni les plus habiles, qui sont le plus portés à l'admiration.*

Au reste, encore qu'il n'y ait que ceux qui sont hébétés et stupides qui ne sont point portés de leur | naturel à l'admira- **386** tion, ce n'est pas à dire que ceux qui ont le plus d'esprit y soient toujours le plus enclins; mais ce sont principalement ceux qui, bien qu'ils aient un sens commun[1] assez bon, n'ont pas toutefois grande opinion de leur suffisance.

Art. 78. *Que son excès peut passer en habitude lorsqu'on manque de le corriger.*

Et bien que cette passion semble se diminuer par l'usage, à cause que plus on rencontre de choses rares qu'on admire, plus on s'accoutume à cesser de les admirer, et à penser que toutes celles qui se peuvent présenter par après sont vulgaires. Toutefois, lorsqu'elle est excessive et qu'elle fait qu'on arrête seulement son attention sur la première image des objets qui se

---

1. *Sens commun* n'a pas ici son usage technique le plus fréquent (faculté généralisatrice des sensibles), mais est simplement synonyme de *bon sens* (*cf.* à Boswell (?), 1646, AT IV, 697; au P. Charlet, octobre 1644, *ibid.*, 141; à Regius, janvier 1642, AT III, 499).

sont présentés, sans en acquérir d'autre connaissance, elle laisse après soi une habitude qui dispose l'âme à s'arrêter en même façon sur tous les autres objets qui se présentent, pourvu qu'ils lui paraissent tant soit peu nouveaux. Et c'est ce qui fait durer la maladie de ceux qui sont aveuglément curieux, c'est-à-dire qui recherchent les raretés seulement pour les admirer, et non point pour les connaître : car ils deviennent peu à peu si admiratifs, que des choses de nulle importance ne sont pas moins capables de les arrêter que celles dont la recherche est plus utile.

387 | Art. 79. *Les définitions de l'amour et de la haine*.

L'amour est une émotion de l'âme, causée par le mouvement des esprits, qui l'incite à se joindre de volonté aux objets qui paraissent lui être convenables[1]. Et la haine est une émotion, causée par les esprits, qui incite l'âme à vouloir être séparée des objets qui se présentent à elle comme nuisibles. Je dis que ces émotions sont causées par les esprits, afin de distinguer l'amour et la haine, qui sont des passions et dépendent du corps, tant des jugements qui portent aussi l'âme à se joindre de volonté avec les choses qu'elle estime bonnes, et à se séparer de celles qu'elle estime mauvaises, que des émotions que ces seuls jugements excitent en l'âme[2].

1. La définition de l'amour entre deux êtres par la communauté de leur volonté était traditionnelle (Aristote, *Rhétorique*, II, 4 ; saint Thomas, *Somme Théologique*, Ia IIae, q. 28, art. 1 : saint François de Sales, *Amour de Dieu*, I, VII, éd. cit., p. 70-72 (369), etc.)

2. Sur ces « sentiments intellectuels », *cf.* note à l'art. 147.

Art. 80. *Ce que c'est que se joindre ou séparer de volonté.*

Au reste, par le mot de volonté, je n'entends pas ici parler du désir, qui est une passion à part, et se rapporte à l'avenir, mais du consentement par lequel on se considère dès à présent comme joint avec ce qu'on aime : en sorte qu'on imagine un tout duquel on pense être seulement une partie, et que la chose aimée en est une autre [1]. Comme, au contraire, en la haine on se considère seul comme un tout, entièrement séparé de la chose pour laquelle on a de l'aversion.

| Art. 81. *De la distinction qu'on a coutume de faire entre* **388**
l'amour de concupiscence et de bienveillance.

Or on distingue communément deux sortes d'amour, l'une desquelles est nommée amour de bienveillance, c'est-à-dire, qui incite à vouloir du bien à ce qu'on aime ; l'autre est nommée amour de concupiscence, c'est-à-dire, qui fait désirer la chose qu'on aime [2]. Mais il me semble que cette distinction regarde

---

1. Descartes développe ce point dans une lettre à Élisabeth, appliquant à la morale familiale, sociale, nationale, ce principe qu'« il faut toujours préférer les intérêts du tout, dont on est partie, à ceux de sa personne en particulier » (15 septembre 1645, AT IV, 293). *Cf.* à Chanut, 1 er février 1647 : « la nature de l'amour est de faire qu'on se considère avec l'objet aimé comme un tout dont on n'est qu'une partie, et qu'on transfère tellement les soins qu'on a coutume d'avoir pour soi-même à la conservation de ce tout, qu'on n'en retienne pour soi en particulier qu'une partie aussi grande ou aussi petite qu'on croit être une grande ou petite partie du tout auquel on a donné son affection… » (AT IV, 611-612).

2. *Cf.* à Chanut, 1 er février 1647, AT IV, 606 : on prend ordinairement le désir pour l'amour ; dans l'amour de bienveillance, « ce désir ne paraît pas tant » tandis que « l'autre qu'on nomme amour de concupiscence… n'est qu'un désir fort violent, fondé sur un amour qui souvent est faible ». *Cf.* saint Thomas,

seulement les effets de l'amour, et non point son essence. Car sitôt qu'on s'est joint de volonté à quelque objet, de quelque nature qu'il soit, on a pour lui de la bienveillance, c'est-à-dire on joint aussi à lui de volonté les choses qu'on croit lui être convenables : ce qui est un des principaux effets de l'amour. Et si on juge que ce soit un bien de le posséder, ou d'être associé avec lui d'autre façon que de volonté, on le désire : ce qui est aussi l'un des plus ordinaires effets de l'amour.

Art. 82. *Comment des passions fort différentes conviennent en ce qu'elles participent de l'amour.*

Il n'est pas besoin aussi de distinguer autant d'espèces d'amour qu'il y a de divers objets qu'on peut aimer. Car, par exemple, encore que les passions qu'un ambitieux a pour la gloire, un avaricieux pour l'argent, | un ivrogne pour le vin, un brutal pour une femme qu'il veut violer, un homme d'honneur pour son ami ou pour sa maîtresse, et un bon père pour ses enfants, soient bien différentes entre elles, toutefois, en ce qu'elles participent de l'amour, elles sont semblables. Mais les quatre premiers n'ont de l'amour que pour la possession des objets auxquels se rapporte leur passion, et n'en ont point pour les objets mêmes, pour lesquels ils ont seulement du désir, mêlé avec d'autres passions particulières. Au lieu que l'amour qu'un bon père a pour ses enfants est si pure, qu'il ne désire rien avoir d'eux, et ne veut point les posséder autrement qu'il fait, ni être joint à eux plus étroitement qu'il est déjà : mais les considérant comme d'autres soi-même, il recherche leur bien comme le sien propre, ou même avec plus de soin, parce que,

S. *Theol.*, Ia, IIae, q. 28, art. 1 ; saint François de Sales, *Traité de l'amour de Dieu*, I, XIII, etc.

se représentant que lui et eux font un tout dont il n'est pas la meilleure partie, il préfère souvent leurs intérêts aux siens, et ne craint pas de se perdre pour les sauver. L'affection que les gens d'honneur ont pour leurs amis est de cette même nature, bien qu'elle soit rarement si parfaite ; et celle qu'ils ont pour leur maîtresse en participe beaucoup, mais elle participe aussi un peu de l'autre [1].

Art. 83. *De la différence qui est entre la simple affection, l'amitié et la dévotion.*

On peut, ce me semble, avec meilleure raison, distinguer | l'amour par l'estime qu'on fait de ce qu'on aime, à compa- **390** raison de soi-même. Car lorsqu'on estime l'objet de son amour moins que soi, on n'a pour lui qu'une simple affection ; lorsqu'on l'estime à l'égal de soi, cela se nomme amitié, et lorsqu'on l'estime davantage, la passion qu'on a peut être nommée dévotion [2]. Ainsi on peut avoir de l'affection pour une

---

1. *Cf.* art. 90 qui rapporte au désir la passion des amoureux : ainsi se réintroduit la dualité entre la bienveillance désintéressée et la concupiscence.

2. Ce mot a ici un sens très fort : par la dévotion, on se « dévoue » totalement à l'être aimé. Le *Dictionnaire* de Furetière (1690) cite, à l'article « dévotion », la cérémonie de l'Antiquité selon laquelle « un homme se sacrifiait pour la patrie, comme fit Decius qui, après s'être dévoué, se jeta à corps perdu sur les ennemis où il fut tué ». La fin de cet article 83 évoque précisément ces exemples célèbres. *Cf.* art. 173.

Le *Traité de l'amour de Dieu* de saint François de Sales (*Amour de Dieu*, I, XIII) distingue de même l'amour de simple bienveillance, l'amour d'amitié « quand il est avec une mutuelle correspondance… Mais si l'éminence de cette amitié est hors de proportion et de comparaison au-dessus de tout autre, alors elle sera dite dilection incomparable, souveraine, suréminente, et en un mot ce sera la charité, laquelle est due à un seul Dieu ».

fleur, pour un oiseau, pour un cheval; mais, à moins que d'avoir l'esprit fort déréglé, on ne peut avoir de l'amitié que pour des hommes. Et ils sont tellement l'objet de cette passion, qu'il n'y a point d'homme si imparfait qu'on ne puisse avoir pour lui une amitié très parfaite, lorsqu'on pense qu'on en est aimé et qu'on a l'âme véritablement noble et généreuse : suivant ce qui sera expliqué ci-après en l'article 154 et 156. Pour ce qui est de la dévotion son principal objet est sans doute la souveraine divinité, à laquelle on ne saurait manquer d'être dévot, lorsqu'on la connaît comme il faut. Mais on peut aussi avoir de la dévotion pour son Prince, pour son pays, pour sa ville, et même pour un homme particulier, lorsqu'on l'estime beaucoup plus que soi. Or la différence qui est entre ces trois sortes d'amour paraît principalement par leurs effets : car, d'autant qu'en toutes on se considère comme joint et uni à la chose aimée, on est toujours prêt d'abandonner la moindre partie du tout qu'on compose avec elle, pour conserver l'autre. Ce qui fait qu'en la simple affection, l'on se préfère toujours à

Pour cette gradation entre affection, amitié et dévotion, *cf.* la lettre sur l'amour, suite du texte cité note 1, p. 155, de l'art. 80 : on ne hasardera pas sa vie pour « un objet qu'on estime moindre que soi, par exemple, si nous aimons une fleur, un oiseau, un bâtiment… ». « Mais quand deux hommes s'entr'aiment, la charité veut que chacun d'eux estime son ami plus que soi-même… » (tandis que l'art. 83 note l'égalité entre amis, conformément aux analyses classiques, *cf.* saint Thomas, *op. cit.*, q. 27, 3 et Ia, IIae, q. 26, 3 ; pour saint Thomas, l'amitié n'est pas une passion mais une vertu). « Tout de même, quand un particulier se joint de volonté à son prince, ou à son pays, si son amour est parfaite, il ne se doit pas estimer que comme une fort petite partie du tout qu'il compose avec eux, et ainsi ne craindre pas plus d'aller à une mort assurée pour leur service, qu'on craint de tirer un peu de sang de son bras, pour faire que le reste du corps se porte mieux… En suite de quoi il est évident que notre amour envers Dieu doit être sans comparaison la plus grande et la plus parfaite de toutes » (AT IV, 612-613).

ce qu'on aime; et qu'au contraire, en la dévotion, l'on préfère tellement la chose aimée à soi-même, qu'on ne craint pas de mourir pour la conserver. De quoi on a vu souvent | des **391** exemples en ceux qui se sont exposés à une mort certaine pour la défense de leur prince, ou de leur ville, et même aussi quelquefois pour des personnes particulières auxquelles ils s'étaient dévoués.

Art. 84. *Qu'il n'y a pas tant d'espèces de haine que d'amour.*

Au reste, encore que la haine soit directement opposée à l'amour, on ne la distingue pas toutefois en autant d'espèces, à cause qu'on ne remarque pas tant la différence qui est entre les maux desquels on est séparé de volonté, qu'on fait celle qui est entre les biens auxquels on est joint.

Art. 85. *De l'agrément et de l'horreur.*

Et je ne trouve qu'une seule distinction considérable, qui soit pareille en l'une et en l'autre. Elle consiste en ce que les objets tant de l'amour que de la haine peuvent être représentés à l'âme par les sens extérieurs, ou bien par les intérieurs et par sa propre raison. Car nous appelons communément bien ou mal ce que nos sens intérieurs ou notre raison nous font juger convenable, ou contraire à notre nature; mais nous appelons beau ou laid ce qui nous est ainsi représenté par nos sens extérieurs, principalement par celui de la vue, lequel seul est plus considéré que | tous les autres[1]. D'où naissent deux espèces **392**

---

1. *Cf.* à Mersenne, 18 mars 1630, AT I, 133 : « Le mot de beau semble plus particulièrement se rapporter au sens de la vue ». Sur le rapport de cette thèse aux définitions thomistes du beau et de l'agréable, *cf.* G. Lewis, « Descartes

d'amour, à savoir, celle qu'on a pour les choses bonnes, et celle qu'on a pour les belles, à laquelle on peut donner le nom d'agrément, afin de ne la pas confondre avec l'autre, ni aussi avec le désir, auquel on attribue souvent le nom d'amour. Et de là naissent en même façon deux espèces de haine, l'une desquelles se rapporte aux choses mauvaises, l'autre à celles qui sont laides ; et cette dernière peut être appelée horreur ou aversion, afin de la distinguer. Mais ce qu'il y a ici de plus remarquable, c'est que ces passions d'agrément et d'horreur ont coutume d'être plus violentes que les autres espèces d'amour ou de haine, à cause que ce qui vient à l'âme par les sens la touche plus fort que ce qui lui est représenté par sa raison, et que toutefois elles ont ordinairement moins de vérité : en sorte que de toutes les passions, ce sont celles-ci qui trompent le plus, et dont on doit le plus soigneusement se garder.

393 | Art. 86. *La définition du désir.*

La passion du désir est une agitation de l'âme, causée par les esprits, qui la dispose à vouloir pour l'avenir les choses qu'elle se représente être convenables. Ainsi on ne désire pas seulement la présence du bien absent, mais aussi la conservation du présent, et de plus l'absence du mal, tant de celui qu'on a déjà, que de celui qu'on croit pouvoir recevoir au temps à venir.

et Poussin », *Bulletin du XVII*e *siècle*, n° 23, p. 534-539. Sur les conditions empiriques ou formelles de l'agréable dans l'esthétique cartésienne, *cf.* aussi V. Basch, *Y a-t-il une esthétique cartésienne ?*, Congrès Descartes, Compte-rendus, t. II, XI, p. 67-76 ; L. Prenant, « Esthétique et sagesse cartésiennes », *Revue d'histoire de la philosophie*, janvier et mars 1942, p. 3-12 et 99-114 ; O. Revault d'Allonnes, « L'esthétique de Descartes », *Revue des sciences humaines*, janvier-mars 1951.

Art. 87. *Que c'est une passion qui n'a point de contraire.*

Je sais bien que communément dans l'École on oppose la passion qui tend à la recherche du bien, laquelle seule on nomme désir, à celle qui tend à la fuite du mal, laquelle on nomme aversion[1]. Mais d'autant qu'il n'y a aucun bien dont la privation ne soit un mal, ni aucun mal considéré comme une chose positive, dont la privation ne soit un bien; et qu'en recherchant, par exemple, les richesses on fuit nécessairement la pauvreté, en fuyant les maladies on recherche la santé, et ainsi des autres, il me semble que c'est toujours un même mouvement qui porte à la recherche du bien, et ensemble à la fuite du mal qui lui est contraire. J'y remarque seulement cette différence, que le désir qu'on a lorsqu'on tend vers quelque bien, est accompagné d'amour, et ensuite d'espérance et de joie; au lieu que le même désir, lorsqu'on tend à s'éloigner du mal contraire à ce bien, est accompagné de haine, de crainte et de tristesse; ce qui est cause qu'on le juge contraire à soi-même. Mais si on veut le considérer lorsqu'il se rapporte également en même temps à quelque bien pour le rechercher, et au mal opposé pour l'éviter, on peut voir très évidemment que ce n'est qu'une seule passion qui fait l'un et l'autre.

| Art. 88. *Quelles sont ses diverses espèces.*   **394**

Il y aurait plus de raison de distinguer le désir en autant de diverses espèces qu'il y a de divers objets qu'on recherche. Car par exemple la curiosité, qui n'est autre chose qu'un désir de connaître, diffère beaucoup du désir de gloire, et celui-ci du

---

1. *Fuga seu abominatio* : saint Thomas, *Sum. Theol.*, Ia, IIae, q. 23, art. 2, concl. ; art. 4, concl.

désir de vengeance, et ainsi des autres. Mais il suffit ici de savoir qu'il y en a autant que d'espèces d'amour ou de haine, et que les plus considérables et les plus forts sont ceux qui naissent de l'agrément et de l'horreur.

Art. 89. *Quel est le désir qui naît de l'horreur.*

Or encore que ce ne soit qu'un même désir qui tend à la recherche d'un bien et à la fuite du mal qui lui est contraire, ainsi qu'il a été dit, le désir qui naît de l'agrément ne laisse pas d'être fort différent de celui qui naît de l'horreur. Car cet agrément et cette horreur, qui véritablement sont contraires, ne sont pas le bien et le mal qui servent d'objets à ces désirs, mais seulement deux émotions de l'âme qui la disposent à rechercher deux choses fort différentes. À savoir, l'horreur est instituée de la nature pour représenter à l'âme une mort subite et inopinée : en sorte que, bien que ce ne soit quelquefois que l'attouchement d'un vermisseau, ou le bruit d'une feuille 395 | tremblante, ou son ombre, qui fait avoir de l'horreur, on sent d'abord autant d'émotion que si un péril de mort très évident s'offrait aux sens ; ce qui fait subitement naître l'agitation qui porte l'âme à employer toutes ses forces pour éviter un mal si présent. Et c'est cette espèce de désir qu'on appelle communément la fuite ou l'aversion.

Art. 90. *Quel est celui qui naît de l'agrément.*

Au contraire, l'agrément est particulièrement institué de la nature pour représenter la jouissance de ce qui agrée, comme le plus grand de tous les biens qui appartiennent à l'homme : ce qui fait qu'on désire très ardemment cette jouissance. Il est vrai qu'il y a diverses sortes d'agréments, et que les désirs qui en naissent ne sont pas tous également puissants. Car par exemple, la beauté des fleurs nous incite seulement à les regarder, et celle des fruits à les manger. Mais le principal est celui qui vient des perfections qu'on imagine en une personne qu'on pense pouvoir devenir un autre soi-même : car avec la différence du sexe, que la nature a mise dans les hommes ainsi que dans les animaux sans raison, elle a mis aussi certaines impressions dans le cerveau, qui font qu'en certain âge et en certain temps on se considère comme défectueux, et comme si on n'était que la moitié d'un tout dont une personne de l'autre sexe doit être l'autre moitié[1] : en sorte que l'acquisition de cette | moitié est **396** confusément représentée par la nature comme le plus grand de tous les biens imaginables. Et encore qu'on voie plusieurs personnes de cet autre sexe, on n'en souhaite pas pour cela plusieurs en même temps, d'autant que la nature ne fait point imaginer qu'on ait besoin de plus d'une moitié. Mais lorsqu'on remarque quelque chose en une, qui agrée davantage que ce qu'on remarque au même temps dans les autres, cela détermine l'âme à sentir pour celle-là seule toute l'inclination que la nature lui donne à rechercher le bien qu'elle lui représente comme le plus grand qu'on puisse posséder. Et cette inclination ou ce désir qui naît ainsi de l'agrément est appelé du nom d'amour plus ordinairement que la passion d'amour qui a ci-dessus été décrite. Aussi a-t-il de plus étranges effets, et c'est lui qui sert de principale matière aux faiseurs de romans et aux poètes[2].

---

1. L'expression, qui rappelle les autres considérations de Descartes sur le tout formé par l'union des êtres qui s'aiment, évoque ici le mythe d'Aristophane dans le *Banquet* platonicien (189d-193d).

2. Une lettre de Huygens, 8 novembre 1637, révèle que Descartes ne dédaignait pas de feuilleter « l'Amadis de Gaule », alors considéré comme *le roman des romans* (AT I, 397-398). Le *Discours* évoque « les extravagances

Art. 91. *La définition de la joie*.

La joie est une agréable émotion de l'âme, en laquelle consiste la jouissance qu'elle a du bien que les impressions du cerveau lui représentent comme sien. Je dis que c'est en cette émotion que consiste la jouissance du bien : car en effet l'âme ne reçoit aucun autre fruit de tous les biens qu'elle possède ; et pendant qu'elle n'en a aucune joie, on peut dire qu'elle n'en **397** jouit pas plus que si elle ne les possédait | point. J'ajoute aussi que c'est du bien que les impressions du cerveau lui représentent comme sien, afin de ne pas confondre cette joie qui est une passion, avec la joie purement intellectuelle[1], qui vient en l'âme par la seule action de l'âme, et qu'on peut dire être une agréable émotion excitée en elle-même, par elle-même[2], en laquelle consiste la jouissance qu'elle a du bien que son entendement lui représente comme sien. Il est vrai que, pendant que l'âme est jointe au corps, cette joie intellectuelle ne peut guère manquer d'être accompagnée de celle qui est une passion. Car sitôt que notre entendement s'aperçoit que nous possédons quelque bien, encore que ce bien puisse être si différent de tout ce qui appartient au corps qu'il ne soit point du tout imaginable, l'imagination ne laisse pas de faire incontinent quelque impression dans le cerveau, de laquelle suit le mouvement des esprits qui excite la passion de la joie.

---

des Paladins de nos romans » (AT VI, 7). La lettre à Chanut sur l'amour note que « les poètes s'en plaignent souvent dans leurs vers » (AT IV, 614), et que « les Hercule, les Roland… aiment plus ardemment que les autres » (*ibid.*, 615). Enfin, il cite un quatrain du poète Théophile (*ibid.*, 617).

1. *Cf.* art. 147, note.

2. Ces deux derniers mots sont omis dans l'édition Adam et Tannery.

Art. 92. *La définition de la tristesse.*

La tristesse est une langueur désagréable, en laquelle consiste l'incommodité que l'âme reçoit du mal ou du défaut que les impressions du cerveau lui représentent comme lui appartenant. Et il y a aussi une tristesse intellectuelle, qui n'est pas la passion, mais qui ne manque guère d'en être accompagnée.

| Art. 93. *Quelles sont les causes de ces deux passions.*   398

Or, lorsque la joie ou la tristesse intellectuelle excite ainsi celle qui est une passion, leur cause est assez évidente ; et on voit de leurs définitions que la joie vient de l'opinion qu'on a de posséder quelque bien, et la tristesse, de l'opinion qu'on a d'avoir quelque mal ou quelque défaut. Mais il arrive souvent qu'on se sent triste ou joyeux sans qu'on puisse ainsi distinctement remarquer le bien ou le mal qui en sont les causes ; à savoir, lorsque ce bien ou ce mal font leurs impressions dans le cerveau sans l'entremise de l'âme, quelquefois à cause qu'ils n'appartiennent qu'au corps, et quelquefois aussi, encore qu'ils appartiennent à l'âme, à cause qu'elle ne les considère pas comme bien et mal, mais sous quelque autre forme dont l'impression est jointe avec celle du bien et du mal dans le cerveau [1].

---

1. Ici encore joue l'association d'idées, au sens le plus large, qui englobe les sentiments. La correspondance de Descartes l'illustre par l'exemple de son inclination spontanée pour les personnes atteintes de strabisme, résultat du transfert d'un amour d'enfance pour une fillette « qui était un peu louche » : « Ainsi lorsque nous sommes portés à aimer quelqu'un, sans que nous en sachions la cause, nous pouvons croire que cela vient de ce qu'il y a quelque chose en lui de semblable à ce qui a été dans un autre objet que nous avons aimé auparavant, encore que nous ne sachions pas ce que c'est » : à Chanut, 6 juin

Art. 94. *Comment ces passions sont excitées par des biens et des maux qui ne regardent que le corps; et en quoi consistent le chatouillement et la douleur.*

Ainsi, lorsqu'on est en pleine santé et que le temps est plus serein que de coutume, on sent en soi une gaieté qui ne vient d'aucune fonction de l'entendement, mais seulement **399** des impressions que le mouvement | des esprits fait dans le cerveau; et l'on se sent triste en même façon lorsque le corps est indisposé, encore qu'on ne sache point qu'il le soit[1]. Ainsi le chatouillement des sens est suivi de si près par la joie, et la douleur par la tristesse, que la plupart des hommes ne les distinguent point. Toutefois, ils diffèrent si fort qu'on peut quelquefois souffrir des douleurs avec joie, et recevoir des chatouillements qui déplaisent. Mais la cause qui fait que pour l'ordinaire la joie suit du chatouillement est que tout ce qu'on nomme chatouillement ou sentiment agréable consiste en ce que les objets des sens excitent quelque mouvement dans les nerfs, qui serait capable de leur nuire s'ils n'avaient pas assez de force pour lui résister, ou que le corps ne fût pas bien disposé. Ce qui fait une impression dans le cerveau, laquelle

1647, AT V, 57. Le même principe s'applique ici à la joie : elle peut naître – sans que nous ayons conscience de sa genèse – de la pure ressemblance d'un être avec un autre qui nous est agréable. Spinoza fera usage de cette association des sentiments pour expliquer leurs combinaisons.

1. *Cf.* art. 51. Cureau de la Chambre explique également « toutes ces joies secrètes que nous ressentons sans en savoir la raison » par un mouvement des esprits : « Par cette effusion le plaisir de l'âme s'augmente, à cause de la chaleur douce et tempérée qui coule dans les parties et qui les flatte et les chatouille. C'est pourquoi les plaisirs qui sont accompagnés de cette agitation corporelle sont plus grands et plus sensibles que quand elle ne s'y trouve point » (*Charactères des Passions*, p. 184-185).

étant instituée de la nature pour témoigner cette bonne disposition et cette force, la représente à l'âme comme un bien qui lui appartient, en tant qu'elle est unie avec le corps, et ainsi excite en elle la joie. C'est presque la même raison qui fait qu'on prend naturellement plaisir à se sentir émouvoir à toutes sortes de passions, même à la tristesse et à la haine, lorsque ces passions ne sont causées que par les aventures étranges qu'on voit représenter sur un théâtre[1], ou par d'autres pareils sujets, qui, ne pouvant nous nuire en aucune façon, semblent chatouiller notre âme en la touchant. Et la cause qui fait que la douleur produit ordinairement la tristesse est que le sentiment qu'on nomme douleur vient toujours de quelque action si violente qu'elle offense les nerfs ; en sorte qu'étant | institué de **400** la nature pour signifier à l'âme le dommage que reçoit le corps par cette action, et sa faiblesse en ce qu'il ne lui a pu résister, il lui représente l'un et l'autre comme des maux qui lui sont

---

1. Après Platon comptant parmi les plaisirs mêlés la « joie trempée de larmes » de la tragédie (*Philèbe*, 45a), saint Augustin avait déjà analysé cet étrange état où la tristesse même du spectacle nous réjouit (*Confessions*, III, c. 2, début; *cf.* IV, c. 5 fin; cités par saint Thomas, Ia, IIae, q. 35, a. 3, 2). Cet exemple classique a toujours vivement intéressé Descartes : dès le début du *Compendium musicæ*, il note que « les élégies mêmes et les tragédies nous plaisent d'autant plus que plus elles excitent en nous de compassion et de douleur... » (AT X, 89). *Cf.* textes cités en note aux art. 147 et 187. Le sentiment de vitalité accrue, ici évoqué, prépare l'explication spinoziste de la joie (*Éthique*, III, prop. II et scol.); dans la lettre à Élisabeth du 6 octobre 1645, Descartes joint à « l'exemple des tragédies, qui nous plaisent d'autant plus qu'elles excitent en nous plus de tristesse », « celui des exercices des corps, comme la chasse, le jeu de la paume et autres semblables, qui ne laissent pas d'être agréables encore qu'ils soient fort pénibles » car l'âme remarque « la force, ou l'adresse, ou quelque autre perfection du corps auquel elle est jointe » (AT IV, 309). *Cf.* art. 95.

toujours désagréables, excepté lorsqu'ils causent quelques biens qu'elle estime plus qu'eux.

Art. 95. *Comment elles peuvent aussi être excitées par des biens et des maux que l'âme ne remarque point, encore qu'ils lui appartiennent : comme sont le plaisir qu'on prend à se hasarder ou à se souvenir du mal passé.*

Ainsi le plaisir que prennent souvent les jeunes gens à entreprendre des choses difficiles, et à s'exposer à de grands périls, encore même qu'ils n'en espèrent aucun profit ni aucune gloire, vient en eux de ce que la pensée qu'ils ont que ce qu'ils entreprennent est difficile fait une impression dans leur cerveau, qui, étant jointe avec celle qu'ils pourraient former s'ils pensaient que c'est un bien de se sentir assez courageux, assez heureux, assez adroit ou assez fort pour oser se hasarder à tel point, est cause qu'ils y prennent plaisir. Et le contentement qu'ont les vieillards lorsqu'ils se souviennent des maux qu'ils ont soufferts, vient de ce qu'ils se représentent que c'est un bien d'avoir pu nonobstant cela subsister.

401 | Art. 96. *Quels sont les mouvements du sang et des esprits qui causent les cinq passions précédentes* [1].

Les cinq passions que j'ai ici commencé à expliquer sont tellement jointes ou opposées les unes aux autres, qu'il est plus

---

1. Après la première lecture du *Traité des Passions*, Élisabeth avait objecté que ces mouvements ne peuvent être isolés en chaque passion, « puisqu'elles ne sont jamais seules » (25 avril 1646, AT IV, 404). Descartes répond : « Il est vrai que j'ai eu de la difficulté à distinguer ceux qui appartiennent à chaque passion, à cause qu'elles ne sont jamais seules ; mains néanmoins, parce que les mêmes

aisé de les considérer toutes ensemble que de traiter séparément de chacune, ainsi qu'il a été traité de l'admiration. Et leur cause n'est pas, comme la sienne, dans le cerveau seul, mais aussi dans le cœur, dans la rate, dans le foie, et dans toutes les autres parties du corps, en tant qu'elles servent à la production du sang, et ensuite des esprits. Car, encore que toutes les veines conduisent le sang qu'elles contiennent vers le cœur, il arrive néanmoins quelquefois que celui de quelques-unes y est poussé avec plus de force que celui des autres ; et il arrive aussi que les ouvertures par où il entre dans le cœur, ou bien celles par où il en sort, sont plus élargies ou plus resserrées une fois que l'autre.

Art. 97. *Les principales expériences qui servent à connaître ces mouvements en l'amour.*

Or, en considérant les diverses altérations que l'expérience fait voir dans notre corps, pendant que | notre âme est agitée **402** de diverses passions, je remarque en l'amour, quand elle est seule, c'est-à-dire, quand elle n'est accompagnée d'aucune forte joie, ou désir, ou tristesse, que le battement du pouls est

ne sont point toujours jointes ensemble, j'ai tâché de remarquer les changements qui arrivent dans le corps, lorsqu'elles changeaient de compagnie. Ainsi, par exemple, si l'amour était toujours jointe à la tristesse, je ne saurais à laquelle des deux il faudrait attribuer la chaleur et la dilatation qu'elles font sentir autour du cœur ; mais parce qu'elle est aussi quelquefois jointe à la tristesse, et qu'alors on sent encore cette chaleur et non plus cette dilatation, j'ai jugé que la chaleur appartient à l'amour et la dilatation à la joie. Et bien que le désir soit quasi toujours avec l'amour, ils ne sont pas néanmoins toujours ensemble au même degré : car encore qu'on aime beaucoup, on désire peu, lorsqu'on ne conçoit aucune espérance ; et parce qu'on n'a point alors la diligence et la promptitude qu'on aurait, si le désir était plus grand, on peut juger que c'est de lui qu'elle vient, et non de l'amour » (mai 1646, AT IV, 408-409).

égal, et beaucoup plus grand et plus fort que de coutume, qu'on sent une douce chaleur dans la poitrine, et que la digestion des viandes se fait fort promptement dans l'estomac : en sorte que cette passion est utile pour la santé.

Art. 98. *En la haine.*

Je remarque au contraire, en la haine, que le pouls est inégal, et plus petit, et souvent plus vite ; qu'on sent des froideurs entremêlées de je ne sais quelle chaleur âpre et piquante dans la poitrine ; que l'estomac cesse de faire son office, et est enclin à vomir et rejeter les viandes qu'on a mangées, ou du moins à les corrompre et convertir en mauvaises humeurs.

Art. 99. *En la joie.*

En la joie, que le pouls est égal et plus vite qu'à l'ordinaire, mais qu'il n'est pas si fort ou si grand qu'en l'amour ; et qu'on sent une chaleur agréable, qui n'est pas seulement en la poitrine, mais qui se répand aussi en toutes les parties extérieures **403** du corps, | avec le sang qu'on voit y venir en abondance ; et que cependant on perd quelquefois l'appétit, à cause que la digestion se fait moins que de coutume.

Art. 100. *En la tristesse.*

En la tristesse, que le pouls est faible et lent, et qu'on sent comme des liens autour du cœur, qui le serrent, et des glaçons qui le gèlent, et communiquent leur froideur au reste du corps ; et que cependant on ne laisse pas d'avoir quelquefois bon appétit, et de sentir que l'estomac ne manque point à faire son devoir, pourvu qu'il n'y ait point de haine mêlée avec la tristesse[1].

Art. 101. *Au désir.*

Enfin je remarque cela de particulier dans le désir, qu'il agite le cœur plus violemment qu'aucune des autres passions, et fournit au cerveau plus d'esprits; lesquels passant de là dans les muscles, rendent tous les sens plus aigus, et toutes les parties du corps plus mobiles.

Art. 102. *Le mouvement du sang et des esprits en l'amour.*

Ces observations, et plusieurs autres qui seraient trop longues à écrire, m'ont donné sujet de juger | que, lorsque **404** l'entendement se représente quelque objet d'amour, l'impression que cette pensée fait dans le cerveau conduit les esprits animaux, par les nerfs de la sixième paire[2], vers les muscles

---

1. Descartes l'avait observé sur lui-même dès sa jeunesse : « Je remarque, écrit-il dans les *Cogitationes privatæ*, que si je suis triste ou en danger ou préoccupé d'affaires attristantes, je dors profondément et mange de grand appétit; par contre si la joie me dilate, je ne dîne ni ne dors » (*cf.* AT X, 215 et IV, 409, note). Descartes répond en invoquant son expérience propre, et explique cette divergence en ce que « le premier sujet de tristesse que quelques-uns ont eu au commencement de leur vie a été qu'ils ne recevaient pas assez de nourriture, et que celui des autres a été que celle qu'ils recevaient leur était nuisible. Et en ceux-ci le mouvement des esprits qui ôte l'appétit est toujours depuis demeuré joint avec la passion de la tristesse » (AT IV, 409). Sur cette origine infantile des phénomènes passionnels, *cf.* art. 107-111 et notes.

2. À l'époque de Descartes on comptait seulement sept paires de nerfs craniens, l'avant-dernière étant le nerf *vague* des Anciens, ou pneumogastrique, qui innerve le thorax et l'abdomen et n'était pas alors distingué du grand sympathique.

qui sont autour des intestins et de l'estomac, en la façon qui est requise pour faire que le suc des viandes, qui se convertit en nouveau sang, passe promptement vers le cœur, sans s'arrêter dans le foie, et qu'y étant poussé avec plus de force que celui qui est dans les autres parties du corps, il y entre en plus grande abondance, et y excite une chaleur plus forte, à cause qu'il est plus grossier que celui qui a déjà été raréfié plusieurs fois en passant et repassant par le cœur. Ce qui fait qu'il envoie aussi des esprits vers le cerveau, dont les parties sont plus grosses et plus agitées qu'à l'ordinaire ; et ces esprits, fortifiant l'impression que la première pensée de l'objet aimable y a faite, obligent l'âme à s'arrêter sur cette pensée. Et c'est en cela que consiste la passion d'amour.

Art. 103. *En la haine*.

Au contraire, en la haine, la première pensée de l'objet qui donne de l'aversion conduit tellement les esprits qui sont dans le cerveau vers les muscles de l'estomac et des intestins, qu'ils empêchent que le suc des viandes ne se mêle avec le sang, en resserrant toutes les ouvertures par où il a coutume d'y couler ; **405** et elle les conduit aussi tellement vers les petits nerfs | de la rate, et de la partie inférieure du foie, où est le réceptacle de la bile, que les parties du sang qui ont coutume d'être rejetées vers ces endroits-là en sortent et coulent, avec celui qui est dans les rameaux de la veine cave, vers le cœur. Ce qui cause beaucoup d'inégalités en sa chaleur, d'autant que le sang qui vient de la rate ne s'échauffe et se raréfie qu'à peine, et qu'au contraire, celui qui vient de la partie inférieure du foie, où est toujours le fiel, s'embrase et se dilate fort promptement. En suite de quoi les esprits qui vont au cerveau ont aussi des parties fort inégales et des mouvements fort extraordinaires ;

d'où vient qu'ils y fortifient les idées de haine qui s'y trouvent déjà imprimées, et disposent l'âme à des pensées qui sont pleines d'aigreur et d'amertume.

Art. 104. *En la joie.*

En la joie ce ne sont pas tant les nerfs de la rate, du foie, de l'estomac ou des intestins qui agissent, que ceux qui sont en tout le reste du corps ; et particulièrement celui qui est autour des orifices du cœur, lequel, ouvrant et élargissant ces orifices, donne moyen au sang que les autres nerfs chassent des veines vers le cœur, d'y entrer et d'en sortir en plus grande quantité que de coutume. Et parce que le sang qui entre alors dans le cœur y a déjà passé et repassé plusieurs fois, étant venu des artères dans les veines, il se dilate fort aisément, et produit des esprits dont les parties, | étant fort égales et subtiles, sont **406** propres à former et fortifier les impressions du cerveau qui donnent à l'âme des pensées gaies et tranquilles.

Art. 105. *En la tristesse.*

Au contraire, en la tristesse, les ouvertures du cœur sont fort rétrécies par le petit nerf qui les environne, et le sang des veines n'est aucunement agité : ce qui fait qu'il en va fort peu vers le cœur. Et cependant, les passages par où le suc des viandes coule de l'estomac et des intestins vers le foie demeurent ouverts ; ce qui fait que l'appétit ne diminue point, excepté lorsque la haine, laquelle est souvent jointe à la tristesse, les ferme [1].

---

1. *Cf.* art. 100, note.

Art. 106. *Au désir.*

Enfin la passion du désir a cela de propre, que la volonté qu'on a d'obtenir quelque bien, ou de fuir quelque mal, envoie promptement les esprits du cerveau vers toutes les parties du corps qui peuvent servir aux actions requises pour cet effet ; et particulièrement vers le cœur et les parties qui lui fournissent le plus de sang, afin qu'en recevant plus grande abondance **407** que de coutume, il envoie plus grande quantité | d'esprits vers le cerveau, tant pour y entretenir et fortifier l'idée de cette volonté que pour passer de là dans tous les organes des sens et tous les muscles qui peuvent être employés pour obtenir ce qu'on désire.

Art. 107. *Quelle est la cause de ces mouvements en l'amour.*

Et je déduis les raisons de tout ceci de ce qui a été dit ci-dessus, qu'il y a telle liaison entre notre âme et notre corps que lorsque nous avons une fois joint quelque action corporelle avec quelque pensée, l'une des deux ne se présente point à nous par après, que l'autre ne s'y présente aussi. Comme on voit en ceux qui ont pris avec grande aversion quelque breuvage étant malades, qu'ils ne peuvent rien boire ou manger par après qui en approche du goût, sans avoir derechef la même aversion. Et pareillement, qu'ils ne peuvent penser à l'aversion qu'on a des médecines, que le même goût ne leur revienne en la pensée. Car il me semble que les premières passions que notre âme a eues, lorsqu'elle a commencé d'être jointe à notre corps, ont dû être que quelquefois le sang, ou autre suc qui entrait dans le cœur, était un aliment plus convenable que l'ordinaire pour y entretenir la chaleur qui est le principe de la vie [1]; ce qui était cause que l'âme joignait à soi de volonté cet aliment, c'est-à-dire, l'aimait; et en même temps les | esprits **408** coulaient du cerveau vers les muscles qui pouvaient presser ou agiter les parties d'où il était venu vers le cœur, pour faire qu'elles lui en envoyassent davantage; et ces parties étaient l'estomac et les intestins, dont l'agitation augmente l'appétit, ou bien aussi le foie et le poumon, que les muscles du diaphragme peuvent presser. C'est pourquoi ce même mouvement des esprits a toujours accompagné depuis la passion d'amour [2].

---

1. Cf. *Description du corps humain*, AT XI, 228 : « La dilatation du sang qui cause cette chaleur est le premier et le principal ressort de toute notre machine ». Ce principe, hérité de la physiologie scolastique, est cependant pur de tout vitalisme; car Descartes ne connaît « point d'autre feu ni d'autre chaleur dans le cœur, que cette seule agitation des particules du sang » (*ibid.*, 281).

2. *Cf.* à Chanut, 1 er février 1647 : « Les premières dispositions du corps qui ont ainsi accompagné nos pensées, lorsque nous sommes entrés au monde, ont dû sans doute se joindre plus étroitement avec elles que celles qui les accompagnent par après. Et pour examiner l'origine de la chaleur qu'on sent autour du corps, et celle des autres dispositions du corps qui accompagnent l'amour, je considère que, dès le premier moment que notre âme a été jointe au corps, il est vraisemblable qu'elle a senti de la joie, et incontinent après de l'amour, puis peut-être aussi de la haine et de la tristesse; et que les mêmes dispositions du corps qui ont pour lors causé en elles ces passions, en ont naturellement par après accompagné les pensées… »; « et bien que quelques années après, elle ait commencé à avoir d'autres joies et d'autres amours que celles qui ne dépendent que de la bonne constitution et convenable nourriture du corps, toutefois ce qu'il y a eu d'intellectuel en ces joies ou amours, a toujours été accompagné des premiers sentiments qu'elle en avait eus, et même aussi des mouvements ou fonctions naturelles qui étaient alors dans le corps : en sorte que, d'autant que l'amour n'était causée, avant la naissance, que par un aliment convenable qui, entrant abondamment dans le fois, dans le cœur et dans les poumons, y excitait plus de chaleur que de coutume, de là vient que maintenant cette chaleur accom-

Art. 108. *En la haine.*

Quelquefois au contraire il venait quelque suc étranger vers le cœur, qui n'était pas propre à entretenir la chaleur, ou même qui la pouvait éteindre : ce qui était cause que les esprits qui montaient du cœur au cerveau excitaient en l'âme la passion de la haine. Et en même temps aussi ces esprits allaient du cerveau vers les nerfs qui pouvaient pousser du sang de la rate et des petites veines du foie vers le cœur, pour empêcher ce suc nuisible d'y entrer ; et de plus vers ceux qui pouvaient repousser ce même suc vers les intestins et vers l'estomac, ou aussi quelquefois obliger l'estomac à le vomir. D'où vient que ces mêmes mouvements ont coutume d'accompagner la passion de la haine. Et on peut voir à l'œil qu'il y a dans le foie quantité de veines, ou conduits, assez larges, par où le suc des viandes peut passer de la veine porte en la veine cave, et de là au cœur, sans s'arrêter aucunement au foie ; mais qu'il y en a **409** aussi | une infinité d'autres plus petites où il peut s'arrêter, et qui contiennent toujours du sang de réserve, ainsi que fait aussi la rate ; lequel sang étant plus grossier que celui qui est dans les autres parties du corps, peut mieux servir d'aliment au feu qui est dans le cœur, quand l'estomac et les intestins manquent de lui en fournir.

Art. 109. *En la joie.*

Il est aussi quelquefois arrivé, au commencement de notre vie [1], que le sang contenu dans les veines était un aliment assez

---

pagne toujours l'amour, encore qu'elle vienne d'autres causes fort différentes » (AT IV, 604-606).

1. *Ibid.*, 604-605 : La « première passion a été la joie, parce qu'il n'est pas croyable que l'âme ait été mise dans le corps sinon qu'il a été bien disposé… ».

convenable pour entretenir la chaleur du cœur, et qu'elles en contenaient en telle quantité, qu'il n'avait pas besoin de tirer aucune nourriture d'ailleurs. Ce qui a excité en l'âme la passion de la joie, et a fait en même temps que les orifices du cœur se sont plus ouverts que de coutume, et que les esprits coulant abondamment du cerveau, non seulement dans les nerfs qui servent à ouvrir ces orifices, mais aussi généralement en tous les autres qui poussent le sang des veines vers le cœur, empêchent qu'il n'y en vienne de nouveau du foie, de la rate, des intestins et de l'estomac. C'est pourquoi ces mêmes mouvements accompagnent la joie.

| Art. 110. *En la tristesse.*

Quelquefois au contraire il est arrivé que le corps a eu faute de nourriture, et c'est ce qui doit avoir fait sentir à l'âme sa première tristesse, au moins celle qui n'a point été jointe à la haine[1]. Cela même a fait aussi que les orifices du cœur se sont étrécis, à cause qu'ils ne reçoivent que peu de sang ; et qu'une assez notable partie de ce sang est venue de la rate, à cause qu'elle est comme le dernier réservoir qui sert à en fournir au cœur, lorsqu'il ne lui en vient pas assez d'ailleurs. C'est pourquoi les mouvements des esprits et des nerfs qui servent à étrécir ainsi les orifices du cœur, et à y conduire du sang de la rate, accompagnent toujours la tristesse.

---

1. *Ibid.*, 605 : « comme aussi par après, s'il est arrivé que cet aliment ait manqué, l'âme en a eu de la tristesse. Et s'il en est venu d'autre en sa place, qui n'ait pas été propre à nourrir le corps, elle a eu pour lui de la haine » (*cf.* art. 100).

Art. 111. *Au désir.*

Enfin tous les premiers désirs que l'âme peut avoir eus lorsqu'elle était nouvellement jointe au corps ont été de recevoir les choses qui lui étaient convenables, et de repousser celles qui lui étaient nuisibles. Et ç'a été pour ces mêmes effets que les esprits ont commencé dès lors à mouvoir tous les **411** muscles et tous | les organes des sens en toutes les façons qu'ils les peuvent mouvoir. Ce qui est cause que maintenant, lorsque l'âme désire quelque chose, tout le corps devient plus agile et plus disposé à se mouvoir qu'il n'a coutume d'être sans cela. Et lorsqu'il arrive d'ailleurs que le corps est ainsi disposé, cela rend les désirs de l'âme plus forts et plus ardents.

Art. 112. *Quels sont les signes extérieurs de ces passions.*

Ce que j'ai mis ici fait assez entendre la cause des différences du pouls et de toutes les autres propriétés que j'ai ci-dessus attribuées à ces passions, sans qu'il soit besoin que je m'arrête à les expliquer davantage. Mais, parce que j'ai seulement remarqué en chacune ce qui s'y peut observer lorsqu'elle est seule, et qui sert à connaître les mouvements du sang et des esprits qui les produisent, il me reste encore à traiter de plusieurs signes extérieurs, qui ont coutume de les accompagner, et qui se remarquent bien mieux lorsqu'elles sont mêlées plusieurs ensemble, ainsi qu'elles ont coutume d'être, que lorsqu'elles sont séparées. Les principaux de ces signes sont les actions des yeux et du visage, les changements de couleur, les tremblements, la langueur, la pâmoison, les ris, les larmes, les gémissements et les soupirs.

| Art. 113. *Des actions des yeux et du visage.*   **412**

Il n'y a aucune passion que quelque particulière action des yeux ne déclare : et cela est si manifeste en quelques-unes, que même les valets les plus stupides peuvent remarquer à l'œil de leur maître s'il est fâché contre eux ou s'il ne l'est pas. Mais encore qu'on aperçoive aisément ces actions des yeux, et qu'on sache ce qu'elles signifient, il n'est pas aisé pour cela de les décrire, à cause que chacune est composée de plusieurs changements qui arrivent au mouvement et en la figure de l'œil, lesquels sont si particuliers et si petits, que chacun d'eux ne peut être aperçu séparément, bien que ce qui résulte de leur conjonction soit fort aisé à remarquer. On peut dire quasi le même des actions du visage qui accompagnent aussi les passions ; car bien qu'elles soient plus grandes que celles des yeux, il est toutefois malaisé de les distinguer ; et elles sont si peu différentes qu'il y a des hommes qui font presque la même mine lorsqu'ils pleurent, que les autres lorsqu'ils rient. Il est vrai qu'il y en a quelques-unes qui sont assez remarquables, comme sont les rides du front en la colère, et certains mouvements du nez et des lèvres en l'indignation et en la moquerie ; mais elles ne semblent pas tant être naturelles que volontaires. Et généralement toutes les actions, tant du visage que des yeux, peuvent être changées par l'âme lorsque, voulant cacher sa | passion, elle en imagine fortement une contraire : en sorte **413** qu'on s'en peut aussi bien servir à dissimuler ses passions qu'à les déclarer.

Art. 114. *Des changements de couleur.*

On ne peut pas si facilement s'empêcher de rougir ou de pâlir, lorsque quelque passion y dispose, parce que ces changements ne dépendent pas des nerfs et des muscles, ainsi que les précédents, et qu'ils viennent plus immédiatement du cœur, lequel on peut nommer la source des passions, en tant qu'il prépare le sang et les esprits à les produire. Or il est certain que la couleur du visage ne vient que du sang, lequel coulant continuellement du cœur par les artères en toutes les veines, et de toutes les veines dans le cœur, colore plus ou moins le visage, selon qu'il remplit plus ou moins les petites veines qui sont vers sa superficie.

Art. 115. *Comment la joie fait rougir.*

Ainsi la joie rend la couleur plus vive et plus vermeille, parce qu'en ouvrant les écluses du cœur, elle fait que le sang coule plus vite en toutes les veines ; et que devenant plus chaud et plus subtil, il enfle médiocrement toutes les parties du visage : ce qui en rend l'air plus riant et plus gai.

414 | Art. 116. *Comment la tristesse fait pâlir.*

La tristesse au contraire, en étrécissant les orifices du cœur, fait que le sang coule plus lentement dans les veines, et que devenant plus froid et plus épais, il a besoin d'y occuper moins de place ; en sorte que, se retirant dans les plus larges, qui sont les plus proches du cœur, il quitte les plus éloignées, dont les plus apparentes étant celles du visage, cela le fait paraître pâle et décharné : principalement lorsque la tristesse est grande, ou qu'elle survient promptement, comme on voit en l'épouvante, dont la surprise augmente l'action qui serre le cœur.

Art. 117. *Comment on rougit souvent étant triste.*

Mais il arrive souvent qu'on ne pâlit point étant triste, et qu'au contraire on devient rouge. Ce qui doit être attribué aux autres passions qui se joignent à la tristesse, à savoir à l'amour ou au désir, et quelquefois aussi à la haine. Car ces passions échauffant ou agitant le sang qui vient du foie, des intestins et des autres parties intérieures, le poussent vers le cœur, et de là par la grande artère vers les veines du visage, sans que la tristesse qui serre de part et d'autre les orifices du cœur le puisse empêcher, excepté lorsqu'elle est fort excessive. Mais encore | qu'elle ne soit que médiocre, elle empêche aisément **415** que le sang ainsi venu dans les veines du visage ne descende vers le cœur, pendant que l'amour, le désir ou la haine y en poussent d'autre des parties intérieures. C'est pourquoi, ce sang étant arrêté autour de la face, il la rend rouge ; et même plus rouge que pendant la joie, à cause que la couleur du sang paraît d'autant mieux qu'il coule moins vite, et aussi à cause qu'il s'en peut ainsi assembler davantage dans les veines de la face, que lorsque les orifices du cœur sont plus ouverts. Ceci paraît principalement en la honte, laquelle est composée de l'amour de soi-même et d'un désir pressant d'éviter l'infamie présente, ce qui fait venir le sang des parties intérieures vers le cœur, puis de là par les artères vers la face ; et avec cela, d'une médiocre tristesse, qui empêche ce sang de retourner vers le cœur. Le même paraît aussi ordinairement lorsqu'on pleure ; car comme je dirai ci-après, c'est l'amour joint à la tristesse qui cause la plupart des larmes. Et le même paraît en la colère, où souvent un prompt désir de vengeance est mêlé avec l'amour, la haine et la tristesse.

Art. 118. *Des tremblements.*

Les tremblements ont deux diverses causes : l'une est qu'il vient quelquefois trop peu d'esprits du cerveau dans les nerfs, et l'autre qu'il y en vient quelquefois trop pour pouvoir fermer

416 bien justement les petits | passages des muscles qui, suivant ce qui a été dit en l'article 11, doivent être fermés pour déterminer les mouvements des membres. La première cause paraît en la tristesse et en la peur, comme aussi lorsqu'on tremble de froid. Car ces passions peuvent, aussi bien que la froideur de l'air, tellement épaissir le sang, qu'il ne fournit pas assez d'esprits au cerveau pour en envoyer dans les nerfs. L'autre cause paraît souvent en ceux qui désirent ardemment quelque chose, et en ceux qui sont fort émus de colère, comme aussi en ceux qui sont ivres : car ces deux passions, aussi bien que le vin, font aller quelquefois tant d'esprits dans le cerveau qu'ils ne peuvent pas être réglément conduits de là dans les muscles.

Art. 119. *De la langueur*[1].

La langueur est une disposition à se relâcher et être sans mouvement, qui est sentie en tous les membres. Elle vient, ainsi que le tremblement, de ce qu'il ne va pas assez d'esprits dans les nerfs, mais d'une façon différente. Car la cause du tremblement est qu'il n'y en a pas assez dans le cerveau pour obéir aux déterminations de la glande, lorsqu'elle les pousse vers quelque muscle, au lieu que la langueur vient de ce que la glande ne les détermine point à aller vers aucuns muscles, plutôt que vers d'autres.

---

1. L'édition originale porte : *langeur*. Après avoir remis le *Traité* sous sa première forme, à la princesse Élisabeth, Descartes lui écrivit par deux fois pour confesser comme une faute d'y avoir « mis, au nombre des émotions de l'âme qui sont excusables, une je ne sais quelle langueur qui nous empêche quelquefois de mettre en exécution les choses qui ont été approuvées par notre jugement » (15 mai 1646, AT IV, 414. *Cf.* également 412). Le *Traité* que nous possédons a été corrigé sur ce point.

| Art. 120. *Comment elle est causée par l'amour et par le*   **417**
désir.

Et la passion qui cause le plus ordinairement cet effet est l'amour, jointe au désir d'une chose dont l'acquisition n'est pas imaginée comme possible pour le temps présent. Car l'amour occupe tellement l'âme à considérer l'objet aimé, qu'elle emploie tous les esprits qui sont dans le cerveau à lui en représenter l'image, et arrête tous les mouvements de la glande qui ne servent point à cet effet. Et il faut remarquer, touchant le désir, que la propriété que je lui ai attribuée de rendre le corps plus mobile ne lui convient que lorsqu'on imagine l'objet désiré être tel qu'on peut dès ce temps-là faire quelque chose qui serve à l'acquérir. Car si au contraire on imagine qu'il est impossible pour lors de rien faire qui y soit utile, toute l'agitation du désir demeure dans le cerveau, sans passer aucunement dans les nerfs ; et étant entièrement employée à y fortifier l'idée de l'objet désiré, elle laisse le reste du corps languissant.

Art. 121. *Qu'elle peut aussi être causée par d'autres passions.*

Il est vrai que la haine, la tristesse, et même la joie peuvent causer aussi quelque langueur, lorsqu'elles sont fort violentes, à cause qu'elles occupent entièrement l'âme à considérer leur objet ; principalement | lorsque le désir d'une chose à l'acqui-   **418**
sition de laquelle on ne peut rien contribuer au temps présent est joint avec elle. Mais parce qu'on s'arrête bien plus à considérer les objets qu'on joint à soi de volonté, que ceux qu'on en sépare, et qu'aucuns autres ; et que la langueur ne dépend point d'une surprise, mais a besoin de quelque temps pour être formée, elle se rencontre bien plus en l'amour qu'en toutes les autres passions.

Art. 122. *De la pâmoison.*

La pâmoison n'est pas fort éloignée de la mort, car on meurt lorsque le feu qui est dans le cœur s'éteint tout à fait[1]; et on tombe seulement en pâmoison lorsqu'il est étouffé en telle sorte qu'il demeure encore quelques restes de chaleur, qui peuvent par après le rallumer. Or il y a plusieurs indispositions du corps qui peuvent faire qu'on tombe ainsi en défaillance; mais entre les passions, il n'y a que l'extrême joie qu'on remarque en avoir le pouvoir. Et la façon dont je crois qu'elle cause cet effet est qu'ouvrant extraordinairement les orifices du cœur, le sang des veines y entre si à coup et en si grande quantité, qu'il n'y peut être raréfié par la chaleur assez promptement pour lever les petites peaux qui ferment les entrées de ces veines : au moyen de quoi il étouffe le feu, lequel il a coutume d'entretenir lorsqu'il n'entre dans le cœur que par mesure.

419 | Art. 123. *Pourquoi on ne pâme point de tristesse.*

Il semble qu'une grande tristesse qui survient inopinément doit tellement serrer les orifices du cœur, qu'elle en peut aussi éteindre le feu; mais néanmoins on n'observe point que cela arrive, ou s'il arrive, c'est très rarement : dont je crois que la raison est qu'il ne peut guère y avoir si peu de sang dans le cœur, qu'il ne suffise pour entretenir la chaleur, lorsque ses orifices sont presque fermés.

Art. 124. *Du ris.*

Le ris consiste en ce que le sang qui vient de la cavité droite du cœur par la veine artérieuse, enflant les poumons subite-

---

1. *Cf.* AT XI, 280-282 et art. 107, note 1.

ment et à diverses reprises, fait que l'air qu'ils contiennent est contraint d'en sortir avec impétuosité par le sifflet, où il forme une voix inarticulée et éclatante; et tant les poumons en s'enflant que cet air en sortant poussent tous les muscles du diaphragme, de la poitrine et de la gorge, au moyen de quoi ils font mouvoir ceux du visage qui ont quelque connexion avec eux. Et ce n'est que cette action du visage, avec cette voix inarticulée et éclatante, qu'on nomme le ris.

|Art. 125. *Pourquoi il n'accompagne point les plus* 420 *grandes joies* [1].

Or, encore qu'il semble que le ris soit un des principaux signes de la joie, elle ne peut toutefois le causer que lorsqu'elle est seulement médiocre, et qu'il y a quelque admiration ou quelque haine mêlée avec elle. Car on trouve par expérience que lorsqu'on est extraordinairement joyeux, jamais le sujet de cette joie ne fait qu'on éclate de rire; et même on ne peut pas si aisément y être invité par quelque autre cause, que lorsqu'on est triste. Dont la raison est que dans les grandes joies, le poumon est toujours si plein de sang qu'il ne peut être davantage enflé par reprises.

Art. 126. *Quelles sont ses principales causes.*

Et je ne puis remarquer que deux causes qui fassent ainsi subitement enfler le poumon. La première est la surprise de l'admiration, laquelle étant jointe à la joie, peut ouvrir si promptement les orifices du cœur, qu'une grande abondance

---

1. *Cf.* à Élisabeth: «les grandes joies sont ordinairement mornes et sérieuses et il n'y a que les médiocres et passagères qui soient accompagnées du ris» (6 octobre 1645, AT IV, 305).

de sang, entrant tout à coup en son côté droit par la veine cave, s'y raréfie, et passant de là par la veine artérieuse, enfle le poumon. L'autre est le mélange de quelque liqueur qui augmente la raréfaction du sang. Et je n'en trouve point de **421** propre à cela, que la plus coulante partie de | celui qui vient de la rate, laquelle partie du sang étant poussée vers le cœur par quelque légère émotion de haine, aidée par la surprise de l'admiration, et s'y mêlant avec le sang qui vient des autres endroits du corps, lequel la joie y fait entrer en abondance, peut faire que ce sang s'y dilate beaucoup plus qu'à l'ordinaire : en même façon qu'on voit quantité d'autres liqueurs s'enfler tout à coup, étant sur le feu, lorsqu'on jette un peu de vinaigre dans le vaisseau où elles sont[1]. Car la plus coulante partie du sang qui vient de la rate est de nature semblable au vinaigre. L'expérience aussi nous fait voir qu'en toutes les rencontres qui peuvent produire ce ris éclatant qui vient du poumon, il y a toujours quelque petit sujet de haine, ou du moins d'admiration. Et ceux dont la rate n'est pas bien saine sont sujets à être non seulement plus tristes, mais aussi, par intervalles, plus gais et plus disposés à rire que les autres : d'autant que la rate envoie deux sortes de sang vers le cœur, l'un fort épais et grossier, qui cause la tristesse, l'autre fort fluide et subtil, qui cause la joie[2]. Et souvent, après avoir beaucoup ri, on se sent naturellement enclin à la tristesse, parce que, la plus fluide

1. Le « feu » du cœur lui-même est conçu comme une fermentation, cf. *Discours*, 5ᵉ partie, AT IV, 46, et *Description du corps humain*, AT XI, 228.

2. « L'opinion des anciens qui estimaient que la rate était le siège du ris, peut-être en quelque façon reçue, à savoir en tant qu'elle attire à soi la plus grossière partie du suc, et en fait du sang, afin que ce qui reste et qui doit être élaboré par le foie soit plus raffiné et plus subtil » (Bartholin, *Institutions anatomiques…*, 1647, p. 124).

partie du sang de la rate étant épuisée, l'autre plus grossière la suit vers le cœur[1].

Art. 127. *Quelle est sa cause en l'indignation.*

Pour le ris qui accompagne quelquefois l'indignation, il est ordinairement artificiel et feint. Mais lorsqu'il | est naturel, il **422** semble venir de la joie qu'on a de ce qu'on voit ne pouvoir être offensé par le mal dont on est indigné, et avec cela de ce qu'on se trouve surpris par la nouveauté ou par la rencontre inopinée de ce mal[2]. De façon que la joie, la haine et l'admiration y contribuent. Toutefois je veux croire qu'il peut aussi être produit sans aucune joie, par le seul mouvement de l'aversion, qui envoie du sang de la rate vers le cœur, où il est raréfié, et poussé de là dans le poumon, lequel il enfle facilement, lorsqu'il le rencontre presque vide. Et généralement tout ce qui peut enfler subitement le poumon en cette façon, cause l'action extérieure du ris, excepté lorsque la tristesse la change en celle des gémissements et des cris qui accompagnent les larmes. À propos de quoi Vivès écrit de soi-même *J.-L. Vivès,* que, lorsqu'il avait été longtemps sans manger, les *3. de Anima,* premiers morceaux qu'il mettait en sa bouche l'obli- *cap. de Risu*[3] geaient à rire : ce qui pouvait venir de ce que son poumon,

---

1. Les *Cogitationes privatæ* notent que l'on passe parfois violemment d'une passion à sa contraire, par exemple quand dans un joyeux banquet on annonce subitement un triste accident (AT X, 217).

2. *Cf.* art. 197.

3. *Cf.* introduction, p. 42-49 et Vivès, *de Anima*, III, X, *op. cit.* p. 469 : *et ego ad primam et alteram buccam, quam sumo a longe inedia, non possum risum continere, videlicet, contracta præcordia dilatantur ex cibo.* C'est Descartes qui, pour expliquer ce phénomène, fait intervenir l'imagination.

vide de sang par faute de nourriture, était promptement enflé par le premier suc qui passait de son estomac vers le cœur, et que la seule imagination de manger y pouvait conduire, avant même que celui des viandes qu'il mangeait y fût parvenu.

Art. 128. *De l'origine des larmes.*

423   Comme le ris n'est jamais causé par les plus grandes | joies, ainsi les larmes ne viennent point d'une extrême tristesse[1], mais seulement de celle qui est médiocre, et accompagnée ou suivie de quelque sentiment d'amour, ou aussi de joie. Et pour bien entendre leur origine, il faut remarquer que bien qu'il sorte continuellement quantité de vapeurs de toutes les parties de notre corps, il n'y en a toutefois aucune dont il en sorte tant que des yeux, à cause de la grandeur des nerfs optiques, et de la multitude de petites artères par où elles y viennent; et que comme la sueur n'est composée que des vapeurs qui, sortant des autres parties, se convertissent en eau sur leur superficie, ainsi les larmes se font des vapeurs qui sortent des yeux.

Art. 129. *De la façon que les vapeurs se changent en eau.*

Or, comme j'ai écrit dans les *Météores*[2], en expliquant en quelle façon les vapeurs de l'air se convertissent en pluie, que

---

1. Peu après la mort de sa fille et de son père, Descartes écrit dans une lettre de condoléances : « Je ne suis pas de ceux qui estiment que les larmes et la tristesse n'appartiennent qu'aux femmes et que, pour paraître homme de cœur, on ne doive contraindre à montrer toujours un visage tranquille. J'ai senti depuis peu la perte de deux personnes qui m'étaient très proches et j'ai éprouvé que ceux qui me voulaient défendre la tristesse l'irritaient, au lieu que j'étais soulagé par la complaisance de ceux que je voyais touchés de mon déplaisir » (à Pollot, mi-janvier 1641, AT III, 278-279).

2. *Discours II, Des vapeurs et des exhalaisons*, AT VI, 239-247.

cela vient de ce qu'elles sont moins agitées ou plus abondantes qu'à l'ordinaire, ainsi je crois que lorsque celles qui sortent du corps sont beaucoup moins agitées que de coutume, encore qu'elles ne soient pas si abondantes, elles ne laissent pas de se convertir en eau, ce qui cause les sueurs froides qui viennent quelquefois de faiblesse, quand on est malade. Et je crois que lorsqu'elles sont beaucoup plus abondantes, pourvu qu'elles ne soient pas avec cela plus agitées, elles se convertissent aussi en | eau. Ce qui est cause de la sueur qui vient quand on fait **424** quelque exercice. Mais alors les yeux ne suent point, parce que pendant les exercices du corps, la plupart des esprits allant dans les muscles qui servent à le mouvoir, il en va moins par le nerf optique vers les yeux. Et ce n'est qu'une même matière qui compose le sang, pendant qu'elle est dans les veines ou dans les artères, et les esprits, lorsqu'elle est dans le cerveau, dans les nerfs ou dans les muscles, et les vapeurs, lorsqu'elle en sort en forme d'air, et enfin la sueur ou les larmes, lorsqu'elle s'épaissit en eau sur la superficie du corps ou des yeux.

Art. 130. *Comment ce qui fait de la douleur à l'œil l'excite à pleurer.*

Et je ne puis remarquer que deux causes qui fassent que les vapeurs qui sortent des yeux se changent en larmes. La première est quand la figure des pores par où elles passent est changée, par quelque accident que ce puisse être : car cela retardant le mouvement de ces vapeurs et changeant leur ordre, peut faire qu'elles se convertissent en eau. Ainsi il ne faut qu'un fétu qui tombe dans l'œil pour en tirer quelques larmes, à cause qu'en y excitant de la douleur, il change la disposition de ses pores : en sorte que, quelques-uns devenant plus étroits,

les petites parties des vapeurs y passent moins vite ; et qu'au
lieu qu'elles en sortaient auparavant également distantes les
425 unes des | autres, et ainsi demeuraient séparées, elles viennent
à se rencontrer, à cause que l'ordre de ces pores est troublé,
au moyen de quoi elles se joignent, et ainsi se convertissent
en larmes.

Art. 131. *Comment on pleure de tristesse.*

L'autre cause est la tristesse, suivie d'amour, ou de joie, ou
généralement de quelque cause qui fait que le cœur pousse
beaucoup de sang par les artères. La tristesse y est requise, à
cause que refroidissant tout le sang, elle étrécit les pores des
yeux. Mais parce qu'à mesure qu'elle les étrécit, elle diminue
aussi la quantité des vapeurs auxquelles ils doivent donner
passage, cela ne suffit pas pour produire des larmes, si la
quantité de ces vapeurs n'est à même temps augmentée par
quelque autre cause. Et il n'y a rien qui l'augmente davantage
que le sang qui est envoyé vers le cœur en la passion de l'amour.
Aussi voyons-nous que ceux qui sont tristes ne jettent pas
continuellement des larmes, mais seulement par intervalles,
lorsqu'ils font quelque nouvelle réflexion sur les objets qu'ils
affectionnent.

Art. 132. *Des gémissements qui accompagnent les larmes.*

Et alors les poumons sont aussi quelquefois enflés tout à
426 coup par l'abondance du sang qui entre dedans, | et qui en
chasse l'air qu'ils contenaient, lequel, sortant par le sifflet,
engendre les gémissements et les cris, qui ont coutume
d'accompagner les larmes. Et ces cris sont ordinairement plus
aigus que ceux qui accompagnent le ris, bien qu'ils soient

produits quasi en même façon : dont la raison est que les nerfs qui servent à élargir ou étrécir les organes de la voix pour la rendre plus grosse ou plus aiguë, étant joints avec ceux qui ouvrent les orifices du cœur pendant la joie, et les étrécissent pendant la tristesse, ils font que ces organes s'élargissent ou s'étrécissent au même temps.

Art. 133. *Pourquoi les enfants et les vieillards pleurent aisément.*

Les enfants et les vieillards sont plus enclins à pleurer que ceux du moyen âge, mais c'est pour diverses raisons. Les vieillards pleurent souvent d'affection et de joie ; car ces deux passions jointes ensemble envoient beaucoup de sang à leur cœur, et de là beaucoup de vapeurs à leurs yeux ; et l'agitation de ces vapeurs est tellement retardée par la froideur de leur naturel, qu'elles se convertissent aisément en larmes, encore qu'aucune tristesse n'ait précédé. Que si quelques vieillards pleurent aussi fort aisément de fâcherie, ce n'est pas tant le tempérament de leur corps que celui de leur esprit qui les y dispose. Et cela n'arrive qu'à ceux qui sont si faibles qu'ils se laissent entièrement surmonter par de petits sujets de douleur, de crainte ou de pitié. Le même arrive aux | enfants, lesquels **427** ne pleurent guère de joie, mais bien plus de tristesse, même quand elle n'est point accompagnée d'amour. Car ils ont toujours assez de sang pour produire beaucoup de vapeurs, le mouvement desquelles étant retardé par la tristesse, elles se convertissent en larmes.

Art. 134. *Pourquoi quelques enfants pâlissent au lieu de pleurer.*

Toutefois il y en a quelques-uns qui pâlissent au lieu de pleurer, quand ils sont fâchés[1] : ce qui peut témoigner en eux un jugement et un courage extraordinaire, à savoir lorsque cela vient de ce qu'ils considèrent la grandeur du mal, et se préparent à une forte résistance, en même façon que ceux qui sont plus âgés. Mais c'est plus ordinairement une marque de mauvais naturel : à savoir lorsque cela vient de ce qu'ils sont enclins à la haine, ou à la peur; car ce sont des passions qui diminuent la matière des larmes. Et on voit au contraire que ceux qui pleurent fort aisément sont enclins à l'amour et à la pitié.

Art. 135. *Des soupirs.*

La cause des soupirs est fort différente de celle des larmes, **428** encore qu'ils présupposent comme elles la | tristesse[2]. Car au lieu qu'on est incité à pleurer quand les poumons sont pleins de sang, on est incité à soupirer quand ils sont presque vides, et que quelque imagination d'espérance ou de joie ouvre l'orifice de l'artère veineuse, que la tristesse avait étréci; parce qu'alors le peu de sang qui reste dans les poumons tombant tout à coup

---

1. Ce fait a frappé Descartes dès ses premières réflexions : *Puer forti animo objurgatus, non flebit, sed irascetur; alius flebit* [« Un enfant à l'âme forte, s'il est réprimandé, ne pleurera pas, mais se mettra en colère; un autre pleurera »] : AT X, 217; *cf.* art. 200.

2. En réponse à une objection d'Élisabeth (AT IV, 405), Descartes explique : « on peut soupirer quelquefois par coutume ou par maladie, mais cela n'empêche pas que les soupirs ne soient des signes extérieurs de la tristesse et du désir, lorsque ce sont ces passions qui les causent » (mai 1646, AT IV, 410).

dans le côté gauche du cœur par cette artère veineuse, et y étant poussé par le désir de parvenir à cette joie, lequel agite en même temps tous les muscles du diaphragme et de la poitrine, l'air est poussé promptement par la bouche dans les poumons, pour y remplir la place que laisse ce sang. Et c'est cela qu'on nomme soupirer.

Art. 136. *D'où viennent les effets des passions qui sont particuliers à certains hommes.*

Au reste, afin de suppléer ici en peu de mots à tout ce qui pourrait y être ajouté touchant les divers effets ou les diverses causes des passions, je me contenterai de répéter le principe sur lequel tout ce que j'en ai écrit est appuyé : à savoir qu'il y a telle liaison entre notre âme et notre corps, que lorsque nous avons une fois joint quelque action corporelle avec quelque pensée, l'une des deux ne se présente point à nous par après, que l'autre ne s'y présente aussi ; et que ce ne sont pas toujours les mêmes actions qu'on joint aux mêmes pensées. Car cela suffit pour rendre | raison de tout ce qu'un chacun peut remar- **429** quer de particulier, en soi ou en d'autres, touchant cette matière, qui n'a point été ici expliqué. Et par exemple, il est aisé de penser que les étranges aversions de quelques-uns, qui les empêchent de souffrir l'odeur des roses, ou la présence d'un chat, ou choses semblables[1], ne viennent que de ce qu'au

---

1. Les phénomènes de « sympathie » ou « antipathie » ont toujours excité l'intérêt des occultistes, et l'on cite précisément en exemple l'aversion de Henri III pour les chats, celle de Marie de Médicis et du chevalier de Guise pour les roses, à la vue desquels ils s'évanouissaient (*cf.* H. de Balzac, *Louis Lambert*). Descartes, au contraire, éclaire ces faits « étranges » par leur genèse, explication qui évoque déjà l'importance attribuée aux traumatismes infantiles par les psychanalystes.

commencement de leur vie, ils ont été fort offensés par quelques pareils objets, ou bien qu'ils ont compati au sentiment de leur mère qui en a été offensée étant grosse. Car il est certain qu'il y a du rapport entre tous les mouvements de la mère et ceux de l'enfant qui est en son ventre, en sorte que ce qui est contraire à l'un nuit à l'autre. Et l'odeur des roses peut avoir causé un grand mal de tête à un enfant, lorsqu'il était encore au berceau; ou bien un chat le peut avoir fort épouvanté, sans que personne y ait pris garde, ni qu'il en ait eu après aucune mémoire, bien que l'idée de l'aversion qu'il avait alors pour ces roses, ou pour ce chat, demeure imprimée en son cerveau jusques à la fin de sa vie.

Art. 137. *De l'usage des cinq passions ici expliquées, en tant qu'elles se rapportent au corps.*

Après avoir donné les définitions de l'amour, de la haine, du désir, de la joie, de la tristesse, et traité de tous les mouvements corporels qui les causent ou les accompagnent, nous **430** n'avons plus ici à considérer | que leur usage. Touchant quoi il est à remarquer que selon l'institution de la nature, elles se rapportent toutes au corps, et ne sont données à l'âme qu'en tant qu'elle est jointe avec lui : en sorte que leur usage naturel est d'inciter l'âme à consentir et contribuer aux actions qui peuvent servir à conserver le corps, ou à le rendre en quelque façon plus parfait. Et en ce sens, la tristesse et la joie sont les deux premières qui sont employées. Car l'âme n'est immédiatement avertie des choses qui nuisent au corps que par le sentiment qu'elle a de la douleur, lequel produit en elle premièrement la passion de la tristesse, puis ensuite la haine de ce qui cause cette douleur, et en troisième lieu le désir de s'en délivrer. Comme aussi l'âme n'est immédiatement avertie des choses utiles au corps, que par quelque sorte de chatouillement qui, excitant en elle de la joie, fait ensuite naître l'amour de ce qu'on croit en être la cause, et enfin le désir d'acquérir ce qui peut faire qu'on continue en cette joie, ou bien qu'on jouisse encore après d'une semblable[1]. Ce qui fait voir qu'elles sont toutes cinq très utiles au regard du corps; et même que la tristesse est en quelque façon première et plus nécessaire que la joie, et la haine que l'amour, à cause qu'il importe davantage de repousser les choses qui nuisent et peuvent détruire, que d'acquérir celles qui ajoutent quelque perfection sans laquelle on peut subsister.

| Art. 138. *De leurs défauts, et des moyens de les corriger.*   **431**

Mais encore que cet usage des passions soit le plus naturel qu'elles puissent avoir, et que tous les animaux sans raison ne conduisent leur vie que par des mouvements corporels semblables à ceux qui ont coutume en nous de les suivre, et auxquels elles incitent notre âme à consentir, il n'est pas néanmoins toujours bon, d'autant qu'il y a plusieurs choses nuisibles au corps qui ne causent au commencement aucune tristesse, ou même qui donnent de la joie; et d'autres qui lui sont utiles, bien que d'abord elles soient incommodes. Et outre cela, elles font paraître presque toujours, tant les biens que les maux qu'elles représentent, beaucoup plus grands et plus importants qu'ils ne sont; en sorte qu'elles nous incitent à rechercher les uns et fuir les autres avec plus d'ardeur et plus de soin qu'il n'est convenable. Comme nous voyons aussi que les bêtes sont souvent trompées par des appâts, et que pour éviter de petits

---

1. *Cf.* l'explication de l'origine de ces passions dans la lettre à Chanut, citée en note aux art. 107-110.

maux, elles se précipitent en de plus grands. C'est pourquoi nous devons nous servir de l'expérience et de la raison, pour distinguer le bien d'avec le mal, et connaître leur juste valeur, afin de ne prendre pas l'un pour l'autre, et de ne nous porter à rien avec excès.

432 | Art. 139. *De l'usage des mêmes passions, en tant qu'elles appartiennent à l'âme, et premièrement de l'amour.*

Ce qui suffirait, si nous n'avions en nous que le corps, ou qu'il fût notre meilleure partie ; mais d'autant qu'il n'est que la moindre, nous devons principalement considérer les passions en tant qu'elles appartiennent à l'âme, au regard de laquelle l'amour et la haine viennent de la connaissance, et précèdent la joie et la tristesse, excepté lorsque ces deux dernières tiennent le lieu de la connaissance, dont elles sont des espèces[1]. Et lorsque cette connaissance est vraie, c'est-à-dire que les choses qu'elle nous porte à aimer sont véritablement bonnes, et celles qu'elle nous porte à haïr sont véritablement mauvaises, l'amour est incomparablement meilleure que la haine[2] ; elle ne saurait être trop grande, et elle ne manque jamais de produire la joie. Je dis que cette amour est extrêmement bonne, parce que

1. Conformément à la tradition, pour Descartes, l'amour suit la connaissance du bien auquel l'âme s'unit de volonté, et lorsqu'elle l'atteint, « le mouvement de sa volonté qui accompagne la connaissance qu'elle a que celui est un bien, est sa joie ; et s'il est absent, le mouvement de sa volonté qui accompagne la connaissance qu'elle a d'en être privée, est sa tristesse » (à Chanut, 1er février 1647, AT IV, 601-602). Mais toute connaissance est joie : « on peut toujours tirer beaucoup de satisfaction de ce qu'on occupe son esprit en des choses difficiles, lorsqu'on y réussit » (à Chanut, 21 février 1648, AT V, 131). Cf. *Discours*, 3e partie, AT VI, 27, etc.

2. *Cf.* art. 142, note à propos de la question de Christine de Suède.

joignant à nous de vrais biens, elle nous perfectionne d'autant. Je dis aussi qu'elle ne saurait être trop grande ; car tout ce que la plus excessive peut faire, c'est de nous joindre si parfaitement à ces biens, que l'amour que nous avons particulièrement pour nous-mêmes n'y mette aucune distinction ; ce que je crois ne pouvoir jamais être mauvais. Et elle est nécessairement suivie de la joie, à cause qu'elle nous représente ce que nous aimons comme un bien qui nous appartient.

| Art. 140. *De la haine*.   **433**

La haine, au contraire, ne saurait être si petite qu'elle ne nuise ; et elle n'est jamais sans tristesse[1]. Je dis qu'elle ne saurait être trop petite, à cause que nous ne sommes incités à aucune action par la haine du mal, que nous ne le puissions être encore mieux par l'amour du bien auquel il est contraire, au moins lorsque ce bien et ce mal sont assez connus. Car j'avoue que la haine du mal qui n'est manifesté que par la douleur est nécessaire au regard du corps ; mais je ne parle ici que de celle qui vient d'une connaissance plus claire, et je ne la rapporte qu'à l'âme. Je dis aussi qu'elle n'est jamais sans tristesse, à cause que, le mal n'étant qu'une privation, il ne peut être conçu sans quelque sujet réel dans lequel il soit, et il n'y a rien de réel qui n'ait en soi quelque bonté ; de façon que la haine qui nous éloigne de quelque mal nous éloigne par même moyen du bien auquel il est joint, et la privation de ce bien, étant représentée à notre âme comme un défaut qui lui appartient, excite en elle la tristesse. Par exemple, la haine qui nous éloigne des mauvaises mœurs de quelqu'un nous éloigne par même moyen de sa

---

1. *Cf.* à Chanut, 1er février 1647 : « La haine est toujours accompagnée de tristesse et de chagrin » (AT IV, 614).

conversation, en laquelle nous pourrions sans cela trouver quelque bien, duquel nous sommes fâchés d'être privés. Et ainsi en toutes les autres haines, on peut remarquer quelque sujet de tristesse.

434 | Art. 141. *Du désir, de la joie et de la tristesse.*

Pour le désir, il est évident que, lorsqu'il procède d'une vraie connaissance, il ne peut être mauvais, pourvu qu'il ne soit point excessif et que cette connaissance le règle[1]. Il est évident aussi que la joie ne peut manquer d'être bonne, ni la tristesse d'être mauvaise, au regard de l'âme, parce que c'est en la dernière que consiste toute l'incommodité que l'âme reçoit du mal, et en la première que consiste toute la jouissance du bien qui lui appartient. De façon que si nous n'avions point de corps, j'oserais dire que nous ne pourrions trop nous abandonner à l'amour et à la joie, ni trop éviter la haine et la tristesse. Mais les mouvements corporels qui les accompagnent peuvent tous être nuisibles à la santé, lorsqu'ils sont fort violents; et au contraire lui être utiles lorsqu'ils ne sont que modérés.

Art. 142. *De la joie et de l'amour, comparées avec la tristesse et la haine.*

Au reste, puisque la haine et la tristesse doivent être rejetées par l'âme, lors même qu'elles procèdent d'une vraie connaissance, elles doivent l'être à plus forte raison

---

1. Commentant Sénèque, Descartes proteste contre la suppression de tout désir, qui est l'idéal de l'apathie stoïcienne : « toutes sortes de désirs ne sont pas incompatibles avec la béatitude; il n'y a que ceux qui sont accompagnés d'impatience et de tristesse » (à Élisabeth, 4 août 1645, AT IV, 256). *Cf.* art. 144.

lorsqu'elles viennent de quelque fausse opinion. Mais on peut douter si l'amour et la joie sont | bonnes ou non, lorsqu'elles **435** sont ainsi mal fondées; et il me semble que, si on ne les considère précisément que ce qu'elles sont en elles-mêmes, au regard de l'âme, on peut dire que bien que la joie soit moins solide et l'amour moins avantageuse, que lorsqu'elles ont un meilleur fondement, elles ne laissent pas d'être préférables à la tristesse et à la haine aussi mal fondées : en sorte que, dans les rencontres de la vie où nous ne pouvons éviter le hasard d'être trompés, nous faisons toujours beaucoup mieux de pencher vers les passions qui tendent au bien, que vers celles qui regardent le mal, encore que ce ne soit que pour l'éviter; et même souvent une fausse joie vaut mieux qu'une tristesse dont la cause est vraie [1]. Mais je n'ose pas dire le même de l'amour, au regard de la haine. Car lorsque la haine est juste, elle ne nous éloigne que du sujet qui contient le mal dont il est bon d'être séparé; au lieu que l'amour qui est injuste nous joint à des choses qui peuvent nuire, ou du moins qui ne méritent pas

---

1. Descartes avoue à Élisabeth : « Je me suis quelquefois proposé un doute, à savoir s'il est mieux d'être gai et content, en imaginant les biens qu'on possède être plus grands et plus estimables qu'ils ne sont, et ignorant ou ne s'arrêtant pas à considérer ceux qui manquent, que d'avoir plus de considération et de savoir, pour connaître la juste valeur des uns et des autres, et qu'on devienne plus triste » (6 octobre 1645, AT IV, 304-305). D'un point de vue moral, le Souverain Bien n'est pas la joie : « C'est pourquoi voyant que c'est une plus grande perfection de connaître la vérité, encore même qu'elle soit à notre désavantage, que l'ignorer, j'avoue qu'il vaut mieux être moins gai et avoir plus de connaissance » (*ibid.*, 305). Mais ici, Descartes considère ces passions « précisément… en elles-mêmes », c'est à dire dans leur subjectivité psychologique, abstraction faite du Bien absolu.

d'être tant considérées par nous qu'elles sont, ce qui nous avilit et nous abaisse [1].

Art. 143. *Des mêmes passions, en tant qu'elles se rapportent au désir.*

Et il faut exactement remarquer que ce que je viens de dire de ces quatre passions n'a lieu que lorsqu'elles sont considérées précisément en elles-mêmes, et qu'elles ne nous portent **436** à aucune action. Car | en tant qu'elles excitent en nous le désir, par l'entremise duquel elles règlent nos mœurs, il est certain que toutes celles dont la cause est fausse peuvent nuire, et qu'au contraire toutes celles dont la cause est juste peuvent servir; et même que lorsqu'elles sont également mal fondées, la joie est ordinairement plus nuisible que la tristesse, parce que celle-ci, donnant de la retenue et de la crainte, dispose en quelque façon à la prudence, au lieu que l'autre rend inconsidérés et téméraires ceux qui s'abandonnent à elle.

---

1. La question posée par Christine est légèrement différente : *lequel des deux dérèglements est le pire, celui de l'amour, ou celui de la haine.* Descartes, comme ici, note d'abord « que l'amour que nous avons pour un objet qui ne le mérite pas, nous peut rendre pires que ne le fait la haine que nous avons pour un autre que nous devions aimer; à cause qu'il y a plus de danger d'être joint à une chose qui est mauvaise et d'être comme transformé en elle, qu'il n'y en a d'être séparé de volonté d'une qui est bonne » (1er février 1647, AT IV, 613). Ici, au contraire, c'est une haine légitime qui est opposée à un amour illégitime. Mais il remarque ensuite que les inclinations suscitées par la haine sont pires en ce qu'elle pousse toujours au mal; d'autre part, subjectivement, elle rend plus malheureux (*cf.* art. 140); toutefois les conséquences sociales de l'amour déréglé, passion plus violente que la haine, sont plus dangereuses (*ibid.*, 613-617).

Art. 144. *Des désirs dont l'événement ne dépend que de nous.*

Mais parce que ces passions ne nous peuvent porter à aucune action que par l'entremise du désir qu'elles excitent, c'est particulièrement ce désir que nous devons avoir soin de régler, et c'est en cela que consiste la principale utilité de la Morale. Or, comme j'ai tantôt dit[1] qu'il est toujours bon lorsqu'il suit une vraie connaissance, ainsi il ne peut manquer d'être mauvais lorsqu'il est fondé sur quelque erreur. Et il me semble que l'erreur qu'on commet le plus ordinairement touchant les désirs, est qu'on ne distingue pas assez les choses qui dépendent entièrement de nous, de celles qui n'en dépendent point[2]. Car pour celles qui ne dépendent que de nous, c'est-à-dire de notre libre arbitre, il suffit de savoir qu'elles sont bonnes pour ne les pouvoir désirer avec trop | d'ardeur, à **437** cause que c'est suivre la vertu que de faire les choses bonnes qui dépendent de nous, et il est certain qu'on ne saurait avoir un désir trop ardent pour la vertu ; outre que ce que nous désirons en cette façon ne pouvant manquer de nous réussir, puisque c'est de nous seuls qu'il dépend, nous en recevons toujours toute la satisfaction que nous en avons attendue. Mais la faute qu'on a coutume de commettre en ceci n'est jamais

1. Art. 141, qui exclut tout excès, tandis qu'ici Descartes rompt à la fois avec l'ataraxie stoïcienne et avec la modération péripatéticienne puisqu'« on ne saurait avoir un désir trop ardent pour la vertu ». Car la générosité cartésienne, qui nous porte naturellement à faire de grandes choses (art. 156), se fonde sur l'amplitude infinie de notre liberté.

2. Descartes reprend ici la distinction stoïcienne des choses « qui dépendent de nous, comme la vertu et la sagesse, et de celles qui n'en dépendent point, comme les honneurs, les richesses et la santé » (à Élisabeth, 4 août 1645, AT IV, 264). *Cf.* le texte de Du Vair (p. 284-285), cité en Appendice.

qu'on désire trop, c'est seulement qu'on désire trop peu ; et le souverain remède contre cela est de se délivrer l'esprit, autant qu'il se peut, de toutes sortes d'autres désirs moins utiles, puis de tâcher de connaître bien clairement, et de considérer avec attention, la bonté de ce qui est à désirer.

Art. 145. *De ceux qui ne dépendent que des autres causes ; et ce que c'est que la fortune.*

Pour les choses qui ne dépendent aucunement de nous, tant bonnes qu'elles puissent être, on ne les doit jamais désirer avec passion[1] : non seulement à cause qu'elles peuvent n'arriver pas, et par ce moyen nous affliger d'autant plus que nous les aurons plus souhaitées ; mais principalement à cause qu'en occupant notre pensée, elles nous détournent de porter notre affection à d'autres choses, dont l'acquisition dépend de nous.
438 Et il y a deux remèdes généraux contre ces | vains désirs : le premier est la générosité, de laquelle je parlerai ci-après ; le second est que nous devons souvent faire réflexion sur la Providence divine, et nous représenter qu'il est impossible qu'aucune chose arrive d'autre façon qu'elle a été déterminée de toute éternité par cette Providence[2] ; en sorte qu'elle est

---

1. Élisabeth objecte : « Comment nous empêcher de désirer avec ardeur les choses qui tendent nécessairement à la conservation de l'homme [comme la santé et les moyens pour vivre] qui néanmoins ne dépendent point de son arbitre ? » (15 avril 1646, AT IV, 405). Descartes répond : « Je ne crois pas aussi qu'on pèche par excès en désirant les choses nécessaires à la vie ; ce n'est que des mauvais ou superflus que les désirs ont besoin d'être réglés » (mai, *ibid.*, 411) ; attitude plus proche de la distinction épicurienne des désirs, naturels et nécessaires ou non, que du stoïcisme.

2. Le premier principe de la morale définitive « est qu'il y a un Dieu, de qui toutes choses dépendent dont les perfections sont infinies, dont le pouvoir est

comme une fatalité ou une nécessité immuable qu'il faut opposer à la Fortune, pour la détruire comme une chimère qui ne vient que de l'erreur de notre entendement[1]. Car nous ne pouvons désirer que ce que nous estimons en quelque façon être possible ; et nous ne pouvons estimer possibles les choses qui ne dépendent point de nous, qu'en tant que nous pensons qu'elles dépendent de la Fortune, c'est-à-dire que nous jugeons qu'elles peuvent arriver, et qu'il en est arrivé autrefois de semblables. Or cette opinion n'est fondée que sur ce que nous ne connaissons pas toutes les causes qui contribuent à chaque effet. Car lorsqu'une chose que nous avons estimée dépendre de la Fortune n'arrive pas, cela témoigne que quelqu'une des causes qui étaient nécessaires pour la produire a manqué, et par conséquent qu'elle était absolument impossible, et qu'il n'en est jamais arrivé de semblable, c'est-à-dire à la production de laquelle une pareille cause ait aussi manqué : en sorte que si nous n'eussions point ignoré cela auparavant, nous ne l'eussions jamais estimée possible ni par conséquent ne l'eussions désirée.

---

immense, dont les secrets sont infaillibles : car cela nous apprend à recevoir en bonne part toutes les choses qui nous arrivent, comme nous étant expressément envoyées de Dieu » (à Élisabeth, 15 septembre 1645, AT IV, 291).

1. Le *Discours* disait encore : « tâcher toujours plutôt à me vaincre que la fortune » (AT VI, 25). L'expression est donc défectueuse : le hasard n'existe que pour notre ignorance. Descartes suit ici Du Vair qui traite la fortune de « fantôme » : « car si peu que nous observions la conduite du monde et de ses parties, nous jugeons incontinent qu'il n'y a rien ici bas de téméraire ni d'aventurier que notre ignorance et indiscrétion » (*De la Constance, Œuvres*, 1625, p. 374-375 ; *cf.* p. 369). Les néo-stoïciens avaient déjà assimilé le destin à la Providence : « Je conjoints cette nécessité à la Providence, parce qu'elle lui est fort proche, et pour mieux dire, est née d'elle », J. Lipse, *Constance*, trad. fr., 1594, chap. XV, p. 34a ; *cf.* p. 43b.

439 | Art. 146. *De ceux qui dépendent de nous et d'autrui.*

Il faut donc entièrement rejeter l'opinion vulgaire qu'il y a hors de nous une Fortune, qui fait que les choses arrivent ou n'arrivent pas, selon son plaisir, et savoir que tout est conduit par la Providence divine, dont le décret éternel est tellement infaillible et immuable, qu'excepté les choses que ce même décret a voulu dépendre de notre libre arbitre, nous devons penser qu'à notre égard il n'arrive rien qui ne soit nécessaire et comme fatal, en sorte que nous ne pouvons sans erreur désirer qu'il arrive d'autre façon[1]. Mais parce que la plupart de nos désirs s'étendent à des choses qui ne dépendent pas toutes de nous, ni toutes d'autrui, nous devons exactement distinguer en elles ce qui ne dépend que de nous, afin de n'étendre notre désir qu'à cela seul. Et pour le surplus, encore que nous en devions estimer le succès entièrement fatal et immuable, afin que notre désir ne s'y occupe point, nous ne devons pas laisser de considérer les raisons qui le font plus ou moins espérer, afin qu'elles servent à régler nos actions. Car par exemple, si nous avons affaire en quelque lieu où nous puissions aller par deux divers chemins, l'un desquels ait coutume d'être beaucoup plus sûr que l'autre, bien que peut-être le décret de la Providence soit tel, que si nous allons par le chemin qu'on estime **440** le plus sûr, nous ne manquerons pas d'y être volés, | et qu'au contraire nous pourrons passer par l'autre sans aucun danger, nous ne devons pas pour cela être indifférents à choisir l'un ou

---

1. Cette « fatalité ou… nécessité immuable » n'est telle qu'à notre égard, effet des libres décrets d'un Dieu qui n'est pas assujetti « aux Destinées » (à Mersenne, 15 avril 1630, AT I, 145), et qui octroie à certaines créatures une liberté effective, image de la sienne.

l'autre[1], ni nous reposer sur la fatalité immuable de ce décret ; mais la raison veut que nous choisissions le chemin qui a coutume d'être le plus sûr ; et notre désir doit être accompli touchant cela lorsque nous l'avons suivi, quelque mal qu'il nous en soit arrivé ; à cause que, ce mal ayant été à notre égard inévitable, nous n'avons eu aucun sujet de souhaiter d'en être exempts, mais seulement de faire tout le mieux que notre entendement a pu connaître, ainsi que je suppose que nous avons fait. Et il est certain que lorsqu'on s'exerce à distinguer ainsi la Fatalité de la Fortune, on s'accoutume aisément à régler ses désirs en telle sorte que, d'autant que leur accomplissement ne dépend que de nous, ils peuvent toujours nous donner une entière satisfaction.

Art. 147. *Des émotions intérieures de l'âme.*

J'ajouterai seulement encore ici une considération qui me semble beaucoup servir pour nous empêcher de recevoir aucune incommodité des passions ; c'est que notre bien et notre mal dépendent principalement des émotions intérieures, qui ne sont excitées en l'âme que par l'âme même[2] ; en quoi elles diffèrent de ces passions, qui dépendent toujours de quelque mouvement des esprits. Et bien que ces émotions de

---

1. « Afin que je sois libre, il n'est pas nécessaire que je sois indifférent à choisir l'un ou l'autre des deux contraires… De façon que cette indifférence que je sens, lorsque je ne suis point emporté vers un côté plutôt que vers un autre par le poids d'aucune raison, est le plus bas degré de la liberté… » (*Méditation* IV, AT IX, 46).

2. Cf. *Principes*, IV, art. 190 et à Élisabeth, 1er septembre 1645 : « il y a deux sortes de plaisirs : les uns qui appartiennent à l'esprit seul, et les autres qui appartiennent à l'homme, c'est-à-dire à l'esprit en tant qu'il est uni au corps » (AT IV, 284) ; *cf.* 15 septembre, *ibid.*, 295.

441 l'âme soient souvent jointes avec les passions qui leur | sont semblables, elles peuvent souvent aussi se rencontrer avec d'autres, et même naître de celles qui leur sont contraires. Par exemple, lorsqu'un mari pleure sa femme morte, laquelle (ainsi qu'il arrive quelquefois) il serait fâché de voir ressuscitée : il se peut faire que son cœur est serré par la tristesse que l'appareil des funérailles et l'absence d'une personne à la conversation de laquelle il était accoutumé excitent en lui ; et il se peut faire que quelques restes d'amour ou de pitié, qui se présentent à son imagination, tirent de véritables larmes de ses yeux, nonobstant qu'il sente cependant une joie secrète dans le plus intérieur de son âme ; l'émotion de laquelle a tant de pouvoir, que la tristesse et les larmes qui l'accompagnent ne peuvent rien diminuer de sa force. Et lorsque nous lisons des aventures étranges dans un livre, ou que nous les voyons représenter sur un théâtre, cela excite quelquefois en nous la tristesse, quelquefois la joie, ou l'amour, ou la haine, et généralement toutes les passions, selon la diversité des objets qui s'offrent à notre imagination ; mais avec cela nous avons du plaisir de les sentir exciter en nous, et ce plaisir est une joie intellectuelle, qui peut aussi bien naître de la tristesse que de toutes les autres passions [1].

Art. 148. *Que l'exercice de la vertu est un souverain remède contre les passions.*

Or, d'autant que ces émotions intérieures nous touchent de
442 plus près, et ont par conséquent beaucoup | plus de pouvoir sur nous que les passions dont elles diffèrent, qui se rencontrent avec elles, il est certain que pourvu que notre âme ait toujours

---

1. *Cf.* art. 94 et 187, et à Élisabeth, AT IV, 202-203, 309, 331.

de quoi se contenter en son intérieur, tous les troubles qui viennent d'ailleurs n'ont aucun pouvoir de lui nuire, mais plutôt ils servent à augmenter sa joie, en ce que, voyant qu'elle ne peut être offensée par eux, cela lui fait connaître sa perfection. Et afin que notre âme ait ainsi de quoi être contente, elle n'a besoin que de suivre exactement la vertu. Car quiconque a vécu en telle sorte que sa conscience ne lui peut reprocher qu'il n'ait jamais manqué à faire toutes les choses qu'il a jugées être les meilleures (qui est ce que je nomme ici suivre la vertu), il en reçoit une satisfaction qui est si puissante pour le rendre heureux, que les plus violents efforts des passions n'ont jamais assez de pouvoir pour troubler la tranquillité de son âme [1].

---

1. *Cf.* à Élisabeth, 4 août 1645 : « Il suffit que notre conscience nous témoigne que nous n'avons jamais manqué de résolution et de vertu pour exécuter toutes les choses que nous avons jugé être les meilleures, et ainsi la vertu seule est suffisante pour nous rendre contents en cette vie (AT IV, 266-267 ; *cf.* 1 er septembre, *ibid..*, 283-284), et à Christine, 20 novembre 1647 : « Le repos d'esprit et la satisfaction intérieure que sentent en eux-mêmes ceux qui savent qu'ils ne manquent jamais à faire leur mieux, tant pour connaître le bien que pour l'acquérir, est un plaisir sans comparaison plus doux, plus durable et plus solide que tous ceux qui viennent d'ailleurs » (AT V, 85).

LES PASSIONS DE L'ÂME

Art. 149. *De l'estime et du mépris.*

Après avoir expliqué les six passions primitives, qui sont comme les genres dont toutes les autres sont des espèces, je remarquerai ici succinctement ce qu'il y a de particulier en chacune de ces autres, et je retiendrai le même ordre suivant lequel je les ai ci-dessus dénombrées. Les deux premières sont l'estime et le mépris. Car bien que ces noms ne signifient ordinairement que les opinions qu'on a sans passion de la valeur de chaque chose, toutefois, à cause que, de ces opinions, il naît souvent des passions auxquelles on n'a point donné de noms particuliers, il me semble que ceux-ci leur peuvent être attribués. Et l'estime, en tant qu'elle est une passion, est une inclination qu'a | l'âme à se représenter la valeur de la chose esti- **444** mée, laquelle inclination est causée par un mouvement particulier des esprits, tellement conduits dans le cerveau qu'ils y fortifient les impressions qui servent à ce sujet. Comme au contraire la passion du mépris est une inclination qu'a l'âme à considérer la bassesse ou petitesse de ce qu'elle méprise, causée par le mouvement des esprits, qui fortifient l'idée de cette petitesse.

Art. 150. *Que ces deux passions ne sont que des espèces d'admiration.*

Ainsi ces deux passions ne sont que des espèces d'admiration. Car lorsque nous n'admirons point la grandeur ni la petitesse d'un objet, nous n'en faisons ni plus ni moins d'état que la raison nous dicte que nous en devons faire ; de façon que nous l'estimons ou le méprisons alors sans passion. Et, bien que souvent l'estime soit excitée en nous par l'amour, et le mépris par la haine, cela n'est pas universel, et ne vient que de ce qu'on est plus ou moins enclin à considérer la grandeur ou la petitesse d'un objet, à raison de ce qu'on a plus ou moins d'affection pour lui.

Art. 151. *Qu'on peut s'estimer ou mépriser soi-même.*

Or ces deux passions se peuvent généralement rapporter à
445 toutes sortes d'objets ; mais elles sont principalement | remarquables quand nous les rapportons à nous-mêmes, c'est-à-dire, quand c'est notre propre mérite que nous estimons ou méprisons. Et le mouvement des esprits qui les cause est alors si manifeste, qu'il change même la mine, les gestes, la démarche et généralement toutes les actions de ceux qui conçoivent une meilleure ou une plus mauvaise opinion d'eux-mêmes qu'à l'ordinaire.

Art. 152. *Pour quelle cause on peut s'estimer.*

Et parce que l'une des principales parties de la sagesse est de savoir en quelle façon et pour quelle cause chacun se doit estimer ou mépriser, je tâcherai ici d'en dire mon opinion. Je ne remarque en nous qu'une seule chose qui nous puisse donner juste raison de nous estimer, à savoir l'usage de notre libre arbitre, et l'empire que nous avons sur nos volontés. Car il n'y a que les seules actions qui dépendent de ce libre arbitre, pour lesquelles nous puissions avec raison être loués ou blâmés, et il nous rend en quelque façon semblables à Dieu en nous faisant maîtres de nous-mêmes, pourvu que nous ne perdions point par lâcheté les droits qu'il nous donne [1].

Art. 153. *En quoi consiste la générosité.*

Ainsi je crois que la vraie générosité, qui fait qu'un homme s'estime au plus haut point qu'il se peut légitimement | estimer, consiste seulement, partie en ce qu'il connaît qu'il n'y a rien qui véritablement lui appartienne, que cette libre disposition de ses volontés, ni pourquoi il doive être loué ou blâmé, sinon pour ce qu'il en use bien ou mal; et partie en ce qu'il sent en soi-même une ferme et constante résolution d'en bien user, c'est-à-dire de ne manquer jamais de volonté, pour entreprendre et exécuter toutes les choses qu'il jugera être les meilleures. Ce qui est suivre parfaitement la vertu [2].   **446**

1. *Cf.* à Christine, 20 novembre 1647 : « Il n'y a que ce qui dépend de la volonté, qu'on ait sujet de récompenser ou de punir... Outre que le libre arbitre est de soi la chose la plus noble qui puisse être entre nous, d'autant qu'il nous rend en quelque façon pareils à Dieu..., et que par conséquent, son bon usage est le plus grand de tous nos biens, il est aussi celui qui est le plus proprement nôtre et qui nous importe le plus » (AT V, 84-85).

2. La seconde règle de la morale définitive prescrit à l'homme « une ferme et constante résolution d'exécuter tout ce que la raison lui conseillera, sans que ses passions ou ses appétits l'en détournent; et c'est la fermeté de cette réso-

Art. 154. *Qu'elle empêche qu'on ne méprise les autres.*

Ceux qui ont cette connaissance et ce sentiment d'eux-mêmes se persuadent facilement que chacun des autres hommes les peut aussi avoir de soi, parce qu'il n'y a rien en cela qui dépende d'autrui. C'est pourquoi ils ne méprisent jamais personne : et bien qu'ils voient souvent que les autres commettent des fautes qui font paraître leur faiblesse, ils sont toutefois plus enclins à les excuser qu'à les blâmer, et à croire que c'est plutôt par manque de connaissance que par manque de bonne volonté qu'ils les commettent. Et comme ils ne pensent point être de beaucoup inférieurs à ceux qui ont plus de biens, ou d'honneurs, ou même qui ont plus d'esprit, plus de savoir, plus de beauté, ou généralement qui les surpassent en quelques autres perfections, aussi ne s'estiment-ils point
447 beaucoup au-dessus de ceux qu'ils surpassent ; | à cause que toutes ces choses leur semblent être fort peu considérables, à comparaison de la bonne volonté pour laquelle seule ils s'estiment, et laquelle ils supposent aussi être, ou du moins pouvoir être, en chacun des autres hommes [1].

lution », ajoute Descartes, « que je crois devoir être prise pour la vertu, bien que je ne sache point que personne l'ai jamais expliquée » (à Élisabeth, 4 août 1645, AT IV, 265 ; *cf.* Introduction, p. 37-38). Du Vair avait noté : « Les philosophes commencent à enseigner la vertu, en persuadant une grandeur de courage, et nous animant à une générosité et vaillance » (*La Sainte Philosophie, op. cit.*, p. 14). Sur le choix du terme « générosité », *cf.* art. 161.

　　1. Comme le bon sens qui, en tant que « puissance de bien *juger* » est lié à l'exercice de la bonne volonté, celle-ci « est naturellement [c'est-à-dire *en droit*] égale en tous les hommes » (début du *Discours*, AT VI, 1-2).

Art. 155. *En quoi consiste l'humilité vertueuse.*

Ainsi les plus généreux ont coutume d'être les plus humbles[1]; et l'humilité vertueuse ne consiste qu'en ce que la réflexion que nous faisons sur l'infirmité de notre nature, et sur les fautes que nous pouvons autrefois avoir commises, ou sommes capables de commettre, qui ne sont pas moindres que celles qui peuvent être commises par d'autres, est cause que nous ne nous préférons à personne, et que nous pensons que les autres ayant leur libre arbitre aussi bien que nous, ils en peuvent aussi bien user.

Art. 156. *Quelles sont les propriétés de la générosité, et comment elle sert de remède contre tous les dérèglements des passions.*

Ceux qui sont généreux en cette façon sont naturellement portés à faire de grandes choses, et toutefois à ne rien entreprendre dont ils ne se sentent capables. Et parce qu'ils n'estiment rien de plus grand | que de faire du bien aux autres **448** hommes, et de mépriser son propre intérêt, pour ce sujet, ils sont toujours parfaitement courtois, affables et officieux envers un chacun[2]. Et avec cela ils sont entièrement maîtres de leurs

1. *Cf.* Balzac, *Œuvres*, 1665, t. 1, p. 165 : « Autrefois la magnanimité de l'humilité pouvaient être deux choses contraires, mais depuis… les principes de la morale ont été changés par les maximes de l'Évangile… » (cité dans AT XII, 506, note).

2. *Cf.* à Élisabeth, 6 octobre 1645 : « Comme c'est une chose plus haute et plus glorieuse, de faire du bien aux autres hommes que de s'en procurer à soi-même, aussi sont-ce les plus grandes âmes qui y ont le plus d'inclination, et font moins d'état des biens qu'elles possèdent » (AT, IV, 317 ; *cf.* 15 septembre, *ibid.*, 243-294).

passions; particulièrement des désirs, de la jalousie et de l'envie, à cause qu'il n'y a aucune chose dont l'acquisition ne dépende pas d'eux, qu'ils pensent valoir assez pour mériter d'être beaucoup souhaitée; et de la haine envers les hommes, à cause qu'ils les estiment tous; et de la peur, à cause que la confiance qu'ils ont en leur vertu les assure; et enfin de la colère, à cause que n'estimant que fort peu toutes les choses qui dépendent d'autrui, jamais ils ne donnent tant d'avantage à leurs ennemis, que de reconnaître qu'ils en sont offensés.

Art. 157. De l'orgueil.

Tous ceux qui conçoivent bonne opinion d'eux-mêmes pour quelque autre cause [1], telle qu'elle puisse être, n'ont pas une vraie générosité, mais seulement un orgueil qui est toujours fort vicieux, encore qu'il le soit d'autant plus que la cause pour laquelle on s'estime est plus injuste. Et la plus injuste de toutes est lorsqu'on est orgueilleux sans aucun sujet, c'est-à-dire sans qu'on pense pour cela qu'il y ait en soi aucun mérite pour lequel on doive être prisé; mais seulement parce qu'on ne fait point d'état du mérite, et que s'imaginant que la gloire n'est autre chose qu'une | usurpation, l'on croit que ceux qui s'en attribuent le plus en ont le plus. Ce vice est si déraisonnable et si absurde, que j'aurais de la peine à croire qu'il y eût des hommes qui s'y laissassent aller, si jamais personne n'était

449

---

1. C'est à dire « non légitime ». Car « encore que la vanité qui fait qu'on a meilleure opinion de soi qu'on ne doit, soit un vice qui n'appartient qu'aux âmes faibles et basses [cf. art. 159], ce n'est pas à dire que les plus fortes et généreuses se doivent mépriser; mais il se faut faire justice à soi-même, en reconnaissant ses perfections aussi bien que ses défauts; et si la bienséance empêche qu'on ne les publie, elle n'empêche par pour cela qu'on ne les ressente » (à Élisabeth, 6 octobre 1645, AT IV, 307-308).

loué injustement ; mais la flatterie est si commune partout, qu'il n'y a point d'homme si défectueux, qu'il ne se voie souvent estimer pour des choses qui ne méritent aucune louange, ou même qui méritent du blâme ; ce qui donne occasion aux plus ignorants et aux plus stupides de tomber en cette espèce d'orgueil.

Art. 158. *Que ses effets sont contraires à ceux de la généreosité.*

Mais quelle que puisse être la cause pour laquelle on s'estime, si elle est autre que la volonté qu'on sent en soi-même d'user toujours bien de son libre arbitre, de laquelle j'ai dit que vient la générosité, elle produit toujours un orgueil très blâmable, et qui est si différent de cette vraie généro-sité qu'il a des effets entièrement contraires. Car tous les autres biens, comme l'esprit, la beauté, les richesses, les honneurs, etc., ayant coutume d'être d'autant plus estimés qu'ils se trouvent en moins de personnes, et même étant pour la plupart de telle nature qu'ils ne peuvent être communiqués à plusieurs, cela fait que les orgueilleux tâchent d'abaisser tous les autres hommes, et qu'étant esclaves de leurs désirs, ils ont l'âme incessamment agitée de haine, d'envie, de jalousie ou de colère [1].

| Art. 159. *De l'humilité vicieuse.*   **450**

Pour la bassesse ou humilité vicieuse, elle consiste princi-palement en ce qu'on se sent faible ou peu résolu, et que,

---

1. Cette analyse pénétrante ouvre la voie aux recherches de Spinoza sur la combinaison des passions qui suit de la rivalité des désirs. Cf. *Éthique*, III et IV.

comme si on n'avait pas l'usage entier de son libre arbitre, on ne se peut empêcher de faire des choses dont on sait qu'on se repentira par après[1]; puis aussi en ce qu'on croit ne pouvoir subsister par soi-même, ni se passer de plusieurs choses dont l'acquisition dépend d'autrui. Ainsi elle est directement opposée à la générosité, et il arrive souvent que ceux qui ont l'esprit le plus bas sont les plus arrogants et superbes, en même façon que les plus généreux sont les plus modestes et les plus humbles. Mais au lieu que ceux qui ont l'esprit fort et généreux ne changent point d'humeur pour les prospérités ou adversités qui leur arrivent, ceux qui l'ont faible et abject ne sont conduits que par la fortune; et la prospérité ne les enfle pas moins que l'adversité les rend humbles. Même on voit souvent qu'ils s'abaissent honteusement auprès de ceux dont ils attendent quelque profit ou craignent quelque mal, et qu'au même temps ils s'élèvent insolemment au-dessus de ceux desquels ils n'espèrent ni ne craignent aucune chose.

451 | Art. 160. *Quel est le mouvement des esprits en ces passions.*

Au reste, il est aisé à connaître que l'orgueil et la bassesse ne sont pas seulement des vices, mais aussi des passions, à cause que leur émotion paraît fort à l'extérieur en ceux qui sont subitement enflés ou abattus par quelque nouvelle occasion. Mais on peut douter si la générosité et l'humilité, qui sont des vertus, peuvent aussi être des passions, parce que leurs mouvements paraissent moins, et qu'il semble que la vertu ne symbo-

---

1. *Cf.* art. 170 et 191.

lise[1] pas tant avec la passion que fait le vice. Toutefois je ne vois point de raison qui empêche que le même mouvement des esprits qui sert à fortifier une pensée, lorsqu'elle a un fondement qui est mauvais, ne la puisse aussi fortifier lorsqu'elle en a un qui est juste. Et parce que l'orgueil et la générosité ne consistent qu'en la bonne opinion qu'on a de soi-même, et ne diffèrent qu'en ce que cette opinion est injuste en l'un et juste en l'autre[2], il me semble qu'on les peut rapporter à une même passion, laquelle est excitée par un mouvement composé de ceux de l'admiration, de la joie et de l'amour, tant de celle qu'on a pour soi que de celle qu'on a pour la chose qui fait qu'on s'estime. Comme au contraire le mouvement qui excite l'humilité, soit vertueuse soit vicieuse, est composé de ceux de l'admiration, de la tristesse, et de l'amour qu'on a pour soi-même, mêlée avec la | haine qu'on a pour les défauts qui font **452** qu'on se méprise. Et toute la différence que je remarque en ces mouvements est que celui de l'admiration a deux propriétés : la première, que la surprise le rend fort dès son commencement ; et l'autre, qu'il est égal en sa continuation, c'est-à-dire que les esprits continuent à se mouvoir d'une même teneur dans le cerveau. Desquelles propriétés la première se rencontre bien plus en l'orgueil et en la bassesse, qu'en la générosité et en l'humilité vertueuse ; et au contraire, la dernière se remarque mieux en celles-ci qu'aux deux autres. Dont la raison est que le vice vient ordinairement de l'ignorance[3], et que ce sont ceux

---

1. Sens étymologique : ne *s'accorde*. *Cf.* la traduction latine : *Nec videtur virtuti cum passionibus* convenire *ac vitio*.

2. *Cf.* texte cité en note de l'art. 157.

3. C'est l'adage scolastique : *Omnis peccans est ignorans*, cité par Descartes à Mersenne, 27 avril 1637, AT I, 136. *Cf.* l'art. 154, qui évoque aussi la formule platonicienne : « Nul n'est méchant volontairement ».

qui se connaissent le moins qui sont les plus sujets à s'enorgueillir et à s'humilier plus qu'ils ne doivent : à cause que tout ce qui leur arrive de nouveau les surprend, et fait que, se l'attribuant à eux-mêmes, ils s'admirent, et qu'ils s'estiment ou se méprisent selon qu'ils jugent que ce qui leur arrive est à leur avantage ou n'y est pas. Mais parce que souvent, après une chose qui les a enorgueillis, en survient une autre qui les humilie, le mouvement de leurs passions est variable. Au contraire, il n'y a rien en la générosité qui ne soit compatible avec l'humilité vertueuse, ni rien ailleurs qui les puisse changer ; ce qui fait que leurs mouvements sont fermes, constants et toujours fort semblables à eux-mêmes. Mais ils ne viennent pas tant de surprise, parce que ceux qui s'estiment en cette façon connaissent assez quelles sont les causes qui font qu'ils s'estiment. Toutefois on peut dire que ces causes sont

453 si merveilleuses (à savoir la puissance d'user de son | libre arbitre, qui fait qu'on se prise soi-même, et les infirmités du sujet en qui est cette puissance, qui font qu'on ne s'estime pas trop) qu'à toutes les fois qu'on se les représente de nouveau, elles donnent toujours une nouvelle admiration.

Art. 161. *Comment la générosité peut être acquise.*

Et il faut remarquer que ce qu'on nomme communément des vertus, sont des habitudes en l'âme qui la disposent à certaines pensées, en sorte qu'elles sont différentes de ces pensées, mais qu'elles les peuvent produire, et réciproquement être produites par elles. Il faut remarquer aussi que ces pensées peuvent être produites par l'âme seule, mais qu'il arrive souvent que quelque mouvement des esprits les fortifie, et que pour lors elles sont des actions de vertu, et ensemble des passions de l'âme. Ainsi, encore qu'il n'y ait point de vertu à laquelle il semble que la bonne naissance contribue tant qu'à celle qui fait qu'on ne s'estime que selon sa juste valeur ; et qu'il soit aisé à croire que toutes les âmes que Dieu met en nos corps ne sont pas également nobles et fortes (ce qui est cause que j'ai nommé cette vertu générosité, suivant l'usage de notre langue [1], plutôt que magnanimité, suivant l'usage de l'École [2], où elle n'est pas fort connue), il est certain néanmoins que la bonne institution sert beaucoup pour corriger les défauts de la naissance ; et que si on s'occupe souvent à considérer ce que c'est | que le libre arbitre, et combien sont grands les avantages **454** qui viennent de ce qu'on a une ferme résolution d'en bien user ; comme aussi d'autre côté, combien sont vains et inutiles tous les soins qui travaillent les ambitieux, on peut exciter en soi la passion et ensuite acquérir la vertu de générosité, laquelle étant comme la clef de toutes les autres vertus, et un remède général contre tous les dérèglements des passions, il me semble que cette considération mérite bien d'être remarquée.

Art. 162. *De la vénération.*

La vénération ou le respect est une inclination de l'âme, non seulement à estimer l'objet qu'elle révère, mais aussi à se soumettre à lui avec quelque crainte, pour tâcher de se le rendre favorable. De façon que nous n'avons de la vénération que pour les causes libres que nous jugeons capables de nous

---

1. *Cf.* le vers du *Cid* : « Qui m'aime généreux, me haïrait infâme » (Acte III, scène IV, v. 890 ; *cf.* le vers 844), où se marque la liaison entre estime et générosité.

2. Par exemple, Thomas d'Aquin, *Comment. in X libros Ethicorum Aristotelis*, 1, IV, *lectio* 8 : « L'homme magnanime est celui qui est digne de grandes choses, et s'en estime lui-même digne ». La magnanimité, pour les scolastiques, n'est pas une passion, mais une vertu.

faire du bien ou du mal, sans que nous sachions lequel des deux elles feront. Car nous avons de l'amour et de la dévotion, plutôt qu'une simple vénération, pour celles de qui nous n'attendons que du bien, et nous avons de la haine pour celles de qui nous n'attendons que du mal; et si nous ne jugeons point que la cause de ce bien ou de ce mal soit libre, nous ne nous soumettons point à elle pour tâcher de l'avoir favorable. Ainsi quand les païens avaient de la vénération pour des bois, des fontaines **455** ou des montagnes, ce n'était | pas proprement ces choses mortes qu'ils révéraient, mais les divinités qu'ils pensaient y présider. Et le mouvement des esprits qui excite cette passion est composé de celui qui excite l'admiration et de celui qui excite la crainte, de laquelle je parlerai ci-après.

Art. 163. *Du dédain.*

Tout de même, ce que je nomme le dédain est l'inclination qu'a l'âme à mépriser une cause libre, en jugeant que bien que de sa nature elle soit capable de faire du bien et du mal, elle est néanmoins si fort au-dessous de nous qu'elle ne nous peut faire ni l'un ni l'autre. Et le mouvement des esprits qui l'excite est composé de ceux qui excitent l'admiration, et la sécurité, ou la hardiesse.

Art. 164. *De l'usage de ces deux passions.*

Et c'est la générosité et la faiblesse de l'esprit, ou la bassesse, qui déterminent le bon et le mauvais usage de ces deux passions. Car d'autant qu'on a l'âme plus noble et plus généreuse, d'autant a-t-on plus d'inclination à rendre à chacun ce qui lui appartient; et ainsi on n'a pas seulement une très profonde humilité au regard de Dieu, mais aussi on rend sans **456** répugnance | tout l'honneur et le respect qui est dû aux hommes, à chacun selon le rang et l'autorité qu'il a dans le monde[1], et on ne méprise rien que les vices. Au contraire, ceux qui ont l'esprit bas et faible sont sujets à pécher par excès, quelquefois en ce qu'ils révèrent et craignent des choses qui ne sont dignes que de mépris, et quelquefois en ce qu'ils dédaignent insolemment celles qui méritent le plus d'être révérées. Et ils passent souvent fort promptement de l'extrême impiété à la superstition, puis de la superstition à l'impiété, en sorte qu'il n'y a aucun vice ni aucun dérèglement d'esprit dont ils ne soient capables.

Art. 165. *De l'espérance et de la crainte.*

L'espérance est une disposition de l'âme à se persuader que ce qu'elle désire adviendra, laquelle est causée par un mouvement particulier des esprits, à savoir par celui de la joie et du désir mêlés ensemble. Et la crainte est une autre disposition de l'âme, qui lui persuade qu'il n'adviendra pas. Et il est à remarquer que, bien que ces deux passions soient contraires, on les peut néanmoins avoir toutes deux ensemble, à savoir lorsqu'on se représente en même temps diverses raisons dont les unes font juger que l'accomplissement du désir est facile, les autres le font paraître difficile.

| Art. 166. *De la sécurité et du désespoir.*   **457**

Et jamais l'une de ces passions n'accompagne le désir, qu'elle ne laisse quelque place à l'autre. Car lorsque l'espé-

---

1. Descartes, dans ses lettres à Chanut et à Christine, évoque souvent le respect et la vénération dus à la Reine (1er février 1647, AT IV, 611; 28 novembre 1647, AT V, 88; 26 février 1649, AT V, 294).

rance est si forte qu'elle chasse entièrement la crainte, elle change de nature, et se nomme sécurité ou assurance. Et quand on est assuré que ce qu'on désire adviendra, bien qu'on continue à vouloir qu'il advienne, on cesse néanmoins d'être agité de la passion du désir, qui en faisait rechercher l'événement avec inquiétude. Tout de même, lorsque la crainte est si extrême qu'elle ôte tout lieu à l'espérance, elle se convertit en désespoir : et ce désespoir, représentant la chose comme impossible, éteint entièrement le désir, lequel ne se porte qu'aux choses possibles [1].

Art. 167. *De la jalousie.*

La jalousie est une espèce de crainte, qui se rapporte au désir qu'on a de se conserver la possession de quelque bien ; et elle ne vient pas tant de la force des raisons qui font juger qu'on le peut perdre, que de la grande estime qu'on en fait, laquelle est cause qu'on examine jusqu'aux moindres sujets de soupçon, et qu'on les prend pour des raisons fort considérables.

458 | Art. 168. *En quoi cette passion peut être honnête.*

Et parce qu'on doit avoir plus de soin de conserver les biens qui sont fort grands que ceux qui sont moindres, cette passion peut être juste et honnête en quelques occasions. Ainsi par exemple, un capitaine qui garde une place de grande importance a droit d'en être jaloux, c'est-à-dire de se défier de tous les moyens par lesquels elle pourrait être surprise ; et une honnête femme n'est pas blâmée d'être jalouse de son honneur, c'est-à-dire de ne se garder pas seulement de mal faire, mais aussi d'éviter jusqu'aux moindres sujets de médisance.

---

1. Par définition. *Cf.* art. 86 et art. 145, fin.

Art. 169. *En quoi elle est blâmable.*

Mais on se moque d'un avaricieux lorsqu'il est jaloux de son trésor, c'est-à-dire lorsqu'il le couve des yeux, et ne s'en veut jamais éloigner, de peur qu'il ne lui soit dérobé : car l'argent ne vaut pas la peine d'être gardé avec tant de soin. Et on méprise un homme qui est jaloux de sa femme, parce que c'est un témoignage qu'il ne l'aime pas de la bonne sorte, et qu'il a mauvaise opinion de soi ou d'elle. Je dis qu'il ne l'aime pas de la bonne sorte ; car, s'il avait une vraie amour pour elle, il n'aurait aucune inclination à s'en défier. Mais ce n'est pas proprement elle qu'il aime, | c'est seulement le bien qu'il **459** imagine consister à en avoir seul la possession ; et il ne craindrait pas de perdre ce bien, s'il ne jugeait pas qu'il en est indigne, ou bien que sa femme est infidèle. Au reste, cette passion ne se rapporte qu'aux soupçons et aux défiances : car ce n'est pas proprement être jaloux que de tâcher d'éviter quelque mal, lorsqu'on a juste sujet de le craindre.

Art. 170. *De l'irrésolution.*

L'irrésolution est aussi une espèce de crainte qui, retenant l'âme comme en balance entre plusieurs actions qu'elle peut faire, est cause qu'elle n'en exécute aucune, et ainsi qu'elle a du temps pour choisir avant que de se déterminer. En quoi véritablement elle a quelque usage qui est bon. Mais lorsqu'elle dure plus qu'il ne faut, et qu'elle fait employer à délibérer le temps qui est requis pour agir, elle est fort mauvaise [1]. Or, je dis

---

1. *Cf.* Introduction, p. 36-37 ; art. 177, et la seconde maxime de la morale provisoire : « être le plus ferme et le plus résolu en mes actions que je pourrais… » (AT VI, 24).

qu'elle est une espèce de crainte, nonobstant qu'il puisse
arriver, lorsqu'on a le choix de plusieurs choses dont la bonté
paraît fort égale, qu'on demeure incertain et irrésolu, sans
qu'on ait pour cela aucune crainte. Car cette sorte d'irrésolution vient seulement du sujet qui se présente, et non point
d'aucune émotion des esprits ; c'est pourquoi elle n'est pas une
passion, si ce n'est que la crainte qu'on a de manquer en son
choix en augmente l'incertitude. Mais cette crainte est si ordi-
460 naire et si forte en | quelques-uns, que souvent, encore qu'ils
n'aient point à choisir, et qu'ils ne voient qu'une seule chose
à prendre ou à laisser, elle les retient, et fait qu'ils s'arrêtent
inutilement à en chercher d'autres. Et alors c'est un excès
d'irrésolution qui vient d'un trop grand désir de bien faire,
et d'une faiblesse de l'entendement, lequel n'ayant point
de notions claires et distinctes, en a seulement beaucoup de
confuses. C'est pourquoi le remède contre cet excès est de
s'accoutumer à former des jugements certains et déterminés
touchant toutes les choses qui se présentent, et à croire qu'on
s'acquitte toujours de son devoir, lorsqu'on fait ce qu'on juge
être le meilleur, encore que peut-être on juge très mal.

Art. 171. *Du courage et de la hardiesse.*

Le courage, lorsque c'est une passion, et non point une
habitude ou inclination naturelle [1], est une certaine chaleur ou

---

1. *Cf.* à Élisabeth, 6 octobre 1645 : « On confond aussi quelquefois les
inclinations ou habitudes qui disposent à quelques passions, avec la passion
même », qui se traduit par « l'émotion » sensible ; Descartes l'illustre par
l'exemple d'assiégés, jugeant tous également du danger : « ils n'en sont pas
toutefois également émus, mais les uns plus, les autres moins, selon qu'ils ont
plus ou moins d'habitude ou d'inclination à la crainte ».

agitation qui dispose l'âme à se porter puissamment à l'exécution des choses qu'elle veut faire, de quelque nature qu'elles soient. Et la hardiesse est une espèce de courage, qui dispose l'âme à l'exécution des choses qui sont les plus dangereuses[1].

Art. 172. *De l'émulation.*

Et l'émulation en est aussi une espèce, mais en un autre sens. Car on peut considérer le courage comme | un genre qui **461** se divise en autant d'espèces qu'il y a d'objets différents, et en autant d'autres qu'il y a de causes : en la première façon la hardiesse en est une espèce, en l'autre, l'émulation. Et cette dernière n'est autre chose qu'une chaleur qui dispose l'âme à entreprendre des choses qu'elle espère lui pouvoir réussir, parce qu'elle les voit réussir à d'autres ; et ainsi c'est une espèce de courage, duquel la cause externe est l'exemple. Je dis la cause externe, parce qu'il doit outre cela y en avoir toujours une interne, qui consiste en ce qu'on a le corps tellement disposé, que le désir et l'espérance ont plus de force à faire aller quantité de sang vers le cœur, que la crainte ou le désespoir à l'empêcher.

Art. 173. *Comment la hardiesse dépend de l'espérance.*

Car il est à remarquer que, bien que l'objet de la hardiesse soit la difficulté, de laquelle suit ordinairement la crainte, ou même le désespoir, en sorte que c'est dans les affaires les plus dangereuses et les plus désespérées qu'on emploie le plus de

---

1. Racontant comment il tira l'épée contre des mariniers qui le menaçaient, Baillet ajoute : « Ce fut en cette rencontre qu'il s'aperçut de l'impression que peut faire la hardiesse d'un homme sur une âme basse » (*Vie*, I, 103 ; *cf.* AT X, 189-190).

hardiesse et de courage, il est besoin néanmoins qu'on espère, ou même qu'on soit assuré, que la fin qu'on se propose réussira, pour s'opposer avec vigueur aux difficultés qu'on rencontre. Mais cette fin est différente de cet objet. Car on ne saurait être assuré et désespéré d'une même chose en même temps. Ainsi quand les Décies[1] se jetaient au travers des enne-

462 mis, et couraient | à une mort certaine, l'objet de leur hardiesse était la difficulté de conserver leur vie pendant cette action, pour laquelle difficulté ils n'avaient que du désespoir, car ils étaient certains de mourir ; mais leur fin était d'animer leurs soldats par leur exemple, et de leur faire gagner la victoire, pour laquelle ils avaient de l'espérance ; ou bien aussi leur fin était d'avoir de la gloire après leur mort, de laquelle ils étaient assurés[2].

Art. 174. *De la lâcheté et de la peur.*

La lâcheté est directement opposée au courage, et c'est une langueur ou froideur qui empêche l'âme de se porter à l'exécution des choses qu'elle ferait, si elle était exempte de cette passion. Et la peur ou l'épouvante, qui est contraire à la hardiesse, n'est pas seulement une froideur, mais aussi un

---

1. Trois Romains du nom de Decius, père, fils et petit-fils, se dévouèrent aux dieux infernaux pour obtenir la victoire aux batailles de Veseris (340 av. J.-C.), Suetinum (295) et Asculum (279). *Cf.* art. 83, fin et note 1.

2. *Cf.* à Plempius, 23 mars 1638, AT II, 64-65 : Descartes y évoque l'exemple des généraux assiégés sans munitions suffisantes, luttant jusqu'à la mort plutôt que de se rendre : ainsi souvent leur défaite leur apporte plus de gloire qu'une victoire (*...unde fit, ut sæpe, dum vincuntur, plus gloriæ quam ipsi victores reportent*). C'est pourquoi « le désespoir fait faire aussi souvent de grand efforts de courage » (à Chanut, 1er février 1647, AT IV, 616).

trouble et un étonnement de l'âme, qui lui ôte le pouvoir de résister aux maux qu'elle pense être proches.

Art. 175. *De l'usage de la lâcheté.*

Or, encore que je ne me puisse persuader que la nature ait donné aux hommes quelque passion qui soit toujours vicieuse, et n'ait aucun usage bon et louable, j'ai toutefois bien de la peine à deviner à quoi ces deux peuvent servir. Il me semble seulement que la | lâcheté a quelque usage lorsqu'elle fait qu'on **463** est exempt des peines qu'on pourrait être incité à prendre par des raisons vraisemblables, si d'autres raisons plus certaines, qui les ont fait juger inutiles, n'avaient excité cette passion. Car outre qu'elle exempte l'âme de ces peines, elle sert aussi alors pour le corps, en ce que, retardant le mouvement des esprits, elle empêche qu'on ne dissipe ses forces. Mais ordinairement elle est très nuisible, à cause qu'elle détourne la volonté des actions utiles. Et parce qu'elle ne vient que de ce qu'on n'a pas assez d'espérance ou de désir, il ne faut qu'augmenter en soi ces deux passions pour la corriger.

Art. 176. *De l'usage de la peur.*

Pour ce qui est de la peur ou de l'épouvante, je ne vois point qu'elle puisse jamais être louable ni utile ; aussi n'est-ce pas une passion particulière, c'est seulement un excès de lâcheté, d'étonnement et de crainte, lequel est toujours vicieux ; ainsi que la hardiesse est un excès de courage qui est toujours bon, pourvu que la fin qu'on se propose soit bonne[1]. Et parce que

---

1. Descartes ayant écrit à Élisabeth que souvent les passions sont « d'autant plus utiles qu'elles penchent plus vers l'excès » (1er septembre 1645, AT IV,

la principale cause de la peur est la surprise, il n'y a rien de meilleur pour s'en exempter que d'user de préméditation, et de se préparer à tous les événements, la crainte desquels la peut causer.

464 | Art. 177. *Du remords.*

Le remords de conscience est une espèce de tristesse, qui vient du doute qu'on a qu'une chose qu'on fait, ou qu'on a faite, n'est pas bonne. Et il présuppose nécessairement le doute[1]. Car, si on était entièrement assuré que ce qu'on fait fût mauvais, on s'abstiendrait de le faire; d'autant que la volonté ne se porte qu'aux choses qui ont quelque apparence de bonté. Et si on était assuré que ce qu'on a déjà fait fût mauvais, on en aurait du repentir, non pas seulement du remords. Or l'usage de cette passion est de faire qu'on examine si la chose dont on doute est bonne ou non, et d'empêcher qu'on ne la fasse une autre fois, pendant qu'on n'est pas assuré qu'elle soit bonne. Mais parce qu'elle présuppose le mal, le meilleur serait qu'on n'eût jamais sujet de la sentir; et on la peut prévenir

287), la princesse objecte qu'elles ne peuvent être à la fois « excessives et soumises » (28 octobre 1645, AT IV, 322). Descartes précise alors : « Il y a deux sortes d'excès : l'un qui, changeant la nature de la chose, et de bonne la rendant mauvaise, empêche qu'elle ne demeure soumise à la raison; l'autre qui en augmente seulement la mesure, et ne fait que de bonne la rendre meilleure. Ainsi la hardiesse n'a pour excès la témérité que lorsqu'elle va au delà des limites de la raison; mais pendant qu'elle ne les passe point, elle peut encore avoir un autre excès, qui consiste à n'être accompagnée d'aucune irrésolution ni d'aucune crainte » (3 novembre, *ibid.*, 331-332).

1. Descartes a toujours refusé de demeurer « irrésolu en ses actions pendant que la raison l'obligerait de l'être en ses jugements » (*Discours*, 3e partie, AT VI, 22). Sur l'irrésolution et le repentir, *cf.* art. 170 et 191.

par les mêmes moyens par lesquels on se peut exempter de l'irrésolution.

Art. 178. *De la moquerie.*

La dérision ou moquerie est une espèce de joie mêlée de haine, qui vient de ce qu'on aperçoit quelque petit mal en une personne qu'on pense en être digne. On a de la haine pour ce mal, et on a de la joie de le voir en celui qui en est digne. Et lorsque cela survient | inopinément, la surprise de l'admiration **465** est cause qu'on s'éclate de rire, suivant ce qui a été dit ci-dessus de la nature du ris[1]. Mais ce mal doit être petit : car s'il est grand, on ne peut croire que celui qui l'a en soit digne, si ce n'est qu'on soit de fort mauvais naturel, ou qu'on lui porte beaucoup de haine.

Art. 179. *Pourquoi les plus imparfaits ont coutume d'être les plus moqueurs.*

Et on voit que ceux qui ont des défauts fort apparents, par exemple qui sont boiteux, borgnes, bossus, ou qui ont reçu quelque affront en public, sont particulièrement enclins à la moquerie. Car désirant voir tous les autres aussi disgraciés qu'eux, ils sont bien aises des maux qui leur arrivent, et ils les en estiment dignes.

Art. 180. *De l'usage de la raillerie.*

Pour ce qui est de la raillerie modeste, qui reprend utilement les vices en les faisant paraître ridicules, sans toutefois qu'on en rie soi-même, ni qu'on témoigne aucune

1. Art. 126.

haine contre les personnes, elle n'est pas une passion, mais une qualité d'honnête homme, laquelle fait paraître la gaieté de son **466** humeur et la | tranquillité de son âme, qui sont des marques de vertu ; et souvent aussi l'adresse de son esprit, en ce qu'il sait donner une apparence agréable aux choses dont il se moque.

Art. 181. *De l'usage du ris en la raillerie.*

Et il n'est pas déshonnête de rire lorsqu'on entend les railleries d'un autre ; même elles peuvent être telles que ce serait être chagrin de n'en rire pas. Mais lorsqu'on raille soi-même, il est plus séant de s'en abstenir, afin de ne sembler pas être surpris par les choses qu'on dit, ni admirer l'adresse qu'on a de les inventer. Et cela fait qu'elles surprennent d'autant plus ceux qui les oient.

Art. 182. *De l'envie.*

Ce qu'on nomme communément envie est un vice qui consiste en une perversité de nature, qui fait que certaines gens se fâchent du bien qu'ils voient arriver aux autres hommes. Mais je me sers ici de ce mot pour signifier une passion qui n'est pas toujours vicieuse. L'envie donc, en tant qu'elle est une passion, est une espèce de tristesse mêlée de haine, qui vient de ce qu'on voit arriver du bien à ceux qu'on pense en **467** être indignes. Ce qu'on ne peut penser avec raison | que des biens de fortune. Car pour ceux de l'âme ou même du corps, en tant qu'on les a de naissance, c'est assez en être digne que de les avoir reçus de Dieu avant qu'on fût capable de commettre aucun mal.

Art. 183. *Comment elle peut être juste ou injuste.*

Mais lorsque la fortune envoie des biens à quelqu'un dont il est véritablement indigne, et que l'envie n'est excitée en nous que parce qu'aimant naturellement la justice, nous sommes fâchés qu'elle ne soit pas observée en la distribution de ces biens, c'est un zèle qui peut être excusable; principalement lorsque le bien qu'on envie à d'autres est de telle nature qu'il se peut convertir en mal entre leurs mains : comme si c'est quelque charge ou office, en l'exercice duquel ils se puissent mal comporter. Même, lorsqu'on désire pour soi le même bien et qu'on est empêché de l'avoir parce que d'autres qui en sont moins dignes le possèdent, cela rend cette passion plus violente; et elle ne laisse pas d'être excusable, pourvu que la haine qu'elle contient se rapporte seulement à la mauvaise distribution du bien qu'on envie, et non point aux personnes qui le possèdent, ou le distribuent. Mais il y en a peu qui soient si justes et si généreux, que de n'avoir point de haine pour ceux qui les préviennent en l'acquisition d'un bien qui n'est pas communicable à plusieurs, et qu'ils avaient désiré pour eux-mêmes, bien que ceux qui l'ont acquis en soient autant ou | plus **468** dignes. Et ce qui est ordinairement le plus envié, c'est la gloire. Car, encore que celle des autres n'empêche pas que nous n'y puissions aspirer, elle en rend toutefois l'accès plus difficile, et en renchérit le prix.

Art. 184. *D'où vient que les envieux sont sujets à avoir le teint plombé.*

Au reste, il n'y a aucun vice qui nuise tant à la félicité des hommes que celui de l'envie. Car outre que ceux qui en sont entachés s'affligent eux-mêmes, ils troublent aussi de tout leur pouvoir le plaisir des autres. Et ils ont ordinairement le teint plombé, c'est-à-dire pâle, mêlé de jaune et de noir, et comme de sang meurtri. D'où vient que l'envie est nommée *livor*[1] en latin. Ce qui s'accorde fort bien avec ce qui a été dit ci-dessus des mouvements du sang en la tristesse et en la haine. Car celle-ci fait que la bile jaune, qui vient de la partie inférieure du foie, et la noire, qui vient de la rate, se répandent du cœur par les artères en toutes les veines[2] ; et celle-là fait que le sang des veines a moins de chaleur, et coule plus lentement qu'à l'ordinaire, ce qui suffit pour rendre la couleur livide. Mais parce que la bile, tant jaune que noire, peut être aussi envoyée dans les veines par plusieurs autres causes, et que l'envie ne les y pousse pas en assez grande quantité pour changer la couleur du teint, si ce n'est qu'elle soit fort grande et de longue durée, on

469 | ne doit pas penser que tous ceux en qui on voit cette couleur y soient enclins.

Art. 185. *De la pitié.*

La pitié est une espèce de tristesse mêlée d'amour ou de bonne volonté envers ceux à qui nous voyons souffrir quelque mal, duquel nous les estimons indignes. Ainsi elle est contraire à l'envie à raison de son objet, et à la moquerie, à cause qu'elle le considère d'autre façon.

Art. 186. *Qui sont les plus pitoyables.*

Ceux qui se sentent fort faibles, et fort sujets aux adversités de la fortune, semblent être plus enclins à cette passion que les

---

1. Pâleur.
2. Cf. *Excerpta anatomica*, AT XI, 598 et 601, note : parmi les diverses « humeurs », Descartes, conformément à la tradition, compte la *Flava bilis amara* et l'*Atra bilis acida*.

autres, à cause qu'ils se représentent le mal d'autrui comme leur pouvant arriver ; et ainsi ils sont émus à la pitié, plutôt par l'amour qu'ils se portent à eux-mêmes, que par celle qu'ils ont pour les autres.

Art. 187. *Comment les plus généreux sont touchés de cette passion.*

Mais néanmoins ceux qui sont les plus généreux, et qui ont l'esprit le plus fort, en sorte qu'ils ne craignent | aucun mal **470** pour eux, et se tiennent au-delà du pouvoir de la fortune, ne sont pas exempts de compassion, lorsqu'ils voient l'infirmité des autres hommes, et qu'ils entendent leurs plaintes. Car c'est une partie de la générosité que d'avoir de la bonne volonté pour un chacun. Mais la tristesse de cette pitié n'est pas amère [1] ; et, comme celle que causent les actions funestes qu'on voit représenter sur un théâtre, elle est plus dans l'extérieur et dans le sens que dans l'intérieur de l'âme, laquelle a cependant la satisfaction de penser qu'elle fait ce qui est de son devoir, en ce qu'elle compatit avec des affligés [2]. Et il y a en

---

1. Les « plus grande âmes », selon Descartes, « voyant leurs amis en quelque grande affliction… compatissent à leur mal, et font tout leur possible pour les en délivrer, et ne craignent pas même de s'exposer à la mort pour ce sujet, s'il en est besoin. Mais, cependant, ce témoignage que leur donne leur conscience, de ce qu'elles s'acquittent en cela de leur devoir, et font une action louable et vertueuse, les rend plus heureuses que toute la tristesse que leur donne la compassion ne les afflige » (à Élisabeth, 18 mai 1645, AT IV, 203).

2. *Cf.* textes cités aux art. 94 et 147, en particulier AT IV, 309 : « Le contentement qu'elle [l'âme] a de pleurer, en voyant représenter quelque action pitoyable et funeste sur un théâtre, vient principalement de ce qu'il lui semble qu'elle fait une action vertueuse, ayant compassion des affligés » (à Élisabeth, 6 octobre 1645). Cette « sympathie » compatissante, condamnée par Platon en ce qu'elle amollit l'âme qui prend plaisir à ces spectacles (*République*, X, 605d-

cela de la différence, qu'au lieu que le vulgaire a compassion de ceux qui se plaignent, à cause qu'il pense que les maux qu'ils souffrent sont fort fâcheux, le principal objet de la pitié des plus grands hommes est la faiblesse de ceux qu'ils voient se plaindre : à cause qu'ils n'estiment point qu'aucun accident qui puisse arriver soit un si grand mal qu'est la lâcheté de ceux qui ne le peuvent souffrir avec constance. Et bien qu'ils haïssent les vices, ils ne haïssent point pour cela ceux qu'ils y voient sujets ; ils ont seulement pour eux de la pitié.

Art. 188. *Qui sont ceux qui n'en sont point touchés.*

Mais il n'y a que les esprits malins et envieux qui haïssent naturellement tous les hommes, ou bien ceux qui sont si **471** brutaux, et tellement aveuglés par la bonne | fortune, ou désespérés par la mauvaise, qu'ils ne pensent point qu'aucun mal leur puisse plus arriver, qui soient insensibles à la pitié.

Art. 189. *Pourquoi cette passion excite à pleurer.*

Au reste on pleure fort aisément en cette passion, à cause que l'amour, envoyant beaucoup de sang vers le cœur, fait qu'il sort beaucoup de vapeurs par les yeux ; et que la froideur de la tristesse, retardant l'agitation de ces vapeurs, fait qu'elles se changent en larmes, suivant ce qui a été dit ci-dessus [1].

Art. 190. *De la satisfaction de soi-même.*

La satisfaction qu'ont toujours ceux qui suivent constamment la vertu est une habitude en leur âme, qui se nomme

606b), sert au contraire à *purger* l'âme des passions pour Aristote, qui fait de la pitié un ressort essentiel à la tragédie (*Poétique*, 1452b, 30 *sq.*).

1. Art. 129.

tranquillité et repos de conscience. Mais celle qu'on acquiert de nouveau, lorsqu'on a fraîchement fait quelque action qu'on pense bonne, est une passion, à savoir une espèce de joie, laquelle je crois être la plus douce de toutes, parce que sa cause ne dépend que de nous-mêmes. Toutefois, lorsque cette cause n'est pas juste, c'est-à-dire lorsque les actions dont on tire beaucoup de satisfaction ne sont pas de grande importance, ou même qu'elles sont vicieuses, | elle est ridicule, et ne sert **472** qu'à produire un orgueil et une arrogance impertinente. Ce qu'on peut particulièrement remarquer en ceux qui, croyant être dévots, sont seulement bigots et superstitieux[1], c'est-à-dire qui, sous ombre qu'ils vont souvent à l'église, qu'ils récitent force prières, qu'ils portent les cheveux courts, qu'ils jeûnent, qu'ils donnent l'aumône, pensent être entièrement parfaits, et s'imaginent qu'ils sont si grands amis de Dieu qu'ils ne sauraient rien faire qui lui déplaise, et que tout ce que leur dicte leur passion est un bon zèle ; bien qu'elle leur dicte quelquefois les plus grands crimes qui puissent être commis par des hommes, comme de trahir des villes, de tuer des princes, d'exterminer des peuples entiers, pour cela seul qu'ils ne suivent pas leurs opinions.

Art. 191. *Du repentir.*

Le repentir est directement contraire à la satisfaction de soi-même ; et c'est une espèce de tristesse, qui vient de ce qu'on croit avoir fait quelque mauvaise action ; et elle est

---

1. Descartes avait écrit dans la Dédicace des *Principes* : « Ceux qui sont véritablement gens de biens n'acquièrent point tant la réputation d'être dévots que font les superstitieux et les hypocrites » (AT IX-B, 22 ; latin : VIII, 2), et Regius reprit la phrase dans son *Placard*, AT VIII, B, 346 et 364.

très amère, parce que sa cause ne vient que de nous. Ce qui n'empêche pas néanmoins qu'elle ne soit fort utile, lorsqu'il est vrai que l'action dont nous nous repentons est mauvaise, et que nous en avons une connaissance certaine, parce qu'elle nous incite à mieux faire une autre fois. Mais il arrive souvent que les esprits faibles se repentent des choses qu'ils ont faites, **473** sans savoir assurément qu'elles soient | mauvaises ; ils se le persuadent seulement à cause qu'ils le craignent, et s'ils avaient fait le contraire, ils s'en repentiraient en même façon : ce qui est en eux une imperfection digne de pitié. Et les remèdes contre ce défaut sont les mêmes qui servent à ôter l'irrésolution[1].

Art. 192. *De la faveur.*

La faveur est proprement un désir de voir arriver du bien à quelqu'un pour qui on a de la bonne volonté ; mais je me sers ici de ce mot pour signifier cette volonté, en tant qu'elle est excitée en nous par quelque bonne action de celui pour qui nous l'avons. Car nous sommes naturellement portés à aimer ceux qui font des choses que nous estimons bonnes, encore

---

1. *Cf.* art. 170 et 177. Descartes ne condamne pas, comme Spinoza, tout repentir. La fermeté de résolution, qui constitue la vertu, nous délivre « de tous les repentirs et les remords, qui ont coutume d'agiter les consciences de ces esprits faibles et chancelants, qui se laissent aller constamment à pratiquer, comme bonnes, les choses qu'ils jugent après être mauvaises » (*Discours*, 3ᵉ partie, AT VI, 25). Car « on n'a point sujet de se repentir, lorsqu'on a fait ce qu'on a jugé être le meilleur... », même si les circonstances nous donnent tort, pourvu que l'on n'ait rien fait « contre sa conscience » (à Élisabeth, 6 octobre 1645, AT IV, 307). Mais il concède à Élisabeth son utilité, « vu que c'est une vertu chrétienne, laquelle sert pour faire qu'on se corrige non seulement des fautes commises volontairement, mais aussi de celles qu'on a faites par ignorance, lorsque quelque passion a empêché qu'on ne connût la vérité ».

qu'il ne nous en revienne aucun bien. La faveur, en cette signification, est une espèce d'amour, non point de désir, encore
que le désir de voir du bien à celui qu'on favorise l'accompagne
toujours. Et elle est ordinairement jointe à la pitié, à cause que
les disgrâces que nous voyons arriver aux malheureux sont
cause que nous faisons plus de réflexion sur leurs mérites.

Art. 193. *De la reconnaissance.*

La reconnaissance est aussi une espèce d'amour, excitée
en nous par quelque action de celui pour qui | nous l'avons, et   **474**
par laquelle nous croyons qu'il nous a fait quelque bien, ou du
moins qu'il en a eu intention. Ainsi elle contient tout le même
que la faveur, et cela de plus qu'elle est fondée sur une action
qui nous touche, et dont nous avons désir de nous revancher.
C'est pourquoi elle a beaucoup plus de force, principalement
dans les âmes tant soit peu nobles et généreuses.

Art. 194. *De l'ingratitude.*

Pour l'ingratitude, elle n'est pas une passion, car la nature
n'a mis en nous aucun mouvement des esprits qui l'excite ;
mais elle est seulement un vice directement opposé à la reconnaissance, en tant que celle-ci est toujours vertueuse et l'un des
principaux liens de la société humaine. C'est pourquoi ce vice
n'appartient qu'aux hommes brutaux et sottement arrogants,
qui pensent que toutes choses leur sont dues ; ou aux stupides,
qui ne font aucune réflexion sur les bienfaits qu'ils reçoivent ;
ou aux faibles et abjects, qui, sentant leur infirmité et leur
besoin, recherchent bassement le secours des autres, et après
qu'ils l'ont reçu, ils les haïssent ; parce que n'ayant pas la
volonté de leur rendre la pareille, ou désespérant de le pouvoir,
et s'imaginant que tout le monde est mercenaire comme eux,

et qu'on ne fait aucun bien qu'avec espérance d'en être récompensé, ils pensent les avoir trompés.

475 | Art. 195. *De l'indignation.*

L'indignation est une espèce de haine ou d'aversion qu'on a naturellement contre ceux qui font quelque mal, de quelle nature qu'il soit. Et elle est souvent mêlée avec l'envie, ou avec la pitié ; mais elle a néanmoins un objet tout différent. Car on n'est indigné que contre ceux qui font du bien ou du mal aux personnes qui n'en sont pas dignes ; mais on porte envie à ceux qui reçoivent ce bien, et on a pitié de ceux qui reçoivent ce mal. Il est vrai que c'est en quelque façon faire du mal, que de posséder un bien dont on n'est pas digne. Ce qui peut être la cause pourquoi Aristote et ses suivants, supposant que l'envie est toujours un vice[1], ont appelé du nom d'indignation celle qui n'est pas vicieuse.

Art. 196. *Pourquoi elle est quelquefois jointe à la pitié, et quelquefois à la moquerie.*

C'est aussi en quelque façon recevoir du mal, que d'en faire : d'où vient que quelques-uns joignent à leur indignation la pitié, et quelques autres la moquerie, selon qu'ils sont portés de bonne ou de mauvaise volonté envers ceux auxquels **476** ils voient | commettre des fautes. Et c'est ainsi que le ris de

---

1. *Rhétorique*, II, 9, et *Éthique à Nicomaque*, II, 7, . Pour ses successeurs, *cf.* par exemple Vivès, *De Anima*, l. III, chap. XV et XVII. Descartes aussi pense « qu'au lieu de colère, il est juste d'avoir de l'indignation » (à Chanut, 1er novembre 1646, AT IV, 538). Mais il s'écarte de l'opinion traditionnelle en ce que, pour lui, l'envie « n'est pas toujours vicieuse » (art. 182-183).

Démocrite et les pleurs d'Héraclite ont pu procéder de même cause[1].

Art. 197. *Qu'elle est souvent accompagnée d'admiration, et n'est pas incompatible avec la joie.*

L'indignation est souvent aussi accompagnée d'admiration. Car nous avons coutume de supposer que toutes choses seront faites en la façon que nous jugeons qu'elles doivent être, c'est-à-dire en la façon que nous estimons bonne ; c'est pourquoi, lorsqu'il en arrive autrement, cela nous surprend, et nous l'admirons. Elle n'est pas incompatible aussi avec la joie, bien qu'elle soit plus ordinairement jointe à la tristesse. Car lorsque le mal dont nous sommes indignés ne nous peut nuire, et que nous considérons que nous n'en voudrions pas faire de semblable, cela nous donne quelque plaisir ; et c'est peut-être l'une des causes du ris qui accompagne quelquefois cette passion[2].

Art. 198. *De son usage.*

Au reste, l'indignation se remarque bien plus en ceux qui veulent paraître vertueux, qu'en ceux qui le sont véritablement. Car bien que ceux qui aiment la vertu ne puissent voir sans quelque aversion les vices | des autres, ils ne se passion-   **477**

---

1. Exemple traditionnel : ainsi Vivès, au début du livre *De Affectionibus*, remarque : *Democritus semper ridebat tanquam in perpetuis hominum stultitiis, atque ineptiis. Heraclitus semper flebat tanquam in continua hominum miseria*, « Démocrite riait toujours à propos des perpétuelles sottises des hommes et de leurs inepties, Héraclite toujours pleurait à propos de la constante misère des hommes » (*De Anima*, III, p. 423).

2. *Cf.* art. 127.

nent que contre les plus grands et extraordinaires. C'est être difficile et chagrin que d'avoir beaucoup d'indignation pour des choses de peu d'importance ; c'est être injuste que d'en avoir pour celles qui ne sont point blâmables ; et c'est être impertinent et absurde de ne restreindre pas cette passion aux actions des hommes, et de l'étendre jusqu'aux œuvres de Dieu, ou de la nature : ainsi que font ceux qui, n'étant jamais contents de leur condition ni de leur fortune, osent trouver à redire en la conduite du monde et aux secrets de la Providence.

Art. 199. *De la colère.*

La colère est aussi une espèce de haine ou d'aversion, que nous avons contre ceux qui ont fait quelque mal, ou qui ont tâché de nuire, non pas indifféremment à qui que ce soit, mais particulièrement à nous. Ainsi elle contient tout le même que l'indignation, et cela de plus qu'elle est fondée sur une action qui nous touche, et dont nous avons désir de nous venger. Car ce désir l'accompagne presque toujours, et elle est directement opposée à la reconnaissance, comme l'indignation à la faveur. Mais elle est incomparablement plus violente que ces trois autres passions, à cause que le désir de repousser les choses nuisibles et de se venger est le plus pressant de tous[1]. C'est le désir, joint à l'amour qu'on a pour | soi-même, qui fournit à la colère toute l'agitation du sang que le courage et la hardiesse peuvent causer ; et la haine fait que c'est principalement le

478

---

1. « Ainsi, par exemple, la colère peut quelquefois exciter en nous des désirs de vengeance si violents qu'elle nous fera imaginer plus de plaisir à châtier notre ennemi, qu'à conserver notre honneur ou notre vie, et nous fera exposer imprudemment l'un et l'autre pour ce sujet » (à Élisabeth, 1er septembre 1645, AT, IV, 285).

sang bilieux qui vient de la rate et des petites veines du foie, qui reçoit cette agitation et entre dans le cœur, où à cause de son abondance, et de la nature de la bile dont il est mêlé, il excite une chaleur plus âpre et plus ardente que n'est celle qui peut y être excitée par l'amour ou par la joie [1].

Art. 200. *Pourquoi ceux qu'elle fait rougir sont moins à craindre que ceux qu'elle fait pâlir.*

Et les signes extérieurs de cette passion sont différents, selon les divers tempéraments des personnes, et la diversité des autres passions qui la composent ou se joignent à elle. Ainsi on en voit qui pâlissent ou qui tremblent lorsqu'ils se mettent en colère ; et on en voit d'autres qui rougissent ou même qui pleurent. Et on juge ordinairement que la colère de ceux qui pâlissent est plus à craindre que n'est la colère de ceux qui rougissent. Dont la raison est que lorsqu'on ne veut, ou qu'on ne peut, se venger autrement que de mine et de paroles, on emploie toute sa chaleur et toute sa force dès le commencement qu'on est ému, ce qui est cause qu'on devient rouge ; outre que quelquefois le regret et la pitié qu'on a de soi-même, parce qu'on ne peut se venger d'autre façon, est cause qu'on pleure. Et au contraire, ceux qui se réservent et | se déterminent **479** à une plus grande vengeance deviennent tristes, de ce qu'ils pensent y être obligés par l'action qui les met en colère ; et ils ont aussi quelquefois de la crainte des maux qui peuvent suivre de la résolution qu'ils ont prise ; ce qui les rend d'abord pâles, froids et tremblants. Mais quand ils viennent après à exécuter leur vengeance, ils se réchauffent d'autant plus qu'ils ont été

---

1. *Cf.* la classification traditionnelle des tempéraments suivant les humeurs, le bilieux étant naturellement « cholérique », *cf.* art. 184 et 202.

plus froids au commencement : ainsi qu'on voit que les fièvres qui commencent par le froid ont coutume d'être les plus fortes [1].

Art. 201. *Qu'il y a deux sortes de colère, et que ceux qui ont le plus de bonté sont les plus sujets à la première.*

Ceci nous avertit qu'on peut distinguer deux espèces de colère : l'une qui est fort prompte et se manifeste fort à l'extérieur, mais néanmoins qui a peu d'effet et peut facilement être apaisée ; l'autre qui ne paraît pas tant à l'abord, mais qui ronge davantage le cœur et qui a des effets plus dangereux. Ceux qui ont beaucoup de bonté et beaucoup d'amour sont les plus sujets à la première. Car elle ne vient pas d'une profonde haine, mais d'une prompte aversion qui les surprend, à cause qu'étant portés à imaginer que toutes choses doivent aller en la façon qu'ils jugent être la meilleure, sitôt qu'il en arrive autrement, ils l'admirent et s'en offensent, souvent même sans que la chose les touche en leur particulier, à cause qu'ayant beaucoup **480** d'affection, ils s'intéressent pour | ceux qu'ils aiment en même façon que pour eux-mêmes [2]. Ainsi ce qui ne serait qu'un sujet d'indignation pour un autre est pour eux un sujet de colère. Et parce que l'inclination qu'ils ont à aimer fait qu'ils ont beaucoup de chaleur et beaucoup de sang dans le cœur, l'aversion qui les surprend ne peut y pousser si peu de bile, que cela ne cause d'abord une grande émotion dans ce sang. Mais

1. Dans ses recherches médicales, Descartes s'est particulièrement intéressé à l'étiologie des fièvres. Cf. *à Regius*, AT III, 457-458 ; *Generatio animalium*, AT XI, 535-536.

2. *Cf.* à Chanut, 1er février 1647 : « La colère peut bien rendre les hommes hardis, mais elle emprunte sa vigueur de l'amour qu'on a pour soi-même, laquelle lui sert toujours de fondement et non pas de la haine qui ne fait que l'accompagner » (AT IV, 616).

cette émotion ne dure guère, à cause que la force de la surprise
ne continue pas, et que sitôt qu'ils s'aperçoivent que le sujet
qui les a fâchés ne les devait pas tant émouvoir, ils s'en
repentent[1].

Art. 202. *Que ce sont les âmes faibles et basses qui se*
laissent le plus emporter à l'autre.

L'autre espèce de colère, en laquelle prédomine la haine et
la tristesse, n'est pas si apparente d'abord, sinon peut-être en
ce qu'elle fait pâlir le visage. Mais sa force est augmentée peu
à peu par l'agitation qu'un ardent désir de se venger excite
dans le sang, lequel, étant mêlé avec la bile qui est poussée vers
le cœur de la partie inférieure du foie et de la rate, y excite une
chaleur fort âpre et fort piquante. Et comme ce sont les âmes
les plus généreuses qui ont le plus de reconnaissance, ainsi ce
sont celles qui ont le plus d'orgueil, et qui sont les plus basses
et les plus infirmes, qui se laissent le plus emporter à cette
espèce | de colère; car les injures paraissent d'autant plus **481**
grandes que l'orgueil fait qu'on s'estime davantage, et aussi
d'autant qu'on estime davantage les biens qu'elles ôtent,

---

1. Plaidant la cause d'un pauvre paysan, meurtrier d'un beau-père furieux
et menaçant, au moment où il se tourmentait pour son enfant à l'agonie,
Descartes «philosophe» ainsi : « Je ne trouve nullement étrange, de ce qu'il ne
fut pas maître de soi-même en telle rencontre : car, lorsqu'on a quelque grande
affliction, et qu'on est mis au désespoir par la tristesse, il est certain qu'on se
laisse bien plus emporter à la colère, s'il en survient alors quelque sujet, qu'on
ne serait en un autre temps. Et ce sont ordinairement les meilleurs hommes qui,
voyant d'un côté la mort d'un fils et de l'autre le péril d'un frère, en sont le plus
violemment émus. C'est pourquoi les fautes ainsi commises, sans aucune
malice préméditée, sont, ce me semble, les plus excusables » (à Huygens, 1648,
AT V, 264).

lesquels on estime d'autant plus qu'on a l'âme plus faible et plus basse, à cause qu'ils dépendent d'autrui.

Art. 203. Que la générosité sert de remède contre ses excès.

Au reste, encore que cette passion soit utile pour nous donner de la vigueur à repousser les injures, il n'y en a toutefois aucune dont on doive éviter les excès avec plus de soin[1], parce que, troublant le jugement, ils font souvent commettre des fautes dont on a par après du repentir, et même que quelquefois ils empêchent qu'on ne repousse si bien ces injures qu'on pourrait faire si on avait moins d'émotion. Mais, comme il n'y a rien qui la rende plus excessive que l'orgueil, ainsi je crois que la générosité est le meilleur remède qu'on puisse trouver contre ses excès, parce que, faisant qu'on estime fort peu tous les biens qui peuvent être ôtés, et qu'au contraire on estime beaucoup la liberté et l'empire absolu sur soi-même, qu'on cesse d'avoir lorsqu'on peut être offensé par quelqu'un, elle fait qu'on n'a que du mépris, ou tout au plus de l'indignation, pour les injures dont les autres ont coutume de s'offenser.

482 | Art. 204. De la gloire.

Ce que j'appelle ici du nom de gloire est une espèce de joie, fondée sur l'amour qu'on a pour soi-même, et qui vient de l'opinion ou de l'espérance qu'on a d'être loué par quelques

---

1. Cf. à Chanut, 1er novembre 1646, à propos de la bonté des passions : « Il est vrai que la colère est une de celles dont j'estime qu'il se faut garder, en tant qu'elle a pour objet une offense reçue ; et pour cela nous devons tâcher d'élever si haut notre esprit, que les offenses que les autres nous peuvent faire ne parviennent jamais jusqu'à nous » (AT IV, 538).

autres [1]. Ainsi elle est différente de la satisfaction intérieure, qui vient de l'opinion qu'on a d'avoir fait quelque bonne action. Car on est quelquefois loué pour des choses qu'on ne croit point être bonnes, et blâmé pour celles qu'on croit être meilleures. Mais elles sont l'une et l'autre des espèces de l'estime qu'on fait de soi-même, aussi bien que des espèces de joie. Car c'est un sujet pour s'estimer que de voir qu'on est estimé par les autres.

Art. 205. *De la honte.*

La honte au contraire est une espèce de tristesse, fondée aussi sur l'amour de soi-même, et qui vient de l'opinion ou de la crainte qu'on a d'être blâmé. Elle est outre cela une espèce de modestie ou d'humilité et défiance de soi-même. Car lorsqu'on s'estime si fort qu'on ne se peut imaginer d'être méprisé par personne, on ne peut pas aisément être honteux.

Art. 206. *De l'usage de ces deux passions.*

Or la gloire et la honte ont même usage, en ce | qu'elles **483** nous incitent à la vertu, l'une par l'espérance, l'autre par la crainte. Il est seulement besoin d'instruire son jugement touchant ce qui est véritablement digne de blâme ou de louange, afin de n'être pas honteux de bien faire, et ne tirer point de vanité de ses vices, ainsi qu'il arrive à plusieurs. Mais il n'est pas bon de se dépouiller entièrement de ces passions, ainsi que faisaient autrefois les Cyniques. Car encore que le peuple juge très mal, toutefois, à cause que nous ne pouvons vivre sans lui, et qu'il nous importe d'en être estimés, nous

---

1. Cet aspect social de la gloire caractérise la morale cornélienne. « Il y va de ma gloire, il faut que je me venge » (*Le Cid*, Acte III, sc. 3, v. 842).

devons souvent suivre ses opinions plutôt que les nôtres, touchant l'extérieur de nos actions[1].

Art. 207. *De l'impudence.*

L'impudence ou l'effronterie, qui est un mépris de honte et souvent aussi de gloire, n'est pas une passion, parce qu'il n'y a en nous aucun mouvement particulier des esprits qui l'excite; mais c'est un vice opposé à la honte, et aussi à la gloire, en tant que l'une et l'autre sont bonnes : ainsi que l'ingratitude est opposée à la reconnaissance, et la cruauté à la pitié. Et la principale cause de l'effronterie vient de ce qu'on a reçu plusieurs fois de grands affronts. Car il n'y a personne qui ne s'imagine, étant jeune, que la louange est un bien et l'infamie un mal beaucoup plus important à la vie qu'on ne trouve par expérience qu'ils sont, lorsqu'ayant reçu quelques affronts signalés, on se voit entièrement privé d'honneur et méprisé par un

484 chacun; | c'est pourquoi ceux-là deviennent effrontés qui, ne mesurant le bien et le mal que par les commodités du corps, voient qu'ils en jouissent après ces affronts tout aussi bien qu'auparavant, ou même quelquefois beaucoup mieux, à cause qu'ils sont déchargés de plusieurs contraintes auxquelles l'honneur les obligeait; et que, si la perte des biens est jointe à leur disgrâce, il se trouve des personnes charitables qui leur en donnent.

1. Contrairement aux philosophes cyniques de l'Antiquité, qui luttaient, par l'exemple, contre toutes les opinions conventionnelles, Descartes pose en principe de sa morale provisoire l'obéissance aux lois et aux coutumes de son pays. Mais il choisit « les opinions les plus modérées et les plus éloignées de l'excès, qui fussent communément reçues en pratique par les mieux sensés de ceux avec lesquels j'aurais à vivre » (*Discours*, 3e partie, AT VI, 23; *cf.* à Élisabeth, 15 septembre 1645, AT IV, 295).

Art. 208. *Du dégoût.*

Le dégoût est une espèce de tristesse, qui vient de la même cause dont la joie est venue auparavant. Car nous sommes tellement composés, que la plupart des choses dont nous jouissons ne sont bonnes à notre égard que pour un temps, et deviennent par après incommodes. Ce qui paraît principalement au boire et au manger, qui ne sont utiles que pendant qu'on a de l'appétit, et qui sont nuisibles lorsqu'on n'en a plus ; et parce qu'elles cessent alors d'être agréables au goût, on a nommé cette passion le dégoût.

Art. 209. *Du regret.*

Le regret est aussi une espèce de tristesse, laquelle a une particulière amertume, en ce qu'elle est toujours jointe à quelque désespoir, et à la mémoire du | plaisir que nous a **485** donné la jouissance. Car nous ne regrettons jamais que les biens dont nous avons joui, et qui sont tellement perdus que nous n'avons aucune espérance de les recouvrer au temps et en la façon que nous les regrettons.

Art. 210. *De l'allégresse.*

Enfin ce que je nomme allégresse est une espèce de joie, en laquelle il y a cela de particulier que sa douceur est augmentée par la souvenance des maux qu'on a soufferts, et desquels on se sent allégé, en même façon que si on se sentait déchargé de quelque pesant fardeau qu'on eût longtemps porté sur ses épaules. Et je ne vois rien de fort remarquable en ces trois passions ; aussi ne les ai-je mises ici que pour suivre l'ordre du dénombrement que j'ai fait ci-dessus. Mais il me semble que ce dénombrement a été utile pour faire voir que nous n'en omettions aucune qui fût digne de quelque particulière considération[1].

Art. 211. *Un remède général contre les passions.*

Et maintenant que nous les connaissons toutes, nous avons beaucoup moins de sujet de les craindre que nous n'avions auparavant. Car nous voyons qu'elles sont toutes bonnes de leur nature[2], et que | nous n'avons rien à éviter que leurs mauvais usages ou leurs excès[3], contre lesquels les remèdes que j'ai expliqués pourraient suffire, si chacun avait assez de soin de les pratiquer. Mais, parce que j'ai mis entre ces remèdes la préméditation et l'industrie par laquelle on peut corriger les défauts de son naturel, en s'exerçant à séparer en soi les mouvements du sang et des esprits d'avec les pensées auxquelles ils ont coutume d'être joints, j'avoue qu'il y a peu de personnes qui se soient assez préparées en cette façon contre toutes sortes de rencontres[4], et que ces mouvements excités dans le sang par les objets des passions suivent d'abord si promptement des seules impressions qui se font dans le

486

---

1. *Cf.* la quatrième règle de la *Méthode*, AT VI, 19.

2. En droit, tout ce que la nature nous donne est bon à quelque égard (*cf.* Introduction, p. 34-35). Mais les dangers de leur mauvais usage dépassent en quelques passions leur utilité (*cf.* art. 138, 175, 176…) : aussi Descartes écrit-il à Chanut : « en les examinant, je les ai trouvées *presque* toutes bonnes… » (1er novembre 1646, AT IV, 538).

3. Sur l'apparente restriction de Descartes à ce principe classique du juste milieu, *cf.* la note de l'art. 176.

4. Élisabeth avait objecté : « comment prévoir tous les accidents qui peuvent survenir en la vie, qu'il est impossible de nombrer ? » (25 avril 1646, AT IV, 405). Descartes aime la difficulté et répond : « c'est assez d'en avoir imaginé en général de plus fâcheux que ne sont ceux qui arrivent, et de s'être préparé à les souffrir » (mai 1646, *ibid.*, 411).

cerveau, et de la disposition des organes, encore que l'âme n'y contribue en aucune façon, qu'il n'y a point de sagesse humaine qui soit capable de leur résister, lorsqu'on n'y est pas assez préparé[1]. Ainsi plusieurs ne sauraient s'abstenir de rire étant chatouillés, encore qu'ils n'y prennent point de plaisir. Car l'impression de la joie et de la surprise, qui les a fait rire autrefois pour le même sujet, étant réveillée en leur fantaisie, fait que leur poumon est subitement enflé malgré eux par le sang que le cœur lui envoie. Ainsi ceux qui sont fort portés de leur naturel aux émotions de la joie, ou de la pitié, ou de la peur, ou de la colère, ne peuvent s'empêcher de pâmer, ou de pleurer, ou de trembler, ou d'avoir le sang tout ému, en même façon que s'ils avaient la fièvre, lorsque leur fantaisie est fortement touchée par l'objet de quelqu'une de ces passions. Mais ce qu'on peut toujours | faire en telle occasion, et que je **487** pense pouvoir mettre ici comme le remède le plus général et le plus aisé à pratiquer contre tous les excès des passions, c'est que lorsqu'on se sent le sang ainsi ému, on doit être averti et se souvenir que tout ce qui se présente à l'imagination tend à tromper l'âme, et à lui faire paraître les raisons qui servent à persuader l'objet de sa passion beaucoup plus fortes qu'elles ne sont, et celles qui servent à la dissuader, beaucoup plus faibles. Et lorsque la passion ne persuade que des choses dont l'exécution souffre quelque délai, il faut s'abstenir d'en porter sur l'heure aucun jugement, et se divertir par d'autres pensées, jusqu'à ce que le temps et le repos aient entièrement apaisé

---

1. *Ibid.* : « Les remèdes contre les excès des passions ne peuvent suffire pour empêcher les désordres qui arrivent dans le corps, mais seulement pour faire que l'âme ne soit point troublée, et qu'elle puisse entretenir son jugement libre ».

l'émotion qui est dans le sang[1]. Et enfin lorsqu'elle incite à des actions touchant lesquelles il est nécessaire qu'on prenne résolution sur-le-champ, il faut que la volonté se porte principalement à considérer et à suivre les raisons qui sont contraires à celles que la passion représente, encore qu'elles paraissent moins fortes. Comme lorsqu'on est inopinément attaqué par quelque ennemi, l'occasion ne permet pas qu'on emploie aucun temps à délibérer ; mais ce qu'il me semble que ceux qui sont accoutumés à faire réflexion sur leurs actions[2] peuvent toujours, c'est que, lorsqu'ils se sentiront saisis de la peur, ils tâcheront à détourner leur pensée de la considération du danger, en se représentant les raisons pour lesquelles il y a beaucoup plus de sûreté et plus d'honneur en la résistance qu'en la fuite ; et au contraire, lorsqu'ils sentiront que le désir de vengeance et la colère les incite à courir inconsidérément

488 | vers ceux qui les attaquent, ils se souviendront de penser que c'est imprudence de se perdre, quand on peut sans déshonneur se sauver ; et que si la partie est fort inégale, il vaut mieux faire une honnête retraite ou prendre quartier, que s'exposer brutalement à une mort certaine.

---

1. Descartes dévoile à Élisabeth l'illusion selon laquelle « toutes nos passions nous représentent les biens, à la recherche desquels elles nous incitent, beaucoup plus grands qu'ils ne sont véritablement… Ce que nous devons soigneusement remarquer, afin que, lorsque nous nous sentons émus de quelque passion, nous suspendions notre jugement, jusqu'à ce qu'elle soit apaisée ; et que nous ne nous laissions pas aisément tromper par la fausse apparence des biens de ce monde » (15 septembre 1645, AT IV, 295 ; cf. *ibid.*, 285-286).

2. *Cf.* le conseil de Du Vair : « Ayons quelques beaux préceptes, et courtes sentences touchant chaque passion, dont nous puissions couvrir la raison, et arrêter comme par une tranchée, les premiers et soudains mouvements de l'âme, qui le voudraient forcer » (*La philosophie morale des stoïques, Œuvres, op. cit.*, 1625, p. 285).

Art. 212. *Que c'est d'elles seules que dépend tout le bien et le mal de cette vie.*

Au reste, l'âme peut avoir ses plaisirs à part[1]. Mais pour ceux qui lui sont communs avec le corps, ils dépendent entièrement des passions, en sorte que les hommes qu'elles peuvent le plus émouvoir sont capables de goûter le plus de douceur en cette vie[2]. Il est vrai qu'ils y peuvent aussi trouver le plus d'amertume, lorsqu'ils ne les savent pas bien employer, et que la fortune leur est contraire. Mais la sagesse est principalement utile en ce point, qu'elle enseigne à s'en rendre tellement maître, et à les ménager avec tant d'adresse, que les maux qu'elles causent sont fort supportables, et même qu'on tire de la joie de tous[3].

1. *Cf.* art. 147 et note.

2. Descartes s'est toujours opposé à l'insensibilité du sage stoïcien, cf. *Discours*, 1ʳᵉ partie, AT VI, 8; *cf.* à Élisabeth, 18 mai 1645 : « Je ne suis point de ces philosophes cruels qui veulent que leur sage soit insensible » (AT IV, 201-202). Et il proclame : « La philosophie que je cultive n'est pas si barbare ni si farouche qu'elle rejette l'usage des passions; au contraire, c'est en lui seul que je mets toute la douceur et la félicité de cette vie » (à Newcastle [aujourd'hui : à Silhon], mars ou avril 1648, AT V, 135. *Cf.* à Élisabeth, 1ᵉʳ septembre 1645, AT IV, 287).

3. Ainsi « les âmes vulgaires se laissent aller à leurs passions, et ne sont heureuses ou malheureuses, que selon que les choses qui leur surviennent sont agréables ou déplaisantes »; au contraire, chez « les plus grandes âmes », « bien qu'elles aient aussi des passions, et même souvent de plus violentes que celles du commun, leur raison demeure néanmoins toujours la maîtresse, et fait que les afflictions même leur servent, et contribuent à la parfaite félicité dont elles jouissent dès cette vie » (à Élisabeth, 18 mai 1645, AT IV, 202). Cette maîtrise de la raison évoque l'affirmation de Pauline : « Et sur mes passions ma raison souveraine... » (*Polyeucte*, Acte II, sc. 2, v. 477). Mais au lieu d'une *tyrannie* qui laisse le cœur déchiré et accroît le trouble intérieur (*ibid.*, v. 500-504), Descartes conseille un gouvernement habile qui laisse une certaine autonomie aux éléments passionnels en ce qu'ils ont de bon, et nous rend ainsi maîtres de notre propre nature.

I
LA MAÎTRISE DES PASSIONS SELON DU VAIR

Ce texte situé presque au début de La philosophie morale des stoïques *montre l'adaptation des principes de la morale chrétienne à la classification scolastique des passions. Voir l'Introduction, p. 40 et 50-51 et les articles 47 et 68 (qui s'opposent à la division des « appétits »), 144-146 et 148 (qui utilisent largement les préceptes stoïciens.*

Nous appelons passions un mouvement violent de l'âme en sa partie sensitive, qu'elle fait ou pour suivre ce qui lui semble bon, ou fuir ce qui lui semble mauvais. Car bien qu'il n'y ait qu'une âme en nous, cause de notre vie, et de toutes nos actions, laquelle est toute en tout, et toute en chaque partie ; si elle a des puissances merveilleusement différentes, voire contraires les unes aux autres, selon la diversité des vaisseaux et instruments où elle est retenue, et des objets qui lui sont proposés.

Et après avoir exposé la fonction des sens qui est

de s'appliquer aux choses, d'en tirer les formes, les embrasser ou rejeter selon qu'elles leur semblent agréables ou fâcheuses, et qu'elles consentent ou s'accordent à leur nature,

Du Vair poursuit :

Mais en leur donnant cette puissance, elle leur a aussi prescrit sa loi et son commandement, qui est de se contenter de reconnaître et donner avis de ce qui se passe, sans vouloir entreprendre de remuer les plus hautes et plus fortes puissances, et mettre tout en alarme et confusion... Les sens, pour ne pas comprendre tout ce qui est de la raison, sont souvent trompés par l'apparence, et jugent pour ami ce qui nous est ennemi. Quand sur ce jugement, et sans attendre le commandement de la raison, ils viennent à remuer la puissance concupiscible et l'irascible, ils font une sédition et un tumulte en notre âme, pendant lequel la raison n'y est non plus ouïe, ni l'entendement obéi, que la loi ou le magistrat en un État troublé de dissension civile. Or en ce trouble les passions qui mutinent notre âme, et troublent le repos de notre esprit, s'élèvent premièrement en la partie concupiscible, qui est à dire, à l'endroit où l'âme exerce cette faculté d'appeler ou rejeter les choses qui se présentent à elle, comme propres ou contraires à son aise, ou à sa conservation[1].

Suit le dénombrement de cette « première bande de séditieux » : *plaisir, désir, déplaisir et ses variétés (haine, douleur, envie, crainte, etc.) et Du Vair continue :*

Ces premiers mouvements-là, formés en cette partie par l'objet qui se présente, passent incontinent en la partie irascible, qui est à dire en cet endroit où l'âme cherche les moyens qu'elle a d'obtenir ou éviter ce qui lui semble bon ou mauvais... Car les premières passions qui se forment sur l'objet du bien apparent, entrant en considération des moyens

1. Pages 282-283.

de l'acquérir, excitent en nous ou l'espoir ou le désespoir ; et celles qui se forment sur l'objet du mal font naître la peur et le courroux. Lesquelles quatre passions sont étrangement fortes et violentes, et renversent entièrement la raison qu'ils trouvent déjà ébranlée [1].

Mais pour « empêcher qu'elle ne s'ébranle autrement qu'elle ne doit », *Du Vair rappelle*

que le bien de l'homme et la perfection de sa nature consiste en une droite disposition de sa volonté à user des choses qui se présentent selon la raison… Or cette disposition de volonté est en notre puissance, et par conséquent notre bien et notre mal. Quand donc il se présentera à nous quelque objet, afin que nous ne nous en troublions point comme d'un bien ou d'un mal qui nous fuit, regardons si c'est chose qui soit en notre puissance, ou non. S'il est en notre puissance, il nous peut être ou bien ou mal. Mais en ce cas nous ne nous en devons nullement passionner : car tenant notre volonté droite, nous le rendons bien, et le conservons tel. S'il est hors de notre puissance, il ne nous est ni bien ni mal, et par conséquent nous ne le devons ni chercher, ni fuir. Nous avons en notre puissance l'approuver, l'entreprendre, la désirer, et le fuir, et en un mot toutes nos actions Car notre volonté a la force et l'autorité de les régler et conduire par la raison, au lieu où elles doivent parvenir pour notre bien. Comme de disposer tellement notre opinion qu'elle ne prête consentement à ce qu'elle doit, et ce qui sera examiné ou par le sens ou par le discours ; qu'elle adhère aux choses évidemment vraies, qu'elle se retienne et suspende ès douteuses, qu'elle rejette les fausses. De régler

1. Page 283.

tellement notre désir qu'il ne suive que ce qui est selon la nature, et ne fuie que ce qui lui est contraire. Hors de notre puissance sont notre corps, nos richesses, la réputation, et en un mot tout ce qui ne dépend point de notre volonté. Et cela, de quelque façon qu'il nous arrive, n'est jamais contraire à notre nature ; parce qu'advenant ou par l'ordre universel et continuel des choses et entresuite ordinaire des causes, nous ne le devons point trouver étrange ; ou advenant par une providence particulière qui les fait aussi arriver, nous devons savoir que la nature nous y a assujettis. Outre qu'elle nous a donné une puissance en l'âme pour nous accommoder à tout ce qui nous survient de dehors, et en bien user : qui montre qu'elle ne nous a pas faits seulement propres à une chose, mais à tout ce qui se peut présenter. Tellement que nous n'en devons rien ni désirer ni fuir, tant parce que c'est une folle et vaine affection de vouloir ce que l'on ne peut, que parce que, de quelque façon qu'il nous puisse arriver, il nous peut être bien, et sujet de belles et louables actions. Or si nous nous pouvons commander cela, de ne rien désirer ni fuir de ce qui est hors de notre puissance, mais avec une affection tempérée, le recevoir selon qu'il advient ; nous serons exempts de toutes perturbations, nous serons libres, nous serons heureux... [1].

---

1. Pages 284-285.

II
LE MOUVEMENT DES « ESPRITS » DANS LA JOIE
SELON CUREAU DE LA CHAMBRE

Les Charactères des Passions étudient bien leur réaction physiologiques. Mais le vitalisme contre lequel s'élève Descartes (art. 5) est particulièrement net dans ce passage. Cf. l'explication toute mécanique de la pâmoison à l'article 122.

En effet, comme les choses spirituelles ont cela par-dessus les corporelles, qu'elles sont plus nobles et qu'elles entrent dans l'âme tout entières et sans se partager, la possession en doit être plus parfaite et la joie plus ravissante : c'est pourquoi il est vraisemblable que les syncopes, qui doivent être les effets d'une passion violente, suivent les joies spirituelles comme les plus grandes et les plus fortes, et qu'elles surviennent plutôt aux natures faibles qu'à celles qui sont robustes et capables de leur résister. L'âme se trouvant donc surprise à l'abord de ces objets, et s'agitant avec précipitation pour s'unir à eux, les esprits qui suivent ses mouvements sortent du cœur et s'élancent avec tant de violence aux parties supérieures, qu'ils perdent l'union qu'ils avaient avec leur principe, en la même sorte que l'eau se divise, étant poussée avec trop d'impétuosité. Or parce que le cœur doit continuellement inspirer sa

vertu aux parties, et qu'il n'a que les esprits qui la leur puissent
porter, quand ils viennent à se désunir d'avec lui, il faut que
cette influence s'arrête, et que les actions sensitives et vitales
qui en dépendent cessent jusqu'à ce qu'ils s'y soient réunis. Et
parce que l'âme est alors toute ravie dans la jouissance d'un
bien qu'elle estime excellent, elle n'a pas soin de remédier à
cette interruption qui s'est faite dans les esprits, ni de ramener
ceux qui se sont écartés, ou d'en envoyer d'autres pour remplir
les vides qui s'y sont faits. C'est pourquoi ces défaillances
durent longtemps, et causent quelquefois la mort, la chaleur
s'éteignant tout à fait, et la nature n'ayant pas la force de
réparer ses pertes, ni de se remettre en son premier état [1].

1. Chap. II, p. 73-74.

LEXIQUE DES PARTICULARITÉS
DE LANGUE

Abord (d')	dès l'abord, aussitôt (art. 89)
Accourcir	raccourcir (art. 2, etc.)
Admiration	sentiment de nouveauté (et non nécessairement de perfection). De même pour admirer, admiratif (*passim*)
Adresse	finesse (art. 212, etc.)
Agrément (sens fort)	plaisir (art. 90, etc.)
Apercevoir	remarquer, prendre conscience de (art. 19, *passim*)
Appareil	apprêts pompeux (art. 147)
Arrivement	arrivée (art. 72)
Attouchement	contact, toucher (art. 89, etc. ; *Description du corps humain*, AT XI, 264)
Avant (Plus)	au delà, plus loin (art. 14, etc.)
Brutal	insensible, tenant de la bête (art. 188, 194)
Cependant	pendant ce temps (art. 99, etc.)
Chagrin	d'humeur morose (art. 181, 198)
Chaleur	ardeur (art. 172, etc.)
Chatouillement	plaisir délicat et sensible (art. 94, etc.)
Considérable	à considérer (art. 33)

Content	satisfait. De même pour *contentement, se contenter de* (*passim*)
Convertir (se)	se changer (*passim*)
Coup (à)	tout d'un coup, à la fois (art. 122)
Défectueux	en défaut, c'est-à-dire incomplet (art. 90) ou inférieur (art. 157)
Derechef	à nouveau (*passim*)
Déshonnête	contraire aux bonnes manières (art. 181)
Déterminé (sens fort)	décidé, plein de détermination (art. 48, 49, 170, etc.)
Dévoué (sens fort)	voué totalement (art. 83)
Divertir (se)	se changer les idées (art. 211)
Effet (en) (sens fort)	en fait, en réalité (art. 19, etc.)
Effort	effet puissant, violent (art. 47, 148)
Élection	choix (art. 59)
Émouvoir	exciter quelque mouvement dans le cœur (art. 65 : il émeut la colère, etc.; cf. *ému*, art. 211, etc.)
Enflé	enorgueilli, bouffi de vanité (art. 160)
Ensemble	en même temps (art. 87, 165, etc.)
Esprits ou esprits animaux	parties les plus subtiles du sang (art. 10 et *passim*)
Étonné (sens fort)	frappé de stupeur (art. 53, 73, etc.). De même pour étonnement
Étrange, étranger	extraordinaire (art. 15, 36, 76, 90, 94, 147 …)
Faveur	sentiment de bienveillance (art. 54, 192)
Habitude	disposition stable (*habitus*) (art. 54, 78, 161, 190, etc.)
Honnête homme	homme du monde (art. 180)

Impertinent	qui parle ou agit contre la raison (art. 198)
Incontinent	aussitôt (art. 9)
Industrie	habileté, adresse (art. 44, 50…)
Infirme	faible (art. 202); cf. *infirmité* (art. 160)
Institution	disposition primitive (art. 137); éducation (art. 161)
Laisser avec une négation	cesser (art. 1, 50, 100)
Médiocre	modéré, léger (art. 117, 125, 128, etc.); de même pour *médiocrement* (art. 115)
Merveilleux	surprenant (sans idée de perfection, par exemple art. 160, il s'agit des « infirmités » du sujet)
Meurtri	contusionné; *sang meurtri* : ecchymose (art. 184)
Modeste	modéré (art. 180); sans orgueil (art. 159)
Noble	élevé dans une certaine hiérarchie (art. 19, à propos des « dénominations »)
Nonobstant	malgré (*passim*)
Offensé	touché, blessé (art. 148)
Ombre (sous)	sous prétexte (art. 190)
Peine	inquiétude, embarras (art. 175)
Perception	tout phénomène psychologique éprouvé par l'âme (art. 28, *passim*)
Plusieurs	un grand nombre de (*plures*) (art. 5)
Précisément	abstraction faite du reste (scol : *præcisio*, abstraction) (art. 142-143)
Quartier (prendre)	s'arrêter (militaire) (art. 211)
Règlement	avec régularité (art. 118)

Reprises (par)	par des efforts réitérés (art. 125)
Répugnance	opposition, combat (art. 47). De même pour *répugner*, aversion, difficulté à se soumettre (art. 164)
Revancher (se)	rendre une injure, un mal reçus (art. 193)
Ris	rire (art. 53, 112, etc.)
Sens	la sensibilité (art. 187)
Sentiment	sensation (*sensus*) (art. 187)
Sifflet	gosier, trachée-artère (art. 124, 132. Cf. *Description du corps humain*, AT XI, 235)
Tellement... que	de telle façon... que (art. 9 et *passim*)
Terminer (se)	avoir son terme, son point d'aboutissement (art. 18)
Tout de même	de même, ainsi (art. 153, 156, etc.)
Usage	utilité, finalité (art. 136, *passim*)
Viandes	aliments (*vivenda*) (art. 7 et *passim*)

BIBLIOGRAPHIE [1]

Nous reprenons ici la liste des titres retenus par G. Rodis-Lewis, en y adjoignant seulement les références des rééditions récentes. On trouvera ci-après un supplément bibliographique regroupant les études récentes sur les mêmes sujets.

Textes des prédécesseurs, contemporains et successeurs immédiats de Descartes sur les passions

ABRA DE RACONIS, *Totius philosophiæ... tractatio*, Paris, 1622, t. I, 2ᵉ partie, disputatio 3.

AMELINE P., *Traité de la volonté, de ses principales actions, de ses passions et de ses égarements*, Paris, 1684 ; rééd. S. Charles, Paris, Vrin, 2009.

CHARRON P., *De la sagesse*, Paris, 1601 ; rééd. B. de Négroni, Paris, Fayard, 1988.

COEFFETEAU N., *Tableau des passions humaines, de leurs causes et de leurs effets* (1620), Paris, 7ᵉ éd. 1632.

CUREAU DE la CHAMBRE M., *Les Caractères des passions*, Paris, 1640.

DU VAIR G., *La saincte philosophie*, *La philosophie morale des stoïques*, *Traité de la constance*, dans *Œuvres*, Paris, 1625 ; rééd. G. Michaut, Paris, Vrin, 1946.

---

1. Sur l'édition originale et les premières réimpressions du *Traité des Passions*, *cf.* Introduction, p. 61-63.

EUSTACHE DE SAINT-PAUL, *Summa philosophica*, Paris, 1609, t. I, 2ᵉ partie, tract. 2.

FRANÇOIS DE SALES (saint), *Traité de l'amour de Dieu* (1616), Paris, 6ᵉ éd. 1620; rééd. A. Ravier dans *Œuvres*, Paris, Gallimard, 1969.

JUSTE LIPSE, *Les deux livres de la Constance*, trad. fr., Tours, 1594.

– *Manuductio ad stoicam philosophiam*, l. III, Paris, 1604; textes choisis dans J. Lagrée, *Juste Lipse. La Restauration du stoïcisme*, Paris, Vrin, 1994.

LE BRUN Ch., *Conférence… sur l'expression générale et particulière*, Paris, 1698; rééd. dans *L'Expression des passions et autres conférences*, J. Philippe (éd.), Paris, Maisonneuve et Larose, 1994.

MALEBRANCHE N., *De la recherche de la vérité*, l. V, 1ʳᵉ éd. 1675, 6ᵉ éd. 1712 et *14ᵉ Éclaircissement*, dans *Œuvres complètes*, Paris, Vrin-CNRS, 1963-1964, t. II et III; rééd. J.-Ch. Bardout, Paris, Vrin, 2006, t. II et III.

SENAULT F., *De l'usage des passions*, Paris, 1641; rééd. C. Frémont, Paris, Fayard, 1987.

SPINOZA B., *Court traité…*, éd. latine Böhmer, Halle, 1852; éd. hollandaise Van Vloten, Amsterdam, 1865; éd. française Appuhn, dans *Œuvres de Spinoza*, Paris, 1904, t. I; éd. de F. Mignini, trad. fr. J. Ganault dans Spinoza, *Premiers écrits*, Paris, PUF, 2009.

– *Éthique*, 1ʳᵉ éd. dans *Opera posthuma*, Amsterdam, 1677.

THOMAS D'AQUIN (saint), *Summa theologica*, Paris, 1617, t. I (Ia, IIae, q. 22-48).

– *Commentarii in X libros Ethicorum Aristotelis*, Paris, 1644.

VIVES J.-L., *De anima et vita*, l. II, Bâle, 1538; rééd. dans *Opera omnia*, Valence, 1782, t. III.

Principales études sur les thèmes du Traité des Passions

A) Presque tous les *ouvrages généraux* sur Descartes, impossibles à énumérer ici, traitent des passions, de l'union de l'âme et du corps et de la morale. Rappelons notamment :

ALAIN, *Étude sur Descartes*, Paris, 1928 ; rééd. dans *Idées*, Paris, GF-Flammarion, 1993.

ALQUIÉ F., *La découverte métaphysique de l'homme chez Descartes*, Paris, PUF, 1950, rééd. 1996, chap. 14-16.

GOUHIER H., *La pensée métaphysique de Descartes*, Paris, Vrin, 1962, chap. 12-13.

GUEROULT M., *Descartes selon l'ordre des raisons*, II, *L'âme et le corps*, Paris, Aubier, 1953.

LAPORTE J., *Le rationalisme de Descartes*, Paris, PUF, 1945, 3ᵉ éd. 1988, l. II, chap. 3 et l. III, chap. 3.

LEFÈVRE R., *L'humanisme de Descartes*, Paris, PUF, 1957.

LEWIS G., *René Descartes, français, philosophe*, 2ᵉ éd. complétée, Paris, Mame, 1953, chap. 8-9.

– *Descartes. Introduction à sa philosophie*, Paris, Vrin, 1964.

– *L'œuvre de Descartes*, 2 vol., Paris, Vrin, 1971.

B) Genèse du traité

ADAM C., *Vie et Œuvre de Descartes*, l. V, dans AT, t. XII.

– *Descartes, ses amitiés féminines*, Paris, Boivin, 1937.

BERTRAND J., « Une amie de Descartes, Élisabeth, princesse de Bohême », *Revue des Deux Mondes*, 1890, p. 93-122.

COHEN G., *Les écrivains français en Hollande dans la première moitié du XVIIᵉ siècle*, Paris, Champion, 1921, l. III, chap. 22-25.

DESCARTES, *Lettres sur la morale*, J. Chevalier (éd.), Paris, Boivin, 1935.

FOUCHER DE CAREIL, *Descartes, la princesse Élisabeth et la reine Christine*, Paris, 1879.

NÉEL M., *Descartes et la princesse Élisabeth*, Paris, Elzevier, 1946.

SWARTE V. de, *Descartes, directeur spirituel*, Paris, Alcan, 1904.

C) Sources et influences

BENICHOU P., *Morales du Grand siècle*, Paris, Gallimard, 1948, rééd. 1988.

BROCHARD V., «Descartes stoïcien», *Études de philosophie ancienne et moderne*, Paris, 1912, p. 320-326.

– «Le *Traité des passions* de Descartes et l'*Éthique* de Spinoza», *Études de philosophie ancienne et moderne*, Paris, 1912, p. 327-331.

BRUNSCHVICG L., *Descartes et Pascal lecteurs de Montaigne*, Neuchâtel, La Baconnière, 1945; rééd. Paris, Pocket, 1995.

CARRAU L., *Exposition critique de la théorie des passions dans Descartes, Malebranche et Spinoza*, Paris, 1870.

CASSIRER E., *Descartes, Corneille, Christine de Suède*, trad. fr. M. Francès et P. Schrecker, Paris, Vrin, 1942, rééd. 1997.

CHERBULIEZ V., «Le roman français, III, L'âme généreuse: la princesse de Clèves», *Revue des Deux Mondes*, 1910, p. 274-298.

GILSON Ét., *Index scolastico-cartésien*, Paris, Vrin, 1913, rééd. 2002.

– Saint Thomas, *Les moralistes chrétiens*, éd. et commentaire, Paris, 1925; rééd. sous le titre *Saint Thomas moraliste*, Paris, Vrin, 1974, et sous le titre: Thomas d'Aquin, *Textes sur la morale*, Paris, Vrin, 2010.

– Descartes, *Discours de la méthode*, éd. et commentaire, Paris, Vrin, 1925.

– «Le *Traité des passions* de Descartes inspira-t-il le *Phèdre* de Racine?», *Les Nouvelles littéraires*, 15 avril 1939.

GORDON A., *Spinozas Psychologie der Affekte mit Rücksicht auf Descartes*, Breslau, 1874.

HOURTICQ L., *De Poussin à Watteau*, Paris, Hachette, 1921, chap. 2.

LANSON G., «Le héros cornélien et le généreux selon Descartes», *Revue d'histoire littéraire de la France*, 1894, p. 397-411.

LEVI A., *French Moralists. The Theories of the passions, 1585 to 1649*, Oxford, Clarendon Press, 1964.

LEWIS G., «Descartes et Poussin», *Bulletin de la Société d'Études du XVIIe Siècle*, n° 23, 1954, p. 521-549; rééd. dans *Regards sur l'art*, Paris, Beauchesne, 1993, p. 85-114.

MAC STEWART W., «Racine et Descartes», *Revue des Cours et Conférences*, 15 et 30 juin 1938.

MEIER M., *Descartes Stellung zu den Alten in seinem Traktat « Les passions de l'âme »*, Fribourg, Herder, 1913.

MESNARD P., «Du Vair et le néo-stoïcisme», *Revue d'histoire de la philosophie*, avril-juin 1928, p. 142-166.

NADAL O., *Le sentiment de l'amour dans l'œuvre de P. Corneille*, Paris, Gallimard, 1948, p. 287-321.

SERRURIER C., *Saint François de Sales, Descartes, Corneille*, *Neophilologus*, III, Groninge-La Haye, 1918, p. 89-99.

SCHUTZ L.H., *Die Lehre von den Leidenschaften bei Hobbes u. Descartes*, Göttingen, Bald & Krüger, 1901.

STROWSKI F., *Pascal et son temps*, Paris, Pion, Nourrit et Cie, 1907, t. I.

THAMIN R., «Les idées morales au XVIIe siècle», *Revue des cours et des conférences*, janvier 1896.

URMENETA R. de, «Luis Vives y el tercero centenario des tratado cartesiano sobre "Las Pasiones"», *Revista de Psicologia general y aplicada*, 1949, p. 681-692.

– *La psicologia educativa de la pasiones, segun L. Vives y R. Descartes*, Congresso Internacional de Pedagogia, Santander, vol. 2, 1950.

ZANTA L., *La renaissance du stoïcisme au XVIe siècle*, Paris 1914.

D) Études particulières – Psycho-physiologie

BELTRAN J.R., «Descartes en la Historia de la Medicina», dans *Descartes, Homenaje en el tercer Centenario...*, Buenos Aires, Universidad nacional, 1937, p. 89-96.

BERTHIER A.G., «Le mécanisme cartésien et la physiologie au XVIIe siècle», *Isis*, III, 1920, p. 21-58.

CANGUILHEM G., *La formation du concept de réflexe aux XVIIe et XVIIIe siècles*, Paris, PUF, 1955; rééd. Paris, Vrin, 1977.

DREYFUS LE FOYER H., «Les conceptions médicales de Descartes», *Revue de métaphysique et de morale*, janvier 1937, p. 236-286.

DUMAS G., *Nouveau traité de psychologie*, Paris, PUF, 1930-1933, t. III, l. II, chap. I.

KOCH A., *Die Psychologie Descartes*, Munich, 1880.

LENOBLE R., « La psychologie cartésienne », *Revue internationale de philosophie*, 1950, p. 160-189.

LEWIS G, *L'individualité selon Descartes*, Paris, Vrin, 1950.

– *Le problème de l'inconscient et le cartésianisme*, Paris, PUF, 1950, introduction et chap. I.

– « Le principe de vie chez Platon et Descartes », *La vie et la pensée*, 7ᵉ Congrès des Sociétés de philosophie de langue française, Paris, PUF, 1954, p. 327-336.

MAGER A., « Die anthropologische Bedeutung der Affektenlehre Descartes », *Cartesio...*, Milano, Vita e pensiero, 1937, p. 567-575.

MARTIN (Dr), *Descartes médecin*, thèse, Paris, 1924.

MATTÉI A., *L'homme de Descartes*, Paris, Aubier, 1940.

MESNARD P., « L'esprit de la physiologie cartésienne », *Archives de philosophie*, Paris, 1937, p. 181-220.

– « L'union de l'âme et du corps », *Congrès Descartes*, Paris, 1937, t. I, p. 129 *sq.*

OZORIO DE ALMEIDA M., « Descartes physiologiste », *Congrès Descartes*, Paris, 1937, t. II, p. 54-59.

PALCOS A., « Descartes psicologo de la afectividad », dans *Descartes, Homenaje...,* Buenos Aires, Universidad nacional, 1937, t. II, p. 54-59.

POLLNOW H., « La psychologie infantile chez Descartes », *Congrès Descartes*, Paris, 1937, t. I, p. 160-166.

PUJIULA J., « Que influjo ha ejercido el mecanicismo fisiologico de Descartes en el mecanicismo biologico moderno », *Cartesio...*, Milano, Vita e pensiero, 1937, p. 711-718.

QUERCY P., « Remarques sur le *Traité des passions* », *Journal de psychologie*, 1924, p. 670-693.

RICHARD G., *De psychologico apud cartesianum mechanismo*, Neocastri, Gontier-Kienné, 1892.

ROY J.H., *L'imagination selon Descartes*, Paris, Gallimard, 1944.

SAINT-GERMAIN B. de, *Descartes considéré comme physiologiste et comme médecin*, Paris, 1869.

STRAUS E., « Descartes, Bedeutung für die moderne Psychologie », *Congrès Descartes*, Paris, 1937, t. IX, p. 52-59.

TELLIER A., *Descartes et la médecine*, Paris, Vigné, 1928.

WALLON H., «La psychologie de Descartes», *La Pensée*, 1950, p. 11-20.

E) Études particulières – Morale et métaphysique de la liberté

BARK F., *Descartes' Lehre von den Leidenschaften*, Rostock, 1892.

BINET P., «La morale de Descartes», *Annales de philosophie chrétienne*, 1898.

BOUTROUX E., «Du rapport de la morale à la science dans la philosophie cartésienne», *Revue de métaphysique*, 1896, p. 502-511.

BRUNSCHWICG L., *Le progrès de la conscience dans la philosophie occidentale*, Paris, Alcan, 1927, p. 139-161.

COMBÈS J., *Le dessein de la sagesse cartésienne*, Lyon, Vitte, 1960.

DUPRÉEL E., «La place du moment cartésien dans l'histoire de la pensée morale», *Congrès Descartes*, Paris, 1937, t. II, p. 95 *sq.*

FAVIÈRES A., «Descartes et la morale», *Revue d'histoire de la philosophie*, 1937, p. 172-180.

ESPINAS A., *Descartes et la morale. Étude sur l'histoire de la philosophie de l'action,* Paris, Bossard, 1925, 2 vol.

FURSCHTSCHICK M., *Die Ethik in Descartes' System der Philosophie*, Berne, Haupt, 1920.

GOGUEL DE LABROUSSE E., «La evidencia en la etica cartesiana», *Revista de Filosofia*, 1950, p. 540-544.

GOUHIER H., «Descartes et la vie morale», *Revue de métaphysique et de morale*, 1937, I, p. 165-197.

– *Essais sur Descartes*, 2e éd. corrigée, Paris, Vrin, 1949, chap. 5-6; 3e éd. sous le titre *Essais sur le* Discours de la méthode, *la métaphysique et la morale*, Paris, Vrin, 1973.

GRAPPE A., «Les rapports de la pensée et de la vie chez Descartes», *La vie et la pensée*, 7e Congrès, Paris, 1954, p. 343-349.

GUERRERO L.J., «La generosidad en la filosofia cartesiana», dans *Descartes, Homenaje...*, Buenos Aires, Universidad nacional, 1937, p. 41-72.

HEINZE, *Die Sittenlehre des Descartes*, Leipzig, 1872.

LABERTHONNIÈRE L., *Études sur Descartes*, Paris, Vrin, 1935.

LAPORTE J., « La liberté selon Descartes », *Revue de métaphysique*, 1937, I, p. 101-164 ; rééd. dans *Études d'histoire de la philosophie française au XVIIᵉ siècle*, Paris, Vrin, 1951.

LEFEBVRE H., « De la morale provisoire à la générosité », *Descartes*, *Cahiers de Royaumont*, n° 2, 1957, p. 336-359.

LENOBLE R., « Liberté cartésienne ou liberté sartrienne », *Descartes*, *Cahiers de Royaumont*, n° 2, 1957, p. 302-335.

LEROY M., *Descartes social*, Paris, Vrin, 1931.

MARTIN F., *De illa quam Cartesius sibi and tempus effinxit ethica*, Douai, 1894.

MARTINEZ A.M., « Fundamentos de la moral en Descartes », *Revista de Filosofia*, 1950, p. 419-435.

MESNARD P., *Essai sur la morale de Descartes*, Paris, Boivin, 1936.

– « L'arbre de la sagesse », *Descartes*, *Cahiers de Royaumont*, n° 2, 1957, p. 336-359.

PLESSNER P., *Die Lehre von den Leidenschaften bei Descartes*, Leipzig, 1888.

PRENANT L., « Esthétique et sagesse cartésienne », *Revue d'histoire de la philosophie*, 1942, p. 99-114.

RODIS-LEWIS G., « Maîtrise des passions et sagesse chez Descartes », *Descartes*, *Cahiers de Royaumont*, n° 2, 1957, p. 208-236.

– *La morale de Descartes*, Paris, PUF, 1957, 2ᵉ éd. 1962.

RUSSIER J., *Sagesse cartésienne et religion*, Paris, PUF, 1958.

RUYSSEN T., « Prudence, sagesse, générosité ou les trois morales de Descartes », *Les sciences et la sagesse*, 5ᵉ Congrès de philosophie de langue française, Paris, 1950, p. 235-238.

SARANO R., « De la liberté chez Descartes », *Études philosophiques*, avril-juillet 1950, p. 201-222.

SARTRE J.-P., *Descartes*, introduction à *La liberté cartésienne*, Genève, Trois Collines, 1946 ; rééd. dans *Situations I*, Paris, Gallimard, 1947.

SÉAILLES G., *Quid de Ethica Cartesius senserit*, Paris, 1883.

SEGOND J., *La sagesse cartésienne et la doctrine de la science*, Paris, Vrin, 1932.

– « La liberté divine et la liberté humaine, prélude cartésien à l'existentialisme », *Études philosophiques*, avril-juillet 1950, p. 223-232.

TEIXEIRA L., *Ensaio sôbre a Moral de Descartes*, Sao Paulo, Boletin da Faculdade de filosofia, ciencias y letras, 1955.

TOUCHARD G., *La morale de Descartes*, Paris, 1897.

SUPPLÉMENT BIBLIOGRAPHIQUE (1964-2010)

I. *Éditions*

Les Passions de l'âme, réimp. anastatique de l'édition Guignard (1650), introd. J.-R. Armogathe et G. Belgioioso, Lecce, Conte, 1996.

Passiones Animæ, réimp. anastatique de l'édition de 1650, introd. J.-R. Armogathe et G. Belgioioso, Lecce, Conte, 1997.

Die Leidenschaften der Seele, introd., texte et trad. K. Hammacher, Hambourg, Meiner, 1984.

The Passions of the Soul, introd., trad. et notes S. Voss, Indianapolis-Cambridge, Hackett, 1989.

Les Passions de l'âme [en grec], introd. et trad. Y. Prelorenzos, postface J.-L. Marion, Athènes, Ekdoseis Kritiki, 1996.

II. *Études générales*

A. Sur Descartes

ALANEN L., *Descartes' concept of mind*, Cambridge-Londres, Harvard UP, 2003.

BEYSSADE J.-M., *Études sur Descartes*, Paris, Point-Seuil, 2002.

– *Descartes au fil de l'ordre*, Paris, PUF, 2002.

CAHNÉ P.-A., *Un autre Descartes*, Paris, Vrin, 1980.

COTTINGHAM J., *Cartesian Reflections. Essays on Descartes's Philosophy*, Oxford, Oxford UP, 2008.

GRIMALDI N., *L'Expérience de la pensée dans la philosophie de Descartes*, Paris, Vrin, 1978.

GUENANCIA P., *Descartes et l'ordre politique*, Paris, PUF, 1983.

MARION J.-L., *Questions cartésiennes*, Paris, PUF, 1991, chap. 5 et 6.

PERLER D., *René Descartes*, Munich, Beck, 1998.

RODIS-LEWIS G., *L'Œuvre de Descartes*, 2 vol., Paris, Vrin, 1971.

– *L'Anthropologie cartésienne*, Paris, PUF, 1990.

B. Sur Descartes, les passions et la morale

BLOM J.J., *Descartes, his Moral Philosophy and Psychology*, Sussex, Hassocks, 1978.

BONICALZI F., *Le Passioni della Scienza : Descartes e la Nascità della Psicologia*, Milan, Jaca Book, 1990.

BROWN D.J., *Descartes and the Passionate Mind*, Cambridge, Cambridge UP, 2006.

CANZIANI G., *Filosofia e Scienza nella Morale di Descartes*, Florence, La Nuova Italia, 1980.

GRIMALDI N., *Six études sur la volonté et la liberté chez Descartes*, Paris, Vrin, 1988.

GUENANCIA P., *L'intelligence du sensible*, Paris, Gallimard, 1998.

– *Descartes, chemin faisant*, Paris, Les Belles Lettres-Encre Marine, 2010.

KAMBOUCHNER D., *L'Homme des passions. Commentaires sur Descartes*, Paris, Albin Michel, 1995, 2 vol..

– *Descartes et la philosophie morale*, Paris, Hermann, 2008.

KLEMMT A., *Descartes und die Moral*, Meisenheim, A. Hain, 1971.

MARSHALL J., *Descartes's Moral Theory*, Ithaca-Londres, Cornell UP, 1998.

MORGAN V.G., *Foundations of Cartesian Ethics*, Atlantic Highlands, Humanities Press, 1994.

PAVESI P.E., *La Moral Metafísica. Pasión y Virtud en Descartes*, Buenos Aires, Prometeo Libros, 2008.

RENAULT L., *Descartes et la félicité volontaire*, Paris, PUF, 2000.

RODIS-LEWIS G., *La Morale de Descartes*, Paris, PUF, 1957, rééd. 1998.

TALON-HUGON C., *Les Passions rêvées par la raison. Essai sur la théorie des passions de Descartes et de quelques-uns de ses contemporains*, Paris, Vrin, 2002.

III. *Collectifs*

Revue Philosophique de la France et de l'Étranger, 1988-4, « Descartes, *Les Passions de l'âme* ».

WILLISTON B. and GOMBAY A. (eds.), *Passion and Virtue in Descartes*, Amherst-New York, Humanity Books, 2003.

BESNIER B., MOREAU P.-F. et RENAULT L. (éds.), *Les Passions antiques et médiévales*, Paris, PUF, 2003.

MOREAU P.-F. (éd.), *Les Passions à l'âge classique*, Paris, PUF, 2006.

IV. *Études particulières*

A. Genèse du *Traité des Passions*

BEYSSADE J.-M., « Philosopher par lettres », introd. à Descartes, *Correspondance avec Elisabeth et autres lettres*, Paris, Flammarion, 1989, p. 9-36.

CATON H., « Les écrits anonymes de Descartes », *Les Études philosophiques*, 1976-4, p. 405-414.

DIBON P., « En marge de la Préface à la traduction latine des *Passions de l'âme* », *Studia Cartesiana* 1, p. 91-110.

FATTORI M., « La préface aux *Passions de l'âme* : remarques sur Descartes et Bacon », *Bulletin Cartésien* XXV, *Archives de Philosophie*, 61, 1998-1, p. 1-13.

LEFÈVRE R., « La méthode cartésienne et les passions », *Revue des Sciences Humaines*, 1971, 36, 142, p. 283-301.

MEYER M., « Descartes selon l'ordre des passions », introd. à Descartes, *Les Passions de l'âme*, Paris, Le livre de poche, 1990.

MONNOYER J.-M., « La Pathétique cartésienne », introd. à Descartes, *Les Passions de l'âme*, Paris, Gallimard, 1988, p. 11-135.

RODIS-LEWIS G., « Le dernier fruit de la métaphysique cartésienne : la générosité », *Les Études philosophiques*, 1987-1, p. 43-54 ; rééd.

dans *Le Développement de la pensée de Descartes*, Paris, Vrin, 1997, p. 191-202.

B. *Les Passions de l'âme* dans l'histoire de la théorie des passions

BARNOUW J., « Passions as "Confused" Perception or Thought in Descartes, Malebranche and Hutcheson », *Journal of the History of Ideas*, 53, 1992, p. 397-424.

DEPRUN J., « Qu'est-ce qu'une passion de l'âme ? Descartes et ses prédécesseurs », *Revue Philosophique de la France et de l'Étranger*, 1988-4, p. 407-413.

DEREGIBUS A., « Il sentimento morale della "generosità" nelle dottrine di Descartes e Spinoza », dans E. Giancotti (ed.), *Spinoza nel 350 anniversario della nascita*, Naples, Bibliopolis, 1985, p. 221-237.

GOERVAN P., « The *Passions of the Soul* : Descartes' Shadow on Theories of the Emotions », *The American Catholic Philosophical Quarterly*, 68, 1994, 4, p. 515-528.

HATFIELD G., « Did Descartes Have a Jamesian Theory of the Emotions ? », *Philosophical Psychology*, 20, 4, août 2007, p. 413-440.

HENSHAW A., « Descartes and Corneille : a Reexamination », *Neophilologus*, 86, 2002, 1, p. 45-56.

JAMES S., *Passions and Action. The Emotions in Seventeenth Century Philosophy*, Oxford, Oxford UP, 1997.

– « Reason, the Passions and the Good Life », dans D. Garber and M. Ayers (eds.), *The Cambridge History of Seventeenth Century Philosophy*, Cambridge, Cambridge UP, 1998, vol. 2.

– « The Passions and the Good Life », dans D. Rutherford (ed.), *The Cambridge Companion to Early Modern Philosophy*, Cambridge, Cambridge UP, 2006, p. 198-220.

KAMBOUCHNER D., « Racine et les passions cartésiennes », dans G. Declercq et M. Rosellini (éds.), *Jean Racine, 1699-1999*, Paris, PUF, 2003, p. 531-542.

– « Montaigne et le problème cartésien de l'estime de soi », *Nouveau Bulletin de la Société des Amis de Montaigne*, 2007-1, p. 99-111.

– « L'erreur de Damasio : la transition Descartes-Spinoza en psychophysiologie », dans C. Jaquet, P. Sévérac et A. Suhamy (éds.), *La théorie spinoziste des rapports corps/esprit et ses usages actuels*, Paris, Hermann, 2009, p. 199-215.

NEUBERG M., « Le *Traité des Passions* de Descartes et les théories modernes de l'émotion », *Archives de Philosophie*, 1990, 53-3, p. 479-508.

OLIVO G., « Une patience sans espérance ? Descartes et le stoïcisme », dans *Le Stoïcisme aux XVIᵉ et XVIIᵉ siècles*, P.-F. Moreau et J. Lagrée (éds.), Paris, Albin Michel, 1999, p. 234-250.

ROSS S., « Painting the Passions : Charles Le Brun's *Conférence sur l'expression* », *Journal of the History of Ideas*, 45, 1984, p. 25-47.

TROTTMANN C., « Amour et structure des passions. Refus et accueil du legs médiéval sur les passions par Descartes et Malebranche », dans P.-F. Moreau (éd.), *Les Passions à l'âge classique*, Paris, PUF, 2006, p. 269-279.

C. Union de l'âme et du corps et psychophysiologie

AUCANTE V., *La philosophie médicale de Descartes*, Paris, PUF, 2006.

AZOUVI F., « Le rôle du corps chez Descartes », *Revue de Métaphysique et de Morale*, 1978-1, p. 1-22.

BITBOL-HESPÉRIÈS A., *Le principe de vie chez Descartes*, Paris, Vrin, 1990.

– « Le principe de vie dans *les Passions de l'âme* », *Revue Philosophique de la France et de l'Étranger*, 1988-4, p. 415-431.

BROWN D. and DE SOUZA R., « Descartes on the Unity of the Self and the Passions », dans B. Williston and A. Gombay (eds.), *Passion and Virtue in Descartes*, Amherst-New York, Humanity Books, 2003, p. 153-173.

BROWN D. and NORMORE C., « Traces of the Body. Cartesian Passions », dans B. Williston and A. Gombay (eds.), *Passion and*

Virtue in Descartes, Amherst-New York, Humanity Books, 2003, p. 83-106.

BUZON F. de, « Descartes et les passions : sur la rationalisation des phénomènes affectifs », *Organon* 36 (2007), p. 121-136.

CANGUILHEM G., « Organisme et modèles mécaniques : réflexions sur la biologie cartésienne », *Revue Philosophique*, 1955, p. 281-299.

– *La Connaissance de la vie*, Paris, Vrin, 1965.

DÉKANY A., « Le rôle du corps chez Descartes dans le mécanisme des passions », dans C. Jaquet et T. Pavlovits (éds.), *Les Significations du « corps » dans la philosophie classique*, Paris, L'Harmattan, 2004, p. 71-88.

DES CHENE D., *Spirits and Clocks. Machine and Organism in Descartes*, Ithaca-Londres, Cornell UP, 2001.

DI MARCO M., « Spiriti animali e meccanicismo fisiologico in Descartes », *Physis*, 1971-1, p. 21-69.

GREENBERG S., « Descartes on the Passions : Function, Representation and Motivation », *Noûs*, 41, 4, 2007, p. 714-773.

HALL T.S., « Descartes's Physiological Method », *Journal of the History of Biology*, 3, n° 1, 1970, p. 53-70.

HATFIELD G., « Descartes' Physiology and its Relation to his Psychology », dans *The Cambridge Companion to Descartes*, J. Cottingham (ed.), Cambridge, Cambridge UP, 1992, p. 335-372.

– « The *Passions of the Soul* and Descartes's Machine Psychology », *Studies in History and Philosophy of Science*, 38, 1, mars 2007, p. 1-35.

– « Mental Acts and Mechanistic Psychology in Descartes' Passions », dans N.G. Robertson, G. McOuat and T. Vinci (eds.), *Descartes and the Modern*, Newcastle, Cambridge Scholars Publishing, 2007, p. 49-71.

HOFFMAN P., « Cartesian Passions and Cartesian Dualism », *Pacific Philosophical Quarterly*, 1990, 71, 4, p. 310-333.

KAMBOUCHNER D., « Émotions et raison chez Descartes : l'erreur de Damasio », dans S. Roux (éd.), *Les Émotions*, Paris, Vrin, 2009, p. 83-102.

KUROOKA H., « Métaphysique et physiologie dans le *Traité des Passions de l'âme* : l'approfondissement de l'analyse des passions par Descartes dans ses dernières années », *Études de langue et littérature françaises*, 66, 1995, p. 15-28.

KOLESNIK-ANTOINE D., *L'Homme cartésien. La force qu'a l'âme de mouvoir le corps : Descartes, Malebranche*, Rennes, Presses Universitaires de Rennes, 2009.

LINDEBOOM G.A., *Descartes and Medicine*, Amsterdam, Rodopi, 1979.

NEUBERG M., « Le *Traité des Passions* de Descartes et les théories modernes de l'émotion », *Archives de Philosophie*, 53-3, 1990, p. 479-508.

OKSENBERG RORTY A., « Formal Traces in Cartesian Functional Explanation », *Canadian Journal of Philosophy*, 14, 1984, p. 545-560.

– « Cartesian Passions and the Union of Mind and Body », dans *Essays on Descartes' Meditations*, A. Oksenberg-Rorty (ed.), Berkeley-Londres, University of California Press, 1986, p. 513-534.

PARELLADA R., « La Naturaleza de las Pasiones del Alma en Descartes », *Revista de Filosofía*, 2000, 23, p. 235-242.

PERLER D., « Cartesische Emotionen », dans *Descartes nachgedacht*, A. Kemmerling und H.-P. Schütt (eds.), Francfort, Klostermann, 1996, p. 51-79.

– « Descartes : Emotionen als psycho-physische Zustände », dans H. Landweer und U. Renz (eds.), *Klassische Emotionstheorien*, Berlin-New York, De Gruyter, 2008, p. 269-292.

RADNER D., « The Function of the Passions », dans B. Williston and A. Gombay (eds.), *Passion and Virtue in Descartes*, Amherst-New York, Humanity Books, 2003, p. 175-187.

RIESE W., « Descartes' Ideas of Brain Functions », dans F.N.L. Poynter (ed.), *The History and Philosophy of Knowledge of the Brain and its Functions*, Oxford, Blackwell, 1958, p. 115-134.

– *La Théorie des passions à la lumière de la pensée médicale du XVIIe siècle*, Bâle-New York, Karger, 1965.

RODIS-LEWIS G., « Limitations of the Mechanical Model in the Cartesian Conception of the Organism », dans M. Hooker (ed.),

Descartes, *Critical and Interpretive Essays*, Baltimore, The Johns Hopkins UP, 1978, p. 152-170.

SHAPIRO L., « Descartes' *Passions of the Soul* and the Union of Mind and Body », *Archiv für Geschichte der Philosophie*, 85, 2003, 3, p. 211-248.

– « The Structure of *The Passions of Soul* and the Soul-Body Union », dans B. Williston and A. Gombay (eds.), *Passion and Virtue in Descartes*, Amherst-New York, Humanity Books, 2003, p. 31-79.

– « What Do the Expressions of the Passions Tell Us? », *Oxford Studies in Early Modern Philosophy*, 2003, 1, p. 45-66.

SMITH C.U.M., « Descartes' Pineal Neurophysiology », *Brain and Cognition*, 36, 1998, 1, p. 364-385.

WILLISTON B., « The Epistemic Problem of Cartesian Passions », *International Philosophical Quarterly*, 43, 2003, 3, p. 309-332.

WYMEERSH B. van, « Descartes et le plaisir de l'émotion », dans T. Favier et M. Couvreur (éds.), *Le plaisir musical en France au XVIIe siècle*, Sprimont, Mardaga, 2006, p. 49-60.

D. Morale et métaphysique de la liberté

ARMOUR L., « Descartes and the Ethics of Generosity », dans W. Sweet (ed.), *The bases of ethics*, Milwaukee, Marquette UP, 2000, p. 79-102.

— et JOHNSTON S., « Ipséité et générosité selon Descartes », *Laval théologique et philosophique*, 53, 1997, 3, p. 695-710.

BEAVERS A.F., « Desire and Love in Descartes' Late Philosophy », *History of Philosophy Quarterly*, 6, 1989, p. 279-294.

BONICALZI F., « Generosità a confronto : Descartes e Spinoza », dans F. Bonicalzi e C. Stancati (eds.), *Passioni e Linguaggio nel XVII Secolo*, Lecce, Milella, 2001, p. 71-104.

BROWN D., « The Rationality of Cartesian Passions », dans H. Lagerlund and M. Yrjönsuuri (eds.), *Emotions and Choice from Boethius to Descartes*, Boston, Kluwer, 2002, p. 259-278.

CARDOSO A., « Psicologia e Moral em Descartes », *Philosophica*, 2005, 25, p. 89-103.

CASSAN E., « Les passions et l'art de bien juger selon Descartes », *Organon* 36 (2007), p. 137-151.

COTTINGHAM J., « Cartesian Ethics : Reason and the Passions », *Revue Internationale de Philosophie*, 1996, 50, 195, 1, p. 193-216.

CRIPPA R., « Etica e Ontologia nella Doctrina Cartesiana delle Passioni », *Giornale di Metafisica*, 1964, 19, p. 532-545.

DAVIDSON H.M., « Descartes and the Utility of Passions », *Romanic Review* 51, 1960, p. 15-26.

DELAMARRE A.J.-L., « Du consentement : Remarques sur l'article 40 du *Traité des Passions* », dans *La Passion de la raison, Hommage à F. Alquié*, Paris, PUF, 1983, p. 131-143.

DONATELLI M. Carneiro de Oliveira Franco, « O generoso cartesiano », *Philosophica*, 2, 2001, p. 105-116.

FRIERSON P.R., « Learning to Love : From Egoism to Generosity in Descartes », *Journal of the History of Philosophy*, 40, 2002, 3, p. 313-338.

GABAUDE J.-M., « Complexité des passions de l'âme comme exemple des tensions cartésiennes », *L'Enseignement philosophique*, 56, 6, 2006, p. 25-41.

GOMBAY A., « Careerist Emotions », dans B. Williston and A. Gombay (eds.), *Passion and Virtue in Descartes*, Amherst-New York, Humanity Books, 2003, p. 239-259.

HAMMACHER K., « La raison dans la vie affective selon Descartes et Spinoza », *Les Études Philosophiques*, 1984-1, p. 73-81.

HOFFMAN P., « The Passions and Freedom of Will », dans B. Williston and A. Gombay (eds.), *Passion and Virtue in Descartes*, Amherst-New York, Humanity Books, 2003, p. 261-299.

KAMBOUCHNER D., « La Subjectivité cartésienne et l'amour », dans P.-F. Moreau (éd.), *Les Passions à l'âge classique*, Paris, PUF, 2006, p. 77-97.

KEEFE T., « Descartes's "Morale définitive" and the Autonomy of Ethics », *Romanic Revue*, 64, 1973, p. 85-98.

KENNY A., *Action, Emotion and Will*, New York, Humanities Press, 1963, chap. 1.

MATHERON A., « Psychologie et politique : Descartes et la noblesse du chatouillement », dans *Anthropologie et politique au XVIIe siècle*, Paris, Vrin, 1986, p. 29-48.

– « Amour, digestion et puissance selon Descartes », *Revue Philosophique de la France et de l'Étranger*, 1988-4, p. 433-445.

MURAKAMI K., « La théorie cartésienne du sens interne : le fondement de la morale individuelle dans la philosophie de Descartes », *Shisô*, novembre 1996, p. 206-223.

– « Le sensus internus cartésien comme cœur de l'éthique d'un individu », *Bulletin de la Faculté des Lettres de l'Université Tôyô*, 53/Hakusan-Tetsugaku (Hakusan Philosophy), 34, 2000, p. 155-188.

NICCO-KERINVEL C., « La générosité et l'amour : des passions politiques ? », *Revue de Métaphysique et de Morale*, 2008-2, p. 247-267.

ONISHI Y., « De la passion aux passions de l'âme. Nouvelles remarques sur *les Passions de l'âme*, § 40 » (en japonais), *Ronsyû* [*Études philosophiques*], 25, 2006, p. 65-78.

RACINE J. « Descartes et l'intériorité : le cas de émotions intérieures », dans P. Guenancia et P.-F. Moreau (éds.), *Études de philosophie cartésienne*, Dijon, Université de Bourgogne ; *Cahiers d'histoire de la philosophie*, 4, 2006, p. 109-138.

RODIS-LEWIS G., « La Volonté chez Descartes et chez Malebranche », dans *Studi sul Seicento e sull'Imaginazione*, Pise, E.N.S., 1985, p. 13-28.

SOUAL Ph., « Émotions intérieures et morale chez Descartes », *Revue roumaine de philosophie*, 42-43, 1998-1999, p. 15-24.

TIMMERMANS B. « Descartes et Spinoza : de l'admiration au désir », *Revue Internationale de Philosophie*, 1994, 48, 3, p. 327-338.

VUILLEMIN J., « L'intuitionnisme moral de Descartes et le Traité des *Passions de l'âme* », *Kantstudien*, 1988, 79, 1, p. 17-32.

TABLE DES MATIÈRES

RENÉ DESCARTES

LES PASSIONS DE L'ÂME

APPENDICES